本书由百瑞安鑫信托金融理论研究集合资金信托计划资助出版

欧洲大陆法系国家信托法的历史发展及现行制度研究

李文华　著

北京交通大学出版社

·北京·

内 容 简 介

本书以法国、德国、意大利为代表的欧洲大陆法系国家为例,论述了欧洲大陆法系国家的信托制度是如何具体配合财富管理及分配、经济发展等需要的;评析了欧洲大陆法系国家的信托制度与本国民法典等相关法律是如何协同发挥作用的;介绍了欧洲大陆几个主要国家的信托法发展历史及其现行的典型信托类型,以期为中国的信托业发展提供借鉴;介绍了欧洲大陆几个主要国家是如何不断扩大信托制度的影响力,将信托原理不断扩大适用到金融商事等领域的;同时,从信托在欧洲大陆法系几个主要国家的发展历程(即接受与改造英美信托制度的历程)及现行实际应用情况中,总结出了对我国信托法和信托业有借鉴意义的内容。

版权所有,侵权必究。

图书在版编目(CIP)数据

欧洲大陆法系国家信托法的历史发展及现行制度研究 / 李文华著. -- 北京 : 北京交通大学出版社,2025.8.ISBN 978-7-5121-5643-2

Ⅰ. D951.622.8;D956.522.8;D954.622.8

中国国家版本馆CIP数据核字第2025G7V255号

欧洲大陆法系国家信托法的历史发展及现行制度研究

OUZHOU DALU FAXI GUOJIA XINTUOFA DE LISHI FAZHAN JI XIANXING ZHIDU YANJIU

责任编辑:郭东青	
出版发行:北京交通大学出版社　　电话:010-51686414　　http://www.bjtup.com.cn	
地　　址:北京市海淀区高粱桥斜街44号　　邮编:100044	
印　刷　者:北京鑫海金澳胶印有限公司	
经　　销:全国新华书店	
开　　本:185 mm×260 mm　　印张:11.75　　字数:306千字	
版 印 次:2025年8月第1版　　2025年8月第1次印刷	
印　　数:1~2300册	
定　　价:31.00元	

本书如有质量问题,请向北京交通大学出版社质监组反映。 对您的意见和批评,我们表示欢迎和感谢。
投诉电话:010-51686043,51686008;传真:010-62225406;E-mail:press@bjtu.edu.cn。

目 录

第一章 积极参与《海牙信托公约》——欧洲大陆法系国家集体接受信托制度的新起点 001

第一节 1985年《海牙信托公约》的制定及欧洲大陆国家的主导和积极参与——一个全新的起点 001

第二节 《海牙信托公约》的签署和批准——一个重大的、历史性的突破 025

第三节 展望：欧洲大陆法系国家普遍接受《海牙信托公约》的可行性 033

第二章 欧洲大陆法系国家集体持续接受信托制度的三个里程碑 037

第一节 欧洲信托法原则 037

第二节 欧盟受保护基金指令（草案） 050

第三节 欧洲示范民法典草案信托卷 058

第三章 法国的信托制度及其对我国的启示 078

第一节 法国的信托法发展史 078

第二节 法国的管理信托 090

第三节 法国的担保信托 105

第四节 法国信托法对我国的启示 116

第四章 意大利的信托制度及其对我国的启示 128

第一节 意大利的信托法发展史 128

第二节 意大利的管理信托 135

第三节 意大利的担保信托 141

第四节　意大利信托法对我国的启示 …………………………………………… 144

第五章　德国的信托制度及其对我国的启示 …………………………………… 147
　　第一节　德国的信托法发展史 …………………………………………………… 147
　　第二节　德国的管理信托 ………………………………………………………… 159
　　第三节　德国的担保信托 ………………………………………………………… 174
　　第四节　德国信托法对我国的启示 ……………………………………………… 179

第一章

积极参与《海牙信托公约》

——欧洲大陆法系国家集体接受信托制度的新起点

第一节 1985年《海牙信托公约》的制定及欧洲大陆国家的主导和积极参与

——一个全新的起点

一、罗马法中的信托制度及其与英式信托制度的关系

《海牙信托公约》涉及的问题比较多,本书后面有详细介绍。其中一个问题,就是信托法律的移植问题。而谈到信托法律的移植问题,首先要讨论的是信托的起源问题,因为只有厘清了信托法律制度的历史,才能厘清信托法律制度的移植史及其背后的政治、经济、社会和文化等方面的原因与背景。因此,追根溯源,本书首先探究罗马法中的信托制度及其与英式信托的关系。

"如果有人问英国人在法学领域取得的最伟大和最独特的成就是什么,那么我认为我们的最好答案,就是数个世纪以来发展起来的信托理念。"* 这是英国法律史学家和衡平法律师梅特兰被广泛引用的关于信托制度及其在世界法律制度中地位的名言。但实际上,信托制度是否只能溯源到英国,是有争议的。学界一般认为信托是英美法独特的制度安排,研究信托史的学者一般只讨论信托在英国法中的发生史(当然,也有一些学者把视野扩展到了罗马法时代,容后再述)。无论如何,英国现代的信托制度是由中世纪英格兰的用益制度(feoffment to use)发展而来的,这一观点得到了学界的公认。[①] 而用益制度是否

---

* If we were asked what is the greatest and most distinclive achievement perfomed by Englishmen on the field of Jurisprudence, I cannot think that we should have any better answer to give that his , namely the development from century to century of thetrust idea." 载 [英] F. W. 梅特兰. 国家、信托与法人 [M]. 樊安, 译. 北京:北京大学出版社, 2008: 129.

① SANDOR ISTVAN. Attempts at adoption of the Anglo-Saxon trust [J]. Annales Universitatis Scientiarum Budapestinensis de Rolando eotvos Nominatae: Sectio Inuidica, 2014, 53: 441.

起源于罗马法，则涉及三个非常重大的问题：英式信托（源自英国并在英美法系普遍适用的信托，下同）制度与罗马法的关系，继承、师承罗马法的欧洲大陆法系国家传统上的准信托制度与英式信托的关系，以及欧洲大陆法系在移植（接受和改造）英式信托过程中的坚持与妥协的问题（坚持哪些本国的固有法律观念不动摇，而在哪些方面则会吸收英式信托的合理的理念）。后两个问题，本书将在后面章节详细介绍，此处只介绍用益制度是否起源于罗马法的问题以及其所涉及的第一个问题，即英式信托制度与罗马法的关系。

  英式信托法律关系的决定性特征，是业主将其不动产的所有权委托给他们的受托人（feoffee）。信托是明示或暗示的为一个人（称为受益人）的利益而对另一个人（称为受托人）的信任。这种法律制度从不同方面看都是非常有益的，其最开始是有针对性地规避封建负担，逃避遗嘱处置，并保护参加十字军东征的乡绅的财产，或为规避法律而为方济各会的修士提供财产。* 现代的英式信托起源于中世纪英格兰的用益制度，而中世纪英格兰的用益制度是否起源于罗马法中的用益权（ususfructus），则有一段有趣的历史。19世纪以前的英国学者普遍认为中世纪英格兰的用益制度起源于罗马法中以实现财产代际移转为主要目的的遗嘱信托制度（fideicommissum）**，而英式信托即 trust 一词就是翻译自拉丁单词 fideicommissum，这种翻译被认为是"极其传神的"。① 可以想见，这也成为后文所述关于罗马法中的信托与英式信托的关系的一个佐证。从构词法上看，fideicommissum（fidei + commissum，即信任加委托，该词也写作 fidei‑commissum，笔者认为，这种 fidei‑commissum 的写法更准确地反映了"信任加委托"的含义）反映了早期遗嘱信托的特征：委托人为了第三人的利益将标的物移转于受托人，命令后者将标的物再转移至第三人，受托人是否转移标的物取决于其信义。史料记载的最早的遗嘱信托案例，是遗嘱人意图使一个无法直接依照市民法获得遗产利益的人获得遗产的案件，遗嘱人命令作为受托人的继承人将其继承遗产的一部或全部移交于第三人。毫无疑问，遗嘱信托也可以用来规避市民法规定的订立遗嘱的烦琐形式。因此，遗嘱信托具有规避法律的性质，是法律严酷性和压制人性自由的产物。既然死者安排死后之事的信托产生了，它就不仅仅是转移财产的手段，也可以要求受托人完成一定的行为，而此等行为既可以是一次性的，也可以是重复性的。

---

 * Sir Edward Coke in Chudleigh's case (1954) 1 Co Rep 113b at 121b. G. MOFFAT, Trusts Law. Text and Materials (2005 Cambridge) 36. 几个世纪前的英国法学家就暗示："信托的父母是欺诈和恐惧，而良心法庭（the court of conscience）是它的护士。" SANDOR, ISTVAN. Attempts at adoption of the Anglo‑Saxon trust [J]. Annales U. Sci. Budapestinensis ROLANDO Eotvos NOMINATAE: Sectio Iuridica, 2014, 55: 411. 而这里说的"良心法庭"，就是后来的衡平法院。详见史志磊. 论信托与罗马法的关系 [J]. 青海师范大学学报（哲学社会科学版），2015（3）：40.

 ** 该词语的复数是 fideicommissia，也有译作"信托赠与""信托"者，见【英】大卫·约翰斯顿著. 罗马法中的信托法（第一版）[M]. 张淞纶，译. 北京：法律出版社，2017：1. 该书为国民信托原总裁石俊志博士主编的"涉外信托法经典译丛"第一辑中的一册。此外，fideicommissum 的复数为 fideicommissa，其复数也写作 fideicommissa。还有将 fideicommissum 和 fideicommissa 译作"信托遗赠的"，见薛波. 元照英美法词典 [M]. 北京：北京大学出版社，2013：549. 也有译作"遗产信托"的，见前引史志磊. 论信托与罗马法的关系 [J]. 青海师范大学学报（哲学社会科学版），2015（3）：40.

 ① 大卫·约翰斯顿. 罗马法中的信托法 [M]. 张淞纶，译. 北京：法律出版社，2017：1.

第一章 积极参与《海牙信托公约》——欧洲大陆法系国家集体接受信托制度的新起点

譬如主人通过遗嘱信托责成继承人、受遗赠人或遗嘱信托受益人在某一时间履行解放奴隶的义务,后者成为解放奴隶的主人,享有由之带来的各种权利。弗朗西斯·培根(Francis Bacon)在其名著《用益法解读》(Reading upon the Statute of Uses)中首次提出中世纪英格兰的用益制度与罗马法中的遗嘱信托非常类似。威廉·布莱克斯通(William Blackstone)主张英国法的用益制度是在爱德华三世统治的晚期经由神职人员从继受罗马法的国家传入的,也就是说用益制度直接来源于罗马法中的遗嘱信托。稍后的约瑟夫·斯托雷(Joseph Story)也持同样的观点,但态度较为谨慎,他认为英美法信托与罗马法中的遗嘱信托性质上非常相似,后者很可能是前者的来源。①

罗马法起源说的立论点有二:首先,用益制度(特别是用于土地代际移转的用益制)与遗嘱信托在结构上非常相似,两者都是为了移转财产给法律上无能力获得财产的受益人或者以简易的方式移转财产而将财产移转于受托人,受托人获得财产的所有权。两者在初始阶段都不被法律承认,并具有违法性,受托人是否履行委托人的指令取决于受托人的信义,法律并不强制受托人完成指令。随着用益制和遗嘱信托的使用范围日益广泛,在英格兰由国王委托大法官审理用益案件,逐渐在普通法之外发展出衡平法。在罗马,奥古斯都时代开始以特别方式处理遗嘱信托案件,后来设立信托裁判官审理这类案件,衡平法和裁判官法在功能上都具有缓和既存法律严酷性的作用。不容忽视的是,早期大法官由神职人员担任,而神职人员一般熟悉罗马法和教会法,对英格兰普通法并不了解,虽然暂时没有大法官适用遗嘱信托的规则审理用益制的记载,但同样也没有直接证据排除之。其次,罗马于公元43年至410年征服并统治英格兰的大部和威尔士,设立不列颠行省(Britannia),然而在近400年的统治中,罗马法是否在英格兰留下遗迹却没有史料的具体记载。在中世纪,教会起到了连接罗马法或中世纪共同法(ius commune)与英国法桥梁的作用。其实,正是圣方济各修士为了克服宗教信仰与生活需要之间的矛盾,用益制度才在英国被大规模地使用。教会为规避《禁止永久产业法》而使用用益制度并且教会法院曾干预并执行用益。那么,教会在使用和审理用益案件时是否以遗嘱信托为蓝本?可以确定的是,在中世纪,教会对遗嘱信托非常熟悉。而在英国负责主持众所周知的大法官法院(即后来的平衡法院)的枢密大臣(英国国王最亲近的顾问)是神职人员,精通罗马法和教会法,因此有资格从良心和公平方面对补救普通法上的缺陷或者法院审判所导致的非正义(如受托人拒绝归还他的朋友委托给他的土地而普通法法院不能提供任何救济措施所导致的非正义)的请求提出建议,而枢密大臣的那些建议极有可能受到了罗马法中信托合同(fiducia)和遗嘱遗赠(fideicommissum)的影响。② 此外,中世纪英国用益制度的罗马法起源说之所以在19世纪之前在英国得到了较为一致的赞同,还与这一时期英国人的复古风有关。这一时期的英国人习惯于模仿罗马古典时期的神庙建造他们的教堂,并且习惯于将国王颁布的

---

① 史志磊. 论信托与罗马法的关系 [J]. 青海师范大学学报(哲学社会科学版), 2015 (3): 40-41.
② 海顿. 信托法(第四版)[M]. 周翼, 王昊, 译. 北京: 法律出版社, 2004: 11-12.

法令用罗马托加以装饰。这种风气使得英国人认为用益制度起源于罗马法是自然的。①

但是，由于直接证据的缺失，不乏学者对英国信托制度起源于罗马法的观点进行批评，主要集中在两点：首先，遗嘱信托本质上是属于继承法的制度，而早期用益制很少是通过遗嘱设立的；其次，如果用益制来源于遗嘱信托，那么就应该采用遗嘱信托的名称，而不是从遗嘱信托中逐渐演变出来。另外，名称问题并不能成为驳斥用益制度罗马法起源说的关键论据，因为对同一或类似制度不同法域基于不同的视角给予不同的名称在法律史上并不罕见。总之，对于英国法中的用益制度与罗马法的关系，根据既有资料，既不能得出完全肯定的结论也不能得出完全否定的结论，问题的解决还需要等待新证据的出现。*

无论罗马法中的信托与英式信托的关系如何，英式信托后来在英国逐渐发展并成熟起来，并因其特有的制度优势，而逐渐被欧洲大陆法系国家所移植，成为这些欧洲大陆法系国家法律制度的重要组成部分。

二、《海牙信托公约》签署之前的情况

（一）法律移植的重要性和普遍性

关于欧洲私法可行性的辩论的一个显著特点是，对（私人）法律制度的演变方式的洞察力以及过去已经演变的方式可能会提高人们对未来欧洲私法最成功道路的认识。无论未来的欧洲共同法看起来怎么样，它肯定会极大地改变各成员国的法律体系。洞察这种变化的动态总体上可能有助于找到通往欧洲私法的最佳道路。

这就引出了外国法在当代法律体系中的接受（reception）问题。自从艾伦·沃森（Alan Watson）的《法律移植》出版以来，许多欧洲国家和美国对这一现象的兴趣呈指数级增长。"法律移植"（legal transplants），也称为"法律借用"（legal borrowing），涉及把来自另一个法律体系的规则或学说植入在某个法律体系中。采用整个法律制度也是可能的。这可能以集中的方式发生，就像在许多欧洲国家引入《拿破仑法典》一样。但在大多数情况下，一些法律制度被移植，是因为它们填补了法律进口国的空白。而如果另一个国家已经找到了解决某一具体法律问题的办法，那么不从自己的法律问题中受益将是低效的，换言之，法律移植效果就不会好了。沃森称这种现象是法律发展中最重要的因素：大多数法律系统中的大多数变化都是借用的结果。许多法律制度之间存在的相似之处在很大程度上是法律移植的结果。② 直到19世纪，它们主要发生在欧洲境内（即欧洲大陆法系国

---

① 史志磊. 论信托与罗马法的关系 [J]. 青海师范大学学报（哲学社会科学版），2015（3）：40-42.

* 史志磊. 论信托与罗马法的关系 [J]. 青海师范大学学报（哲学社会科学版），2015（3）：40-42. 类似的结论参见 [英] 大卫·约翰斯顿. 罗马法中的信托法 [M]. 张淞纶，译. 北京：法律出版社，2017：2."罗马信托之历史与英国用益制度（use）和信托制度的早期历史有很多共同点，二者非常相似；但是否存在影响问题，本书存而不论。"

② WATSON A. Legal transplants [M]. Scottish Academic Press, 1974：94.

第一章 积极参与《海牙信托公约》——欧洲大陆法系国家集体接受信托制度的新起点

家之间的相互移植和借鉴,笔者注),在那里它们导致了上述17、18世纪的欧洲共同法(ius commune,或称一般法)的形成,但随后在欧洲国家与(主要是)美国和日本之间进行了法律移植。私法中有很多法律移植的例子。除了主要从美国移植的现代商法和金融票据,其原始的英语名称,如 trust(信托)、swops(交换)、franchising(特许经营)和 sale and lease back(售后回租),在欧洲大陆都得以保存。因此,实际上,有许多经典的私法概念都是通过移植而成为本国法律的一部分的。

因此,欧洲大陆对英美法系所涉及的信托法律移植,可追溯到19世纪初。而信托是欧洲大陆移植英美法系尤其是美国法律的典型例证之一,其主要动因之一是经济因素(法律的经济分析运动的成果之一)。在过去的几十年里,与原来美国移植欧洲法律的情况正好相反,移植现在大多流向另一个方向,即:欧洲从美国法律中受益。然而,在法律和经济学运动的影响下,一种寻求经济效率移植原因的趋势已经增长。事实证明,只有有效的规则才会被移植。例如,马泰认为法律规则的接受是竞争的最终结果,其中每个法律体系为解决特定问题提供了不同的规则。在法律文化市场中,规则提供者寻求满足移植者的需求,最终、最有效的规则将被证明是赢家。一个例子是,信托(trust)最初是一个英美法律概念,后来在欧洲大陆被越来越多地使用,因为它提供了更多的可能性,例如,通过规避大陆法系对物权的数不胜数的规定来保护有限的财产,比大陆法系的相关法律概念所能实现的要多。而在大陆法系中,在那种情况下,人们通常必须依靠合同法来获得保护。欧洲大陆法系移植信托的典型例证,可以从1985年《关于信托的法律适用及其承认的海牙公约》(Hague Convention on the Law Applicable to Trusts and on Their Recognition,以下简称"《海牙信托公约》")的存在中得到证明。而且,信托是用较短时间就可以在欧洲大陆取得统一的制度之一。对欧洲大陆法系对法律进行统一的一个常见反对意见是,统一规则可能需要很长时间才能通过法律规则的自由流动而发展。然而情况并非如此,信托(trust)却是在短时间内被成功接受/移植的典型例子。①

(二) 信托在20世纪之前在欧洲大陆以外的移植情况*

在《海牙信托公约》被通过并生效之前,信托在欧洲大陆法系国家被应用得相对较少,而在由英帝国衍生出来的、属于典型的更大的政治体之一部分的法域中应用得相对较多,这是因为英国法在这些法域(以加拿大魁北克省、美国路易斯安那州为代表)所属的更大政治体(如魁北克省所属的加拿大、路易斯安那州所属的美国)属于英美法系,这些法域也将信托(trust)制度纳入该法域的法律体系。

---

① SMITSJJ. European private law as mixed legal system: towards ius commune through the free movement of legal rules [J]. Law of Ukraine: Legal Journal, 2013 (3): 139-140.

* 本部分内容,详见玛德林·坎廷·库米恩:"关于大陆法系国家目前已经接受或者采用信托制度的多元化途径的思考",载 [加] 莱昂纳尔·史密斯. 重塑信托:大陆法系中的信托法 [M]. 李文华,译. 北京:法律出版社2021:6-9.

一直到 20 世纪，在英美法系国家中，信托主要是在一个家族内进行财产转移的情况下所自愿设立的（被称为"个人信托"，'personal trust'），或者是在进行捐赠时设立的（被称为"慈善信托"，'charitable trust'）。信托的适用很少超出继承法或者婚姻法的范围。[①]这些也是信托在魁北克省和路易斯安那州的最初应用。在那些来自大英帝国的法域（jurisdiction）中，上述那些法律体系（指魁北克省、路易斯安那州等）不得不在实践中适用遗嘱信托制度。为了确认信托在继承中的应用（即在那些法律体系的管辖范围内控制财产的信托），出现了以下两种情况。

一种是在一个捐赠或者遗嘱法律行为中有明示的信托存在时，法庭确认该信托的有效性。在苏格兰，关于信托的立法只是用于解决具体的问题。*泽西（Jersy）是另外一个例子。在泽西，关于 fiducie 的法律（即《泽西信托法》，*The Trusts（Jersy）Law*）于 1984 年被通过。需要注意的是，在苏格兰和泽西，私法（private law）仍然没有法典化。但是，关于此点，请参阅关于信托法改革的建议，该建议在由苏格兰宪法和法律委员会在其"信托法评论项目"中提供的"研讨性文章"中可以看到。**

另一种是一项关于 fiducie 的法律被通过，例如美国路易斯安那州就是这样的情况。路易斯安那州于 1882 年通过了关于慈善信托的第一部法律。其于 1938 年通过了第一部承认私益信托（private trusts）的一般性法律，该法律又于 1964 年被一部《信托法典》所替代。*** 加拿大魁北克省也有类似的情况：魁北克省与 fiducie 有关的第一部法律是于 1879 年通过的，（即《与信托有关的法案》，*Act respecting Trusts*）该法案中的规定在被修改后成为 1888 年修订后的 C.C.L.C.（《下加拿大民法典》）的 981a 款到 981n 款的内容。这些规定后来被 C.C.L.C. 的 981o 到 981v 款所补充，该法案定义了被财产管理人所做的投资，规定对他人财产进行管理的人原则上要遵守与投资相关的规定。这些规定尤其适用于受托人，除非是关于 fiducie 的法案规定其可以免受这些规定的约束。该法案的通过引发了对 fiducie 这种法律工具的界定的争议，而这需要立法者的介入，最终的结果就是通过《魁北克民法典》对该法案（指 C.C.L.C.，笔者注）予以废止，《魁北克民法典》于 1994 年 1 月 1 日开始生效。现在的规定排除了这样一种认识，即：fuducie 就是把财产转移给了受托人，而根据此认识所得出的结论是受托人成为所有者，而所有权被称为特殊的所有权，因为它内在地受到各种义务的约束。根据《魁北克民法典》，fiducie 是关于一项财产占用之构成的制度，也就是说，根据一个目的而用一项财产设立信托，受托人被定性为另外一个

---

① WARERS D W M, GILLEN M R, SMITH L D. Waters's law of trusts in Canada [M]. 3rd edn. Toronto, Thomson/Carswell, 2005: 354.

＊ BLACKIE J W. Trust in the law of Scotland [M]. //CANTIN M, CUMYN M C. Trust vs fiducie in a business context Brussels: Bruylant, 1999: 117.

＊＊ 具体可在以下网址检索：www.scotlawcom.gov.cn。

＊＊＊ YIANNOPOULOS A A. Trust and the civil law: the Louisiana experience [M]. //MILO J M, SMITS J M. (eds.). Trusts in mixed legal systems. Nijmegen: Ars Aequi Libri, 2001: 67.

第一章 积极参与《海牙信托公约》——欧洲大陆法系国家集体接受信托制度的新起点

人的财产的管理人。* "关于对他人的财产的管理"的法律规定，被设置在独立于 fiducie 之外的一个题目中，规定的是受托人的行为，如同其对其他财产管理人的规定一样。此外，根据法定权力，该法案认可以下解释，即：受托人在 fiducie 的范围内有权处理与信托财产有关的事务。**

20 世纪，信托在英美法系中越来越频繁地出现在商业环境中，这也导致在此之前接受了继承行为中适用信托的法律体系内出现了类似的现象。在魁北克省，这体现在民法典对以一种令人纠结的名称而命名的（by onerous title）、作为一般法（the general law）的一部分的 fiducie 的认可。能够做到这一点，是基于 fiducie 之前已经存在的无偿取得所有权制度的模式。***

每个国家所拥有的关于 fiducie 或者信托（trust）观念的形成或多或少受到一些偶发的内部因素的影响。这些因素在多大程度上决定 fiducie（不论其是否来源于信托）被期待发挥的功能，取决于它们在多大程度上决定了可以将这些功能用于实践的法律技术的选择。在上述两个方面，魁北克省关于 fiducie 的法律都是沿着一条与欧洲大陆国家明显不同的道路发展起来的。

由于一些欧洲大陆国家正在接受与信托相似的制度，因此这些国家将参考魁北克省的法律中所积累的经验和所施行的解决方案就是非常自然的事情了。然而，魁北克省在 fiducie 上所做的努力看上去在欧洲除捷克共和国外，还没有重要影响力。确实，它尝试着把人们在 fiducie 上的可有可无的兴趣转移到这个选择上来，那就是将 fiducie 定义为没有法人地位的、经过配置（appropriation）的财产。但是，考虑到欧洲在接受信托类型的制度（trust-type mechanisms）时所依托的环境有很大的不同，所以由魁北克省的立法者们所做的对这个特征所产生的使人生厌之物的铲除，会否自动使人对魁北克的 fiducie 模式产生更大的兴趣是令人怀疑的。为了了解欧洲法学家们对 fiducie 的反应，将 fiducie 所产生的环境考虑进来是很重要的。

（三）20 世纪初至《海牙信托公约》通过并生效之前信托及其类似制度在欧洲大陆的引入和实施情况

1. 实践中的大量应用

在欧洲大陆国家，由于其法律强行限制以无偿取得所有权制度的形式转移财产的权利（patrimonial rights），使得家族信托或者继承信托（family or succession trust）的吸引力减少了。信托，或者是可作为其类似制度的 fiducie，只能在规划人们的继承事宜时起到有限的

---

* 新的关于 fiducie 的规定来自 C. C. Q.（指《魁北克民法典》，下同。笔者注）的第 2 条和 1256 条到 1298 条。
** 见 C. C. Q 的第 1299 至第 1370 条。
*** 参见玛德林·坎廷·库米恩："关于大陆法系国家目前已经接受或者采用信托制度的多样化途径的思考"，载〔加〕莱昂纳尔·史密斯. 重塑信托：大陆法系中的信托法 [M]. 李文华，译. 北京：法律出版社，2021：10-12.

· 007 ·

作用，只要他们的家族中有受到规定比例支持的继承人，该比例赋予这些继承人以获得继承的权利，并且该比例通常是按照类别划定的（即特留份制度），其最高比例限制是遗产的3/4。此外，立法上对与信托的替代制度有关的制度的禁止也使得在继承行为中的信托面临被认定为无效的严重风险，因为信托也有保护几代人完整的家族财富的目的。当然，遗嘱信托等一些涉及家庭和继承法律的信托，在欧洲仍然是有市场的，本文在后面介绍法国、德国等国家的情况时会做详细评析。

总体而言，关于信托的应用领域，相对来说，更吸引欧洲大陆法系国家兴趣的，莫过于与商业有关的场合。这些信托可以集中到一个被称为"商事信托"（'business trust'，也可译为"商业信托"或者"营业信托"）的总的类别中，包括共同基金的设立和运营之信托（"投资池信托"，'pooled investment trust'），退休计划的设立和运营之信托（"养老金信托"，'pension trust'），利润共享计划信托（'profit-sharing trusts'），两个合伙人之间的收购安排之信托（"买卖安排"信托，'buy-sell trusts'），将公司股票集中到一个第三人手里进行控制、以便于促进该企业的长期和稳定经营的安排之信托（"表决权信托"，'voting trusts'），以及债务证券发行之信托（"债券信托"，'debenture trusts'）。然而，上述信托的应用（其中一些在魁北克可以被归入繁复的名头之下），在欧洲就不一定得到采纳。在欧洲，它们遭遇了一个来自大陆法系的类似制度，这就是：一个分离财产至受托人（alienation to a fiduciary）的设计。

这种分离财产至受托人的设计（alienation to a fiduciary），最早形成于德国的信托制度（fiduziarische Treuhand）。虽然这种分离财产至受托人的设计看上去与信托无关，但是很明显的是，这种分离财产至受托人的设计可以被用于一些与商事信托类似的范畴中。在分离财产至受托人的设计的合同中，归属于他人之物的权利或者财产被转移给购买人（the acquirer），但是伴随着该转移的是被称为"信义（fiduciary）"的义务，该义务的内容是以一种有利于该他人或者第三人的利益的方式，来管理、利用或者处分那些已经被购买的标的物。由于原则上没有对于那些安排的目的的限制，因此负有受托义务的购买人所负担的义务就指向不同的目标：该义务可能是一个关于投资管理的问题，可能是从一个处于财务困境的企业分离出来的财产的经营或者清算问题，或者可能是开设一个账户以便于将用于特定目的（例如购买某宗财产或者发行债务证券）的一定数额的钱投入其中的问题。这种分离财产至受托人的设计，也允许财产的转移，来确保一项请求权（Sicherungstreuhand）。事实上这种请求权看上去是这种分离财产至受托人的设计的第一次应用。明显地，这种分离财产至受托人的设计很好地适应了商事信托的应用。在德国，这种分离财产至受托人的设计已经被应用了一个世纪，但是仍然没有立法对此予以规定。但是，法院是支持这种设计的，即使其是在一般法的边缘上发展起来的。法官们对这种分离财产至受托人的设计的良好态度可以用以下事实来解释：这种设计起到了一种缓冲作用，即在对他人财产进行管理时，提供了委托（mandate）的一种替代形式；或者，在需要确保一个请求权却缺乏关

第一章 积极参与《海牙信托公约》——欧洲大陆法系国家集体接受信托制度的新起点

于动产之上的担保的法律时，这种设计可以起到缓冲作用。*

2. 理论上的合法性解释及其广泛扩张

德国法学家将 Treuhand 与分离财产至受托人的制度（alienation to a fiduciary）的根源追溯到罗马法，从而为信托在德国找到了更多的合法性，就是使其法统得以确立，并外溢到欧洲其他大陆法系国家。

在属于大陆法系的欧洲其他区域，德国模式的成就，部分来自克劳德·魏茨（Claude Witz）的一本书。这位教条主义作家（doctrinal author）在其论文中，通过将分离财产至受托人的设计之合同与罗马法中的古老的信托合同制度（fiduciary agreement，罗马法中称之为 pactum fiduciae，该制度被认为仍然是现代大陆法系的一部分）联系起来的方法，论证了分离财产至受托人的设计之合同的合法性。** 因此，在德国等欧洲大陆法系国家中，作为罗马法中的 fiducie 的转化性制度的、用于管理财产的财产管理信托（fiducia cum amico）制度就没有任何不可逾越的障碍了，就像其在担保领域的财产担保信托（ficucia cum creditore）制度的角色一样。这种寻根于罗马法上的合法性使得欧洲大陆其他国家接纳信托或者类信托制度具有了基础性的法理依据。

1）瑞士的情况

德国的这种分离财产至受托人的设计之模式，对德国的一些邻国产生了重大影响。瑞士就是在这方面长期追随德国的。在瑞士，对"管理财产的信托"（fiducie for administration of property）和"担保信托"（security fiducie）制度进行了区别。此外，关于 fiducie 的惯例（the fiducie covenant）在瑞士有一项特别的优势，即考虑到在瑞士模仿的效果是有限的，关于 fiducie 的惯例起到了未披露的委托的替代品的作用。瑞士本国法律尚未提供关于 fiducie 的立法框架，尽管这种措施已经在考虑中了。然而，瑞士民法对与信托类似的制度是很熟悉的，只不过绝大多数研究 fiducie 的教条主义作家们都不关注罢了。作为法人（a legal person）的家族基金会，是可以永续存在的，可以通过它创设一个财产集合体（a mass of proeprty），目的是为家族成员的教育和培养提供支出或者为他们提供基本生活费用（见《瑞士民法典》第 355 条及后续条文）。瑞士的基金会也允许将财产用于其他特定目的，例如，保养一栋大楼，纪念某个活动，或者是为某企业的雇员而设立利润分享计划（《瑞士民法典》第 80 条及后续条文）。瑞士的基金会对于上述需要的应对，与 C. C. Q（《魁北克民法典》）第 1268 条和第 1269 条关于私益信托的规定是很接近的。

2）卢森堡、西班牙与荷兰

追随着德国模式的榜样，Witz 所倡导的 fiducia 中所暗含的意思是，财产是伴随着约束

---

* 玛德林·坎廷·库米恩："关于大陆法系国家目前已经接受或者采用信托制度的多样化途径的思考"，载［加］莱昂纳尔·史密斯．重塑信托：大陆法系中的信托法［M］．李文华，译．北京：法律出版社，2021：13-14．

** 对德国信托法情况的更全面介绍，见本书后面第五章"德国的信托制度"。

购买人的义务而转移的。这一点，已经在1983年卢森堡关于fiducie的立法和2007年《法国民法典》第2011条到第2031条的规定中得以确立。最后，由于分离财产至受托人的设计以历史上的fiducia的现代版本的身份而出现，所以虽然没有立法规则对其进行更多确认，但是人们也不能质疑其在法律上的有效性。因此，其也为西班牙、意大利和荷兰的信托安排（fiduciary arrangements）提供了正当性，尽管《荷兰民法典》明确地在3：84.3条款禁止担保信托（a security fiducie）的使用。*

由此可见，在大陆法系的大家族中，fiducie成为包含不同种类之应用的标签。这也成为信托和类信托制度具有强大生命力的一系列典型例证。

三、1985年《海牙信托公约》的制定及欧洲大陆国家的主导和积极参与：一个全新的起点

如前所述，为了适应经济社会对信托制度的多方面需求，一些欧洲大陆法系国家陆续制定了自己的信托法或替代方案，而另外一些国家虽然没有建立自己的被称为信托的制度（例如德国、奥地利、瑞士等），但是却认可了私人基金会和在没有制定法基础的前提下实施的所有权信托式转让实践。其他国家通过承认信托的经济利益，发展了类似的制度。例如，列支敦士登在20世纪初制定的制度。然而，对信托的一般经济需求，或者更确切地说，对部分或全部履行其职能的制度的监管是非常坚实的。例如在亚洲，中国、韩国、日本，也建立了财产管理的法律框架。欧洲大陆法系国家（如法国、卢森堡、俄罗斯、圣马力诺等国家）的立法在21世纪遵循了这一趋势，而捷克共和国、罗马尼亚、立陶宛和匈牙利也起草了财产管理的立法。《海牙信托公约》为这一进程做出了贡献。意大利可以通过信托的内部监管被添加到这类国家的名单中，尽管由于意大利已经应用了独特的解决方案，这甚至可能不是必需的。①

具体来说，前已述及，被视为英国法之灯塔的信托制度被吸收进魁北克省的法律文化，引起了其适应性及其所涉及的法律范畴的共同问题。这些问题在20世纪的整个欧洲也经常被讨论，而在《海牙信托公约》被批准后，这些讨论就变得更加急迫起来。一些欧洲大陆国家正在接受与信托相似的制度，为了了解欧洲法学家们对fiducie的反应，将fiducie所产生的环境考虑进来是很重要的。

每个国家所拥有的关于fiducie或者信托（trust）的观念的形成或多或少受到一些偶发的内部因素的影响。这些因素在多大程度上决定fiducie（无论其是否来源于信托）所被期

---

* 上述瑞士、卢森堡、西班牙和荷兰的情况，详见玛德林·坎廷·库米恩："关于大陆法系国家目前已经接受或者采用信托制度的多样化途径的思考"，载［加］莱昂纳尔·史密斯. 重塑信托：大陆法系中的信托法［M］. 李文华，译. 北京：法律出版社，2021：14-16.

① SANDOR, ISTVAN. Attempts at adoption of the Anglo-Saxon trust［J］. Annales universitatis scientiarum budapestinensisde rolando eotvos nominatae. Sectio Iuridica, 2014, 53：441.

第一章 积极参与《海牙信托公约》——欧洲大陆法系国家集体接受信托制度的新起点

待发挥的作用,取决于它们在多大程度上决定了可以将这些功能用于实践的法律技术的选择。

下面,笔者通过分析一些大陆法系接受信托类型的制度原因(WHY),trust 与本国信托或者类信托制度的竞争与融合(HOW),以及 fiducie 所被带入的法律范畴(WHAT),来分析意大利(最早签署《海牙信托公约》的欧洲大陆主要国家)、法国[有了自己的《信托引入法》(即某种意义上的信托法)并将信托条款加入《民法典》]、德国(对自己的民法典自视甚高的国家,也在一些重要领域接受了信托或者类信托制度)这几个欧洲大陆主要国家接受信托或者类信托制度的共同的、在某些领域有区别的情况,并总结出其共性的规律。这个分析的起点,无疑以《海牙信托公约》为一个重要起点和节点是最恰当不过的了。

(一)《海牙信托公约》的立法背景、立法目的及其重大历史意义

1.《海牙信托公约》的立法背景:适应国际经济合作与融合、促进各国经济社会发展的需要

是什么促成了《海牙信托公约》的订立和签署?这要从欧洲经济共同体谈起。自从 1957 年 6 个欧洲大陆国家组成了欧洲经济共同体(EEC)以后,美国、英国、加拿大与欧洲的贸易往来比过去有了很大的增长。随着 1973 年英国、爱尔兰、丹麦加入 EEC,欧洲经济进一步融合,那些欧洲大陆国家的人民居住在英美国家时,发现英美国家的信托制度十分简便灵活,因此对于自己在欧洲大陆国家的财产也纷纷采用信托制度来处理。而欧洲大陆法系的法官在处理案件时往往会遇到本国法律制度所没有的信托制度。为了解决司法中遇到的困境,欧洲国家于 1968 年、1978 年分别签署了《布鲁塞尔公约》(*Brussel Convention*)及其补充协议,在该协议中,涉及信托关系的规则是:信托的内部关系适用委托人选择的法律;委托人没有选择的,适用信托的"本座"(domicile)法(即住所地法)。然而,除苏格兰以外,这些国家都没有信托的"本座"法的概念,而当时 EEC 中的 7 个国家的国内法中连信托法都没有,因此信托的"本座"法这一概念无法解释,信托关系到底应该如何适用法律仍然无法解决。

随着欧美经济的进一步融合和实践的需求,对于涉及信托法国家和非信托法国家的信托关系的法律适用,各国迫切需要新的国际公约给予指导。具体来说,日益增多的国际民商事交往活动过程中,会不可避免地遇到一些关于信托的问题。这是因为:首先,有些大陆法系国家对信托可能不予承认,这必然会损害到英美法系国家的个人或公司在国外的财产利益;其次,即使大陆法系国家承认信托,但由于信托是英美法系制度下的特殊产物,而信托的原则在很多情况下,用大陆法系的法理来解释是比较困难的。例如,对于信托财产的所有权性质问题,两大法系之间乃至其内部的分歧都相当大,至今尚未有说服力的意

见出现。因此在具体有关信托的司法实践中，仍然有可能会带来一些麻烦。在这种情况下，有关当事国对信托的承认和执行与否就成为一个至关重大的问题。《海牙信托公约》就是在这样的背景下被催生出来的。①

在《海牙信托公约》的制定过程中，两大法系都派出了各自最杰出的信托法学家参与公约的起草。除英美法系的美国、英国、加拿大、澳大利亚等国外，欧洲大陆法系中的主要国家，包括德国、法国、意大利、荷兰、瑞士等国都积极参与了公约的起草工作。经过紧凑的立法过程，这部被称为"600年来在信托法领域首次跨越英吉利海峡的立法尝试"最终于1984年在海牙会议第15次全体大会上通过。②

从以上历史情况可以看出，《海牙信托公约》的签署反映了经济国际化的需求，是发源于英美法系的信托制度的强大生命力的生动体现。这对从国际经济与贸易中受益良多、主张经济全球化的我国来说，颇具启发意义。

2.《海牙信托公约》的立法目的：为在不同的信托和财产法体系中建构起一座桥梁而提供一种可操作的手段，最终的目的是促进国际的经济合作和社会活动，实现各国社会经济的共同发展

《海牙信托公约》旨在为"信托历史和衡平法的信托原则"的跨国交流和相互理解做出努力，为在不同的信托和财产法体系中建构起一座桥梁而提供了一种可操作的手段，其最终的目的是促进国际的经济合作和社会活动，实现各国社会经济的共同发展。该公约的起草者们清醒地知道：是否批准和接受该公约与这些国家的国内法体系中是否采纳信托制度是两个问题。公约的目的不是直接将信托引入包括欧洲大陆在内的大陆法系的国家，而是希望这些国家的法官和法律实践者们对于信托制度能有一个更清晰的了解。真正决定各国是否采纳信托制度的是各国社会经济实践的需要，即信托制度能否满足这些国家当下和将来社会经济实践的需要以及在何种程度上满足这些需要。当然还有一层考虑是，引入信托制度如何与本国原有法律体系相融合。可见，批准该公约仍然会给大陆法系国家的国内法带来一些冲击。因此，在批准该公约、发挥该公约对于非信托法国家的补充作用之前，各国需要认真考虑遵循《海牙信托公约》将会给国内法体系带来的冲击。③

3.《海牙信托公约》的重大历史意义：该《公约》在扩大信托制度的存在空间和在世界范围内尤其是欧洲大陆传播信托概念方面起到了非常积极的作用

《海牙信托公约》通过以后，凡是批准该公约的国家都将在公约规定的框架内，在一

---

① 张云辉.《海牙信托公约》对两大法系信托制度的协调：兼论中国信托制度的完善 [D]. 上海：复旦大学，2002：5.

② 张敏.《海牙信托公约》研究：在信托领域跨越两大法系的首次国际立法尝试 [J]. 法制与社会，2007（8）：734.

③ 同②.

第一章 积极参与《海牙信托公约》——欧洲大陆法系国家集体接受信托制度的新起点

定程度上承认与本国有关联的涉外信托,具体的内容由《海牙信托公约》第 2 条和第 11 条规定,虽然这两个条款的效力可能还要受到"公共秩序"理论和适用强制性规范的削弱。《海牙信托公约》第 2 条即对"信托"的定义,其第 11 条即对信托承认的定义,这两条的具体内容后面将详述。

概括起来说,在不与"公共秩序"和法院的强制性规范相抵触的情形下,《海牙信托公约》的适用有助于:*

(1) 在普通法系国家创设的信托能够在另一个普通法系国家获得承认;

(2) 在普通法系国家创设的信托能够在一个非信托国家(即连形式上的成文信托立法也没有的国家,下同)获得承认;

(3) 在普通法系国家创设的信托能够在一个形式上有成文信托立法的国家获得承认;

(4) 在一个形式上有成文信托立法的国家创设的信托或信托类似制度能够在一个普通法系国家获得承认;

(5) 在一个形式上有成文信托立法的国家创设的信托或信托类似制度能够在一个非信托国家获得承认;

(6) 在一个形式上有成文信托立法的国家创设的信托或信托类似制度能够在另一个形式上有成文信托立法的国家获得承认。①

可见,《海牙信托公约》在扩大信托制度的存在空间和在世界范围内传播信托概念方面可以起到了非常积极的作用。事实也是如此。金融全球化的影响不仅表现在各国之间金融市场的开放,同时伴随信息网络的发展,伴随着各国外汇管制的逐渐减少,以信托制度为基础的各类投资基金等金融理财产品的跨国交易已成为可能,任何国家在本国金融市场接受和提供外国金融服务的可能性也大大增加。金融市场的全球化进一步推动了信托制度的全球化。随着现代信托制度的发展,无论是直接继受信托制度的普通法系国家如英国、美国、澳大利亚,还是后来移植信托制度的国家如日本、韩国,信托制度强大的财产管理功能可以使之运用于各个领域而"与人类想象的空间媲美"。** 这是法域竞争(即各个司法管辖区的法律制度之间的竞争)的一个重要组成部分。

从目前的信托制度立法分布来看,绝大多数的普通法系国家是具备信托制度的,从英联邦成员国家到曾经为英国殖民地的离岸法域都是如此。欧洲传统大陆法系国家以法国、意大利为代表也建立了信托制度(详见后文关于法国、意大利情况的介绍),亚洲地区的

---

* 其实,即使在英美法系国家之间,其对信托的理解也存在着差异。例如,在英国法中注重保护受托人的权利,一旦信托设立,委托人基本上与信托脱离关系;而在美国法中,更强调保委托人的利益。参见邹志洪:"论信托关系的法律适用",《中国国际私法与比较法年刊》2000 年第 3 卷,法律出版社 2000 年版,第 196 页。所以,其实在英美法系国家之间也存在着对涉外信托的承认问题。

① 张敏.《海牙信托公约》研究:在信托领域跨越两大法系的首次国际立法尝试[J].法制与社会,2007(8):735.

** 英国权威信托法专家梅特兰所言,转引自何宝玉.英国信托法原理与判例[M].北京:法律出版社,2001:1.

大陆法系国家如日本、韩国和中国也陆续颁行了本国的信托法。欧洲的混合法系国家如苏格兰等具有很长的信托制度历史，到南非建立信托制度之后，相关国家的理论及实践均表明信托制度在混合法系国家也是可融合的。拉丁美洲的大量混合法系国家，如墨西哥、阿根廷也建立了信托制度，形成了一些拉丁美洲国家自己的特征。① 这些具有不同法律传统的国家纷纷建立信托制度，虽然有些国家并非以普通法信托制度模式为基础，有些国家声称是基于罗马法的基础，有些国家的信托制度颁布施行在《海牙信托公约》生效之前，但《海牙信托公约》为许多国家的信托立法与本国法律传统的融合问题提供了解决框架。同样地，由于经济全球化、贸易和金融国际化的影响，资本运作和财产管理早已突破国家边界，一些国家虽然没有直接移植普通法信托和法律制度，但是为了法域竞争的需要，在司法实践中依然承认依据普通法信托规则而创设的信托机制，比如作为传统大陆法系国家的德国（详见后文关于德国信托制度的内容）。

信托制度在不同法系不同法律传统的国家的传播，也演绎出了这些不同的国家对信托制度的一些共同的认识，也形成了一个所谓的国际化的信托概念。② 国际化的信托或者国际信托，在意大利学者 Lupoi 的分析看来，是在将英国普通法传统规则成文化和克服传统规则对现代信托的限制的基础上而逐步演绎出来的。③

综上所述，《海牙信托公约》对于信托制度、理念和机制在世界范围内的传播，尤其是从普通法系国家到大陆法系国家（特别是欧洲大陆法系国家）的传播起到了十分重要的作用，因为实际上亚洲大陆法系国家中，日本于 1922 年制定了自己的《信托法》，韩国在 1961 年制定了《韩国信托法》，这都早于《海牙信托公约》。而且，参与《海牙信托公约》起草工作的与会专家，包括阿根廷、澳大利亚、奥地利、加拿大、丹麦、法国、德国、希腊、爱尔兰、以色列、意大利、日本、卢森堡、荷兰、葡萄牙、西班牙、瑞典、瑞士、英国、美国及委内瑞拉等 21 国所派出的代表（还包括国际私法统一组织、国际清算银行、英联邦秘书处及拉丁语区公证人国际联盟所推派的观察员代表）；而签署《海牙信托公约》最后法案的代表国家有：阿根廷、澳大利亚、奥地利、比利时、加拿大、塞浦路斯、捷克斯洛伐克、丹麦、埃及、芬兰、法国、德国、希腊、爱尔兰、以色列、意大利、日本、卢森堡、荷兰、挪威、波兰、葡萄牙、西班牙、苏里南、瑞典、瑞士、土耳其、大不列颠及北爱尔兰联合王国、美国、乌拉圭、委内瑞拉、南斯拉夫和巴拿马等共计 33 个国家；最终将《海牙信托公约》批准生效的国家和地区则是：英国、意大利、澳大利亚、加拿大、荷兰、卢森堡、瑞士、塞浦路斯、巴拿马、马耳他、摩纳哥、列支敦士登、圣马力诺、中国香港等共计 14 个国家和地区。从以上国家和地区的名单可知，无论是参与《海牙信托公约》起草的专家所属的国家和地区，签署《海牙信托公约》国家和地区的数量还是批准《海牙信

---

① MALUMIAN N. Trusts in Latin America [M]. Oxford: Oxford University Press, 2009: 5.
② 陈友春. 海牙《关于信托的法律承认及其适用的公约》研究 [D]. 重庆: 西南政法大学, 2018: 42.
③ LUPOI M. Trusts: a comparative approach [M]. Cambridge: Cambridge University Press, 2000: 7.

第一章 积极参与《海牙信托公约》——欧洲大陆法系国家集体接受信托制度的新起点

托公约》国家和地区的数量，欧洲大陆法系国家和地区都占了一多半。所以，应该说，欧洲大陆法系国家既是努力推动《海牙信托公约》起草和签署的重要力量，也是积极批准该公约的骨干成员，这些都彰显出源自英美法系的信托制度的巨大影响力。何况，在法国、德国等这些未正式批准《海牙信托公约》的国家，要么是把信托制度正式加入民法典中（如法国），要么是制定和实施了与信托制度类似的制度（详见后面关于法国、意大利和德国情况的介绍），这就进一步扩大了信托制度在欧洲大陆的影响力。

（二）《海牙信托公约》的主要内容及其对大陆法系国家的妥协

由于参与《海牙信托公约》起草的国家既有英式信托的发源地英国及比较忠实地继承了英式信托制度的美国、加拿大、澳大利亚等国家，也有对英式信托比较陌生的欧洲大陆法系国家包括法国、意大利、德国等，所以为了找到最大公约数，《海牙信托公约》在很多方面都体现了对大陆法系国家尤其是欧洲大陆法系国家的妥协。具体内容如下。

1.《海牙信托公约》中对"信托"的定义，就是英美法系和大陆法系的妥协，这也是欧洲大陆法系国家接受信托制度的起点和核心要素

从前面的介绍可知，参与起草《海牙信托公约》的国家有属于英美法系的，也有属于大陆法系的。在英国，由于有普通法和衡平法的分离，信托关系中规定了"双重所有权"（dual ownership），即受托人享有"法律上的所有权"（legal ownership），受益人享有"衡平法上的所有权"（equitable ownership）。换言之，受托人是信托财产的名义所有人（the nominal owner of the property），而受益人是信托财产的实际受益人（real owner）或利益受益人（beneficial owner，也可译为受益所有人，笔者注）。之所以在英美法系可以存在双重甚至多重所有权的概念，是因为英美法系从来没有发展起像大陆法系那样以物的占有和支配为基础的绝对、单一的所有权概念。因此，在英美法系法学家眼中，也就没有什么绝对的、单一的所有权概念，财产所有权不过是一系列权利的集合/集束，是一系列根据社会和经济的需要而可以灵活组合和分解的权益。进一步而言，在英美法系的观念和理论体系中，在英美法系法学家的眼里，将信托的本质理解为受托人和受益人对信托财产的所有权、分割所有权，在理论上没有丝毫的不妥之处，在实践中也不会产生什么问题。所以，英美法系法学家将大陆法系中缺乏信托观念的原因，恰恰就归结为大陆法系财产权观念上的绝对主义。[①]

而大陆法系国家，则大多对于所有权有着完整的定义，典型的如《法国民法典》第544条及第545条对所有权的定义："所有权是对物最绝对的使用、收益和处分的权利，但法律或条例禁止的使用除外。"（《法国民法典》第544条）"除非因公益使用的原因并

[①] 斯坦，香德. 西方社会的法律价值 [M]. 北京：中国人民公安大学出版社，1989：265-268.//周小明. 信托制度：法理与实务 [M]. 北京：中国法制出版社，2012：63-64.

事先给予公道的补偿，任何人均不受强迫转让其所有权"。《法国民法典》第 545 条）《法国民法典》第 544 条关于所有权的定义仍然遵循了罗马法的基础框架，① 因为按照罗马法，所有权是所有人对其所有物行使的最完全、最绝对的权利，具有绝对性、排他性和永续性。②

由于所有权的排他性，在所有的大陆法系国家中，所有权都是不可分割的，即"一物一权"，即在同一物上不能同时有两个完全所有权。* 两大法系在所有权概念上存在分歧，这也成为大陆法系接受英式信托的主要障碍。因此，为从实践上应用英式信托，就得从理论上解释英式信托，大陆法系为此就信托的法律性质，发展出了各种各样的学说，具体如下。

第一种学说，即"债权说"，这是作为较早引入英式信托的日本从 1930 年前后开始即确立的学说，即把受益权的本质视为受益人对受托人的债权，而把受托人对信托财产的权利看成是一种完全的物权即所有权。这样，信托就成了一种产生债权关系效力的所有权转移行为。基于这种对信托受益权的理解，日本信托法学界通称这一学说为"债权说"。③ 这一学说至今仍然在日本占据着成说定论的地位，④ 也有中国学者称之为"物权－债权"说。⑤

债权说最大的特点，就是将对信托法结构的解释，包括对信托法的解释，忠实地定位于日本民法所立足的潘德克顿体系中，而潘德克顿体系的主要特色之一，就是物权与债权的区分。基于这种区分，日本 2006 年修订之前的信托法（即日本 1922 年第 62 号法律，以下简称"日本旧信托法"）所界定的信托行为就由两个要素构成：①财产的转移（即受托人所为的财产管理之处分以外的其他处分），这使得信托行为具有物权效力，并且，财产权的转移是完全权的转移（即所有权的完全性转移）；②遵照一定目的所为的财产管理处分，这使得信托行为则具有了债权效力。为避免受托人对因信托行为具有的物权性所具有的较大权力的滥用，并弥补受益人对信托财产的债权性所带来的救济上的不足，日本旧信托法在第 15 条（规定了信托财产的独立性）、第 16 条（规定了禁止对信托财产的强制执行等）等做了相关规定。⑥ 日本新信托法则通过第 14 条（信托财产之对抗要件）、第 16 条（信托财产之范围）、第 19 条（信托财产及固有财产等共有物分割）、第 21 条（信托财产责任负担债务之范围）、第 22 条（信托财产债权之抵消限制）、第 23 条（对信

---

① 法国民法典 [M]. 罗结珍，译. 北京：北京大学出版社，2023：372.
② 周枏. 罗马法原论 [M]. 北京：商务印书馆，1994：321-324.
* 参见周枏. 罗马法原论 [M]. 北京：商务印书馆，1994：322；另参见王利明. '一物一权'原则探讨 [J]. 法律科学西北政法大学学报. 2009（1）：64；另参见尹田. 论一物一权原则及其与'双重所有权'理论的冲突 [J]. 中国法学. 2002（3）：74；等。
③ 中野正俊，张军建. 信托法 [M]. 北京：中国方正出版社，2004：18-20.
④ 新井诚. 信托法 [M]. 刘华，译. 北京：中国政法大学出版社，2017：34.
⑤ 周小明. 信托制度：法理与实务 [M]. 北京：中国法制出版社，2012：65.
⑥ 同④：35-36.

第一章 积极参与《海牙信托公约》——欧洲大陆法系国家集体接受信托制度的新起点

托财产强制执行之限制)、第 25 条(信托财产与受托人之破产程序等之关系)等条款进一步完善了对信托财产独立性的规定,并因此尽可能地实现对处于弱势地位的受益人的保护。

从立法上来看,日本新信托法(指日本 2006 年第 108 号法律,简称"日本新信托法")第 2 条第③项明确规定:"本法所称信托财产,指属于受托人的财产,且应依信托为管理处分之一切财产。"日本新信托法第 2 条第⑥项规定:"本法所称受益人,指享有受益权者。"而日本新信托法第 2 条第⑦项则接着规定:"本法所称受益权,是指基于信托行为,受托人对于受益人所负债务中有关债权(以下简称受益债权),以及为确保此债权依法对受托人及其他人的请求为一定行为之权利。"可见,债权说也获得了日本立法学界的认可。这种债权说,在德国民法典上也是成立的,但是法院对此原则有所削弱。①

然而,从理论上来说,这种债权说,或者物权-债权说,有其本身的不足。因为就受托人对信托财产的权利而言,信托的职能不过是要利用受托人的名义去管理处分信托财产,因此,即使信托财产从法律上看归属于受托人,但实质上受托人的权利是被限制于财产管理这个范围之内的。受托人不得随意处分信托财产,而且应该将信托财产与自己的固有财产严格区分开来。这样一种性质的受托人权利,与大陆法系民法典上的所有权概念,即完整的、排他的、绝对的所有权概念,相去甚远。而就受益人的权利而言,其除包含对受托人请求支付信托利益的债权性内容外,实质上还有对信托财产的物权性支配权利。例如,受益人有权撤销受托人违反信托目的而处分信托财产的行为,从而追回被处分的信托财产。因此,单纯的债权概念,也很难完全说明所有权的性质。②

第二种学说,即"相对性权利转移说",也称为"限制性权利转移说",这种学说是日本学者盐田新在 1933 年提出的学说,其批判完全的所有权都归属于受托人这一债权说的基本观点,认为信托财产的所有权对外归属于受托人,但是对内却归属于受益人。③ 这种相对性权利转移说其实非常接近于英美法系的双重所有权说了。

第三种学说,即"法主体说",或称"实质性法主体说",该学说也是为了反驳"债权说"而产生的,它强调信托财产的独立性,认为:信托产生于原来由委托人所有的财产向受托人所有的方向转移,而信托在本质上又不允许将信托财产完全归属于受托人,因此,信托财产可以从委托人与受托人两者中分离出来而成为独立的法主体;至于受托人对信托财产的权利,则应被视为一种财产管理权,而受益人的权利实际上是对信托财产的给付请求权。④ 换言之,法主体说将信托财产本身视为一个独立的法律主体,同时将受托人

---

① 张天民. 失去衡平法的信托:信托观念的扩张与中国《信托法》的机遇和挑战 [M]. 北京:中信出版社,2004:164.
② 周小明. 信托制度:法理与实务 [M]. 北京:中国法制出版社,2012:65-66.
③ 新井诚. 信托法 [M]. 刘华,译. 北京:中国政法大学出版社,2017:37.
④ 中野正俊,张军建. 信托法 [M]. 北京:中国方正出版社,2004:22-23.

视为该主体的管理人（或代表人）而行使财产管理权，而将受益人的权利视为对该主体的利益给付请求权。①

在日本，法主体说由四宫和夫首先提出，是日本信托法学界较为广泛接受的学说，并且在实务界中取得了较高的支持。四宫和夫认为，应以英美法体系作为基本依据。因此，理解起源于并无物权、债权区别理念的英美法的信托制度时，援引以物权、债权两者区别为前提的大陆法体系的概念本身就存在问题。进一步而言，与区别物权、债权的民法无关，信托法本身就是独立的（英美法系的）权利关系或法律概念的创设，应该当然地也被民法本身认同的法律行为自由原则所认同，这就可以解决信托法与民法乃至于整个私法体系的协调性问题。需要注意的是，四宫和夫的（实质性）法主体说与具有近代法人格类似的民法总则中的法人不同，即四宫和夫的（实质性）法主体说并不认同信托财产的法人格；也就是说，信托财产只是实质性法主体，与民法总则中规定的通常的法人相比，其具有不完全且限制性的法主体性。② 正如有学者指出的，虽然从信托的实质效果看，信托的确具有类似于法人的功能，在许多场合，信托发挥着替代法人的作用，例如，公益信托对财团法人的替代、单位信托对投资公司的替代等，但是信托本身并非法人。在历史上，信托早于法人而产生，而在法人制度产生之后，信托依然发挥着自己独特的作用。③ 以上都是大陆法系国家法学学者的看法。实际上，在美国，今天所有的"信托"（在经济学家和记者们所使用的那种意义上）几乎都是——如果不全是——法人。④

关于信托财产的性质，除上述三种学说外，还有日本学者所主张的"物权债权并行说"、韩国学者所主张的"财产权机能区分说"、德国学者所主张的"物权说""附解除条件法律行为说"等，⑤ 都是试图从大陆法系的角度分析信托的概念及信托法律关系的性质，但是这些学说大多在本国之内都未得到统一，遑论在大陆法系各国得到一致认可了。因此，此处不赘述。

由于上述原因，即大陆法系国家所普遍确立的一物一权原则、潘德克顿体系所坚持的物权债权两分原则以及物权法定原则与英式信托所具有的双重所有权的冲突，以及，甚至在海牙参加《海牙信托公约》起草的"每个与会代表所代表国家的法律制度中，像'所有权'和'义务'这样的术语的意义和内容的界定都是无法保证的，同时也是无法验证的"，* 所以《海牙信托公约》对信托的定义就避免使用所有权（ownership）一词，而

---

① 周小明. 信托制度：法理与实务 [M]. 北京：中国法制出版社，2012：66.
② 新井诚. 信托法 [M]. 刘华，译. 北京：中国政法大学出版社，2017：38-40.
③ 同①：67.
④ MAITLAND F W. 国家、信托与法人 [M]. 樊安，译. 北京：北京大学出版社，2008：154.
⑤ 新井诚. 信托法 [M]. 刘华，译. 北京：中国政法大学出版社，2017：42-62；周小明. 信托制度：法理与实务 [M]. 北京：中国法制出版社，2012：67-69.
* 米歇尔·格雷佳德："大陆法系根据《海牙信托公约》对普通法系信托制度的承认——尤其是意大利的经验"，载 [加] 莱昂纳尔·史密斯. 重塑信托：大陆法系中的信托法 [M]. 李文华，译. 北京：法律出版社，2021：38.

第一章 积极参与《海牙信托公约》——欧洲大陆法系国家集体接受信托制度的新起点

是在对"信托"的定义中没有涉及所有权问题（见该《公约》第2条第1款）："在本公约中，当财产为受益人的利益或为了特定目的而置于受托人的控制之下时，'信托'这一术语系指财产授予人设定的在其生前或身后发生效力的法律关系。"《海牙信托公约》第2条第2款还列举了其所规定的信托具有的特点，即：①该项财产为独立的基金，而不是受托人自己财产的一部分；②以受托人名义或以代表受托人的另一个人的名义拥有信托财产；③受托人有根据信托的条件和法律所赋予他的特殊职责，管理、使用或处分财产的权利和应尽的义务。

2. 《海牙信托公约》承认日本等国家已有的信托或者将有的信托（如法国、意大利、西班牙、卢森堡等国家在该公约签署时预计签署之后将有的信托），从而扩大了该公约的"群众基础"和适用范围

这个方面与上述第一个方面所涉及的问题有一定关系。申言之，《海牙信托公约》第2条规定中对"信托"这个关键观念的界定不仅仅是攻克一个概念方面的难题的方法；最终，它还是满足在该公约制定过程中一些来自于大陆法系国家（包括埃及、波兰、日本、卢森堡和委内瑞拉）的代表们的诉求的一种手段。该诉求就是：这些大陆法系国家的一些对应制度应该在《海牙信托公约》中得到认可；有许多制度都回应了《海牙信托公约》第2条中关于范式信托（the model of trust）的规定，包括某些拉丁美洲国家的 fideicomiso（即遗嘱信托）制度，魁北克信托（《魁北克民法典》第1256-98条款），根据《以色列信托法》所设立的信托，根据伊斯兰法所设立的瓦格夫（waqf）制度，等等；更不用说法国和卢森堡的 fiducie 制度，以及西班牙可能决定要引入的一些制度了。对于将上述那些制度都根据《海牙信托公约》认可为"信托"（trusts）的主张，人们无法轻易地置之不理。在此基础上所建立的范围更广的信托制度，有了被引进一项起初只是用来规制普通法系法域中的信托的公约的路径。如同《海牙信托公约》的法文版本选择了英文单词"信托"（trust）来指代所规制的对象一样，该公约的序言显示了这种想法转变的轨迹："信托，发展自普通法系的衡平法院，并在经过某些修改后被其他一些法域所接纳，它是一种独特的法律制度。"海牙国际私法学会的会议记录显示，是该协会的外交协会（the diplomatic conference）自己而不是那些在准备该公约的框架的专家组，来负责使该公约将大陆法系中那些具有普通法系中的信托制度所具有的某些关键特征的制度吸纳进来。*

不可避免的是，《海牙信托公约》第2条对于上述更广范围的默示性认可遭到了批评。批评者认为，这种选择的结果，使得该公约第2条规定的信托的概念变得太宽泛了，以至于这个概念已经是"没有边界的了"（"shapeless"），因为它与人们所知晓的英国法和其他普通法系法域中的经典信托的概念不一致。《海牙信托公约》的起草者们所使用的语言

---

* 参见米歇尔·格雷佳德："大陆法系根据《海牙信托公约》对普通法系信托制度的承认——尤其是意大利的经验"，载 [加] 莱昂纳尔·史密斯. 重塑信托：大陆法系中的信托法 [M]. 李文华，译. 北京：法律出版社，2021：38-40.

确实没有反映出这个根植于普通法系的习惯,即通过普通法和衡平法的区别所提供的角度来看待信托法的习惯。

然而,无论如何,《海牙信托公约》还是成功地抓住了信托在那些法律中作为独特的法律关系所具有的基本要素,尽管它使用了类似于"控制权"("control")的概念来表达这个意思。进一步而言,有充足的历史资料来将普通法系中的这项制度的过去与大陆法系的源头联系起来,从而挑战那种普通法系中的信托与大陆法系中有同样结构的制度之间有根本性的不一致的观点。最后,对信托在英美法系的形成具有贡献的偶发历史事件是一件有争议的事,而该争议至今尚未解决。尽管这些历史事件塑造了信托法的语言,然而隐身在信托法背后的原则和规则却应该按其自有规律延续或者废止。概括而言,《海牙信托公约》第2条的定义包含了一些经常地但却是错误地被认为是只有普通法系的信托才具有的性质的一些制度。然而,这并不意味着,每一种由某人持有他人财产的行为,例如寄托(deposit)、寄存(bailment)、代理(agency)或者委托(mandate)都是《海牙信托公约》所定义的信托,这不是该公约所支持的。*

3. 信托的承认:既解决了法律冲突问题,也规定了信托承认在保护当事人信托利益上的基本含义,是两大法系关于信托承认的基本共识

《海牙信托公约》既是解决信托法律冲突的规则,同时也包括信托法律关系的一些实质性规定。例如,该公约在关于信托承认部分的第11条中,即是除前面所述的关于信托定义外的又一项实质性规定,即:"根据前章(即该《公约》第二章"适用的法律",笔者注)规定的法律所设定的信托应作为信托而被予以承认。该项承认至少应意味着信托财产为独立的基金,受托人可以以受托人身份起诉,以及他可以在公证人或任何其他履行官方职务的人面前以该身份出现或行事。在适用于信托的法律所要求或规定的范围内,该项承认尤其意指:1. 受托人的个人债权人不得从信托财产中获得救济;2. 受托人破产时,信托财产不得成为其财产的一部分;3. 信托财产不得成为受托人或其配偶的婚姻财产的一部分,也不得成为受托人死后遗产的一部分;4. 如果受托人违反信托,将信托财产与其个人财产混合或转让信托财产,则信托财产可予回复。但财产的第三方持有人的权利和义务仍应受根据法院的法律选择规则所确定的法律之管辖。"

由于《海牙信托公约》的目的之一,即是使得信托在最大范围和可能之内被承认(包括在没有规定信托制度的国家被承认),因此关于信托承认的规定就显得尤为重要。而该公约关于信托承认的规定,强调了信托财产的独立性,符合英式信托关于信托财产独立性的基本要求,也得到了参与该公约起草的包括欧洲大陆法系国家在内的大陆法系国家的支持。应该说,这是在对"信托"进行定义的妥协之后一个重要的突破,它可以最大限度

---

* 参见米歇尔·格雷佳德:"大陆法系根据《海牙信托公约》对普通法系信托制度的承认——尤其是意大利的经验",载[加]莱昂纳尔·史密斯. 重塑信托:大陆法系中的信托法[M]. 李文华,译. 北京:法律出版社,2021:40-41.

第一章　积极参与《海牙信托公约》——欧洲大陆法系国家集体接受信托制度的新起点

地扩大信托在世界范围内的影响力。当然，这也是《海牙信托公约》规定的信托制度在欧洲大陆法系国家得到引入、承认的一个重要开端。

4. 对委托人给予较大尊重，以消除大陆法系国家对信托的部分疑虑

一方面，《海牙信托公约》从实体法的角度规定委托人保留某些权利和权力并不影响信托的存在。该公约第2条第3款规定："委托人保留某些权利和权力（rights and powers）以及受托人本身可享有作为受益人的权利这一事实，并不一定与信托的存在相矛盾。"

按照英美信托法，委托人在信托有效成立后基本脱离信托关系，除非信托文件明示地为委托人保留了一定的权利，否则，委托人不再享有任何权利，也不再承担其他义务或者职责。[①] 因为信托的实质，就是信托财产脱离委托人的支配，而委托人就是"出钱（即转移要成为信托财产的财产），但不动嘴"的人。[②] 但是，这种一旦"出钱"就在信托法律关系中失去基本权利、义务的规定，在大陆法系国家很难完全被接受。例如，在我国，由于在信托成立后委托人即丧失对信托财产的全部权利及丧失监督信托实施的权利的制度设计"不符合东方文化传统"，社会公众难以接受，[③] 因此规定了委托人在信托成立后的大量权利。而日本旧信托法也大量规定了委托人在信托关系成立后的权利，虽然2006年信托法修订后削减了委托人的一些权利，即将监督受托人的权利赋予了受益人，把委托人的权利局限于其作为筹集信托财产的人这一最小范围内，但是通过日本新信托法第145条第④款在信托行为中设置受托人的义务的方式，则可以使委托人的权利实际得到增强。[④] 在法国，根据《法国民法典》第2022条第1款的规定，信托合同应该具体规定受托人向委托人报告其履行受托职责的条件；根据《法国民法典》第2022条第3款的规定，如在信托合同执行过程中对委托人实行财产管理措施，则受托人应该按照与《法国民法典》第2022条第1款相同的条件向委托人及其财产管理人报告执行受托任务的情况。同时，受托人按照合同规定的定期，向受益人或者按照《法国民法典》第2017条指定的第三人的要求，向受益人报告执行受托任务的情况。* 可见，在已经制定了信托法的国家，如中国、法国、日本等，也都赋予了委托人不同程度的权利。

另一方面，《海牙信托公约》从程序法方面体现了对委托人的尊重，这可以进一步打消大陆法系国家的疑虑。虽然《海牙信托公约》对关于信托的一些实体性规范做了规定，但是它同时是一部国际私法意义上的公约，它的规定大多体现了对委托人的尊重与对国际私法惯例的遵守。例如，根据该公约第6条第1款的规定，信托应适用委托人所选择的法

---

① 何宝玉. 信托法原理研究 [M]. 北京：中国法制出版社，2015：169.
② 新井诚. 信托法 [M]. 刘华，译. 北京：中国政法大学出版社，2017：167.
③ 同①：171.
④ 同②：167-168.
* 根据《法国民法典》第2017条的规定，除信托合同另有规定外，委托人可以于任何时候指定第三人负责确保其在履行合同的范围内的利益，第三人可以享有法律给予委托人的权力。委托人是自然人时，不得放弃此项权力。委托人应当向受托人通知其对第三人的指定。见法国民法典 [M]. 罗结珍，译. 北京：北京大学出版社，2023：912-915.

律，而该项选择必须是明示地或默示地规定在设定或书面证明信托的文件的条款中。如果委托人没有选择法律或选择的法律未对信托或对有关的信托所属类别作出规定的，则根据该公约第6条第2款的规定，适用与信托有最密切联系地的法律。需要说明的是，《海牙信托公约》仅适用于自愿设定并以书面形式证明的信托（即书面明示信托，见该公约第3条），所以该公约第6条规定了委托人对信托所适用的法律的选择必须是明示地或默示地规定在设定或书面证明信托的文件的条款中。

《海牙信托公约》第7条则给出了确定"与信托有最密切联系的法律"的考虑因素："a）委托人指定的信托管理地；b）信托财产所在地；c）受托人的居住地或营业地；d）信托的目的及其目的实现地。"这里也是将委托人指定的信托管理地作为第一选择，体现了对委托人的尊重。

5."公共秩序"理论与强制性法律规范的适用，进一步减轻了欧洲大陆法系国家对承认信托的疑虑

首先，为了进一步减轻大陆法系对承认信托的疑虑，避免完全取消财产所在地法律的适用，尤其是涉及不动产的案件，《海牙信托公约》在第18条规定："本公约条款的适用如果明显地与公共政策（public policy，同时附法语 ordre public，即公共秩序）不相一致，则可不加考虑。"尽管当事人意思自治是《海牙信托公约》的主要特征，但是没有限制地对于信托的承认可能引起的、潜在的、破坏性的影响并未难倒其起草者们，并且因此该公约规定了几个作为尊重缔约国的某些政策的控制性制度的条款。其中的基本保护措施，就是在该公约的条款与公共政策（或称公共秩序，下同）明显地相矛盾时，或者是与该公约的管辖地法律（the law of the forum）必须适用于和法律冲突规则无关的领域的条款相矛盾时，各国有对该等条款不予适用的权力。《海牙信托公约》关于公共政策的这项规定，体现了对各国政府及其公共政策的尊重，在很大程度上打消了各国政府关于信托会违反该国公共政策、损害该国公共利益的疑虑。实际上，包括法国*、意大利**、甚至于美国***，

---

* 参见弗兰克斯·巴利尔："法国的信托：一个'睡美人'的混沌觉醒"，载［加］莱昂纳尔·史密斯．重塑信托：大陆法系中的信托法［M］.李文华，译.北京：法律出版社，2021：169-179.《法国民法典》第2013条规定："如果是出于向受益人进行赠与的意图而订立信托合同，则该合同无效。此种无效具有公共秩序性质。"根据《法国民法典》第2018条的规定，信托财产的转移时间，自信托合同签字之日起，不得超过99年。此外，根据《法国民法典》第2015条的规定，只有熟悉财务转移（financial transfer）之监督，并熟悉如何向有关当局报告可疑交易的人（包括法国《货币与金融法典》第511-1条所指的信贷机构、法国《货币与金融法典》第518-1条所列举的机构与服务部门、法国《货币与金融法典》所指的投资企业以及法国《保险法典》第310-1条所指的保险企业）才能成为信托的受托人。2008年后，则允许律师职业的成员作为受托人了。见法国民法典［M］.罗结珍，译.北京：北京大学出版社，2023：912-913.

** 参见米歇尔·格雷佳德："大陆法系根据《海牙信托公约》对普通法系信托制度的承认——尤其是意大利的经验"，载［加］莱昂纳尔·史密斯．重塑信托：大陆法系中的信托法［M］.李文华，译.北京：法律出版社，20021：52.

*** 美国2005年修订的《统一信托法典》（该"法典"是供美国各州参考采用的示范法典，不是具有约束力的法典）第106条关于公共政策的规定，即是直接参考了《海牙信托公约》的相关规定而做出的规定。米歇尔·格雷佳德："大陆法系根据《海牙信托公约》对普通法系信托制度的承认——尤其是意大利的经验"，载［加］莱昂纳尔·史密斯．重塑信托：大陆法系中的信托法［M］.李文华，译.北京：法律出版社，20021：44.

第一章　积极参与《海牙信托公约》——欧洲大陆法系国家集体接受信托制度的新起点

在考虑《海牙信托公约》的影响、将该公约作为本国或者本州的立法、决定加入该公约或者承认该公约规定的信托的过程中，都将该公约关于公共政策的这个条款作为重要内容予以考虑。

其次，《海牙信托公约》第19条规定："本公约不得损害各国在财政方面拥有的权力。"这一条规定也是为了消除包括欧洲大陆法系国家对于信托制度可能会给本国财政税收方面造成的损失的疑虑而做出的。财政税收问题一直与信托问题紧密相连。英式信托起源于Use制度，而Use制度的设计初衷之一，就是避税。① 在19世纪的奥斯曼帝国统治下的巴勒斯坦，一些伊斯兰法律专家和巴勒斯坦卡迪（qadi，系阿拉伯语音译，伊斯兰教教职称谓，意为"教法执行官"，指对穆斯林当事人之间的民事、商事、刑事等诉讼进行审判的官员，笔者注）放松了对禁止非穆斯林设立瓦格夫（waqf）的传统伊斯兰规定，甚至偶尔也允许他们为了异教目的（如维护非穆斯林宗教场所）而设立瓦格夫。* 之后，奥斯曼帝国统治下的很多巴勒斯坦的宗教少数派成员——基督徒和犹太人——都设立了慈善和私益的瓦格夫。而某些人使用私益瓦格夫的动机，就是希望通过瓦格夫能获得遗嘱自由，最大限度地减少他们和他们的遗产所承担的税收负担，以及防止他们的家族财产超出父系范围。** 可见，在世界范围内，信托或者类似于信托的一些制度，其起源和发展都与税收、避税或者享受税收优惠这些问题有千丝万缕的联系。在英国，暂且不论享受较大优惠力度的慈善信托，就算是在私益家族信托（private family trust）领域，税收也扮演着主要的角色，因为税收因素鼓励委托人分散其财产，并决定以哪种信托来在减少或规避税款的前提下维护家族财产，以及避免受益人挥霍家产。② 因此，如何避免使信托成为逃税工具、不扰乱各国的财政秩序，就成为《海牙信托公约》起草者关心的问题，而《海牙信托公约》第19条的规定则成为打消该公约签署国和批准国顾虑的定心丸。

实际上，欧洲大陆法系国家都很关心信托所带来的财政税收问题。在法国，打击税收欺诈运动解释了为什么财产赠与人必须居住在欧洲共同体的成员国内，或是与法国达成避免双重征税的税收协议，以及提供打击税收欺诈和逃税之行政协助的国家。法国《信托引入法》的法律条文力求更广泛地防止逃税：尽管财产所有权从委托人转移到受托人，但就直接征税（direct taxation）而言，委托人仍然被视为已经转移到信托名下的财产的所有权

---

① 周小明. 信托制度：法理与实务 [M]. 北京：中国法制出版社，2012：1-3.

* 瓦格夫是一种根据伊斯兰法而设立的类似于英式信托的信托。实际上，前已述及，一些国家包括法国、西班牙、波兰和卢森堡等欧洲大陆法系国家，某些拉丁美洲国家，以色列、日本等亚洲大陆法系国家，某些伊斯兰国家参与《海牙信托公约》起草和/或签署的目的是使这些大陆法系国家的信托制度或者类信托制度在《海牙信托公约》中得到认可。见米歇尔·格雷佳德："大陆法系根据《海牙信托公约》对普通法系信托制度的承认——尤其是意大利的经验"，载 [加] 莱昂纳尔·史密斯. 重塑信托：大陆法系中的信托法 [M]. 李文华，译. 北京：法律出版社，20021：38-39.

** 亚当·霍夫里·温拿格里多："以色列/巴勒斯坦的明示信托制度及其历史"，载 [加] 莱昂纳尔·史密斯. 重塑信托：大陆法系中的信托法 [M]. 李文华，译. 北京：法律出版社，2021：67.

② 大卫·约翰斯顿. 罗马法中的信托法 [M]. 张淞纶，译. 北京：法律出版社，2017：52.

人。因此,确保了这些信托安排的税务中立性。对赠与信托(即利用信托进行无偿转让的行为)的禁止无疑确保了该法获得通过,并避免了财政部的否决。并且,对于那些希望进行某些检查的政府部门和机构来说,国家信托登记处将是一个有用的信息来源,在更详细的层面上,税务当局有审计权和知情权;因此,他们可以要求直接有关的各方(如委托人、受托人、受益人)提供与信托合同有关的任何文件,也可以要求有权就信托合同做出决定的任何人提供文件。向税务当局宣布该信托的存在也将使他们能够知晓信托设立之事实,并进行他们认为有用的任何调查。* 这种对通过信托避税、逃税的顾虑,同样存在于意大利等国家。** 而意大利能够成为第一批签署《海牙信托公约》的国家,也应该是受到了该公约第 19 条关于财政税收问题的规定的影响。

再次,关于各国强制性法律的适用之规定强化了各国对信托之引入和承认的信心。《海牙信托公约》第 15 条规定:"本公约不妨碍法院的冲突规则所指引的法律条款的适用,特别是关于下列事项的条款,不能以任意行为排除其适用:a) 对未成年人和无行为能力人的保护;b) 婚姻所产生的人身和财产方面的影响;c) 遗嘱继承或无遗嘱继承中的继承权,特别是配偶或亲属的不得取消的份额(即特留份制度,笔者注);d) 转移权利于财产和财产上的担保利益;e) 在破产事件中对债权人的保护;f) 在其他方面对善意第三人的保护。如果前款的适用致使信托无法得到承认,则法院应适用其他方法对该信托之目的赋予效力。"《海牙信托公约》第 15 条的规定的效力,是确保不会有通过选择法律而规避权威规则适用的情况。所以,有一种默示内容包含在该公约第 15 条的最后句子中,这种默示内容就是:法庭应该尝试对信托的目的赋予效力,如果该信托自身因为该公约第 15 条下的强制性规则的适用而不能被承认的话。***

最后,《海牙信托公约》第 16 条规定:"不管冲突法规则如何规定,本公约不妨碍法院地即使对国际性案件也必须适用的法律条款的适用。"结合该公约第 16 条和前述该公约第 18 条的规定可知,《海牙信托公约》所包含的基本保护措施,就是在其条款与该《公约》的管辖地法律必须适用于和法律冲突规则无关的领域的条款相矛盾时,各国有对该等条款不予适用的权力。

综上所述,《海牙信托公约》的这些安排为吸收更广泛的大陆法系国家加入该公约提供了基础。

---

* 参见弗兰克斯·巴利尔:"法国的信托:一个'睡美人'的混沌觉醒",载 [加] 莱昂纳尔·史密斯. 重塑信托:大陆法系中的信托法 [M]. 李文华,译. 北京:法律出版社,2021:170-171.

** 参见米歇尔·格雷佳德:"大陆法系根据《海牙信托公约》对普通法系信托制度的承认——尤其是意大利的经验",载 [加] 莱昂纳尔·史密斯. 重塑信托:大陆法系中的信托法 [M]. 李文华,译. 北京:法律出版社,2021:52.

*** 参见米歇尔·格雷佳德:"大陆法系根据《海牙信托公约》对普通法系信托制度的承认——尤其是意大利的经验",载 [加] 莱昂纳尔·史密斯. 重塑信托:大陆法系中的信托法 [M]. 李文华,译. 北京:法律出版社,2021:46.

第一章　积极参与《海牙信托公约》——欧洲大陆法系国家集体接受信托制度的新起点

第二节　《海牙信托公约》的签署和批准
—— 一个重大的、历史性的突破

欧洲大陆法系主要国家以直接签署、加入《海牙信托公约》的形式或者间接承认《海牙信托公约》的形式开始接受信托制度。

具体来说，德国尚未签署《海牙信托条约》，法国签署但未批准《海牙信托条约》，而意大利、荷兰、瑞士、塞浦路斯、卢森堡、马耳他等欧洲大陆国家都已经加入或批准了《海牙信托公约》。

1. 德国

虽然德国既没有签署《海牙信托公约》，也没有批准《海牙信托公约》，但是由于在立法上及司法上都有功能性的对应制度，使得信托制度在德国实际上得到了接纳和发展。在德国，法院处理信托时多将其转化为国内的相对应制度加以处理，未加入《海牙信托公约》使得依据外国法创设的信托效力在德国具有较大的不确定性。

德国国内法在民事领域对于信托制度也并不热衷，这是有其内在原因的。

一方面，在德国虽然没有单一的制度可以实现普通法系信托法的所有功能，但德国存在着功能性的对应制度，德国民法的规则足以灵活地解决信托法的实际难题：例如综合运用后位继承人、遗嘱执行人和共同遗嘱人，有类似于普通法遗嘱信托的功能；基金会类似于公益信托；还有作为信托类似制度的 Fiduziarische Treuhand。

另一方面，德国法院的司法实践发展了适用"信托"（Fiduziarische Treuhand）的原则，使得信托更符合其本来面目。依据德国民法典的框架，"信托"是根据当事人之间的协议而设立的，受托人按照委托人的指令，对委托人和受益人负有合同的义务，并为受益人的利益管理受让的财产，受托人取得完全的和没有限制的所有权，而受益人至少在理论上只享有债权。但是，德国的法院发展出的权威的司法观点是：受托人的债权人无权扣押该财产，除非该债务是基于管理信托事务产生的；受益人在受托人的破产财产中有权要求别除受托财产（即将信托财产从破产财产中剔除出去）。当然该规则的适用有限制，即：只适用于委托人直接将财产转让给受托人，并且财产仍然以原来的形式存在的情况。① 关于德国类似信托制度的立法及实践的具体情况，在后文有专门章节予以介绍，此处不赘。

2. 法国

因为与原有法律制度融合较难及财政税收方面的原因，法国最开始签署但未批准《海牙信托条约》，而是按照将信托转化为国内类似制度的路径进行了处理；后来，则通过

---

① 张天民. 失去衡平法的信托：信托观念的扩张与中国《信托法》的机遇和挑战 [M]. 北京：中信出版社，2004：159-164.

《信托引入法》等法律在民法典和相关法律中直接规定了信托制度。

最初，信托在法国仍然不能得到系统和全面地接受和施行，其原因可能在于：一方面是法律上的障碍。①由于信托的灵活性和多样化，无法将信托归入任何单一的民商事法律分类；②信托的法律效力与法国乃至整个大陆法系国家的基本法律原则和公共政策相违背，如：颠覆了"一物一权"原则、规避了法定继承制度，等等。另一方面是财政税收方面的考虑。①在普通的赠与情形下，受赠人因获益需要向政府交税；②而在信托关系中，受托人因为没有获取任何利益而无需交税，也没有法律规定受益人需要交税，因此，如果引入信托制度将会导致利用信托来逃避税收的问题。

具体而言，法国早在1991年就签署了《海牙信托公约》。之后，法国的商业律师、学者、法律工作者对于信托曾一度表现出极大的热情，法国司法部甚至于1992年提出了一项法律草案，要求在法国的法律制度中加入"信托"这种制度，但是这项法案最终由于法国财政部的反对而夭折，这导致了批准《海牙信托公约》的进程被搁浅。

实际上，对待《海牙信托公约》的态度与其国内处理信托的方法有着密切的联系。法国国内处理信托的方式经历了一些转变。直到19世纪至20世纪70年代，法国还一直沿用将信托转化为国内类似制度的方法进行处理，信托被转化为委托合同、遗嘱执行人、继承的替代制度来看待，但实践证明这种类似的方法对于信托是不适宜的，只能导致对于信托制度的误解；20世纪70年代，法国法院承认"信托是一项纯粹的英国制度，在法国没有对等的概念"；但在此后的法院判例中，法院倾向于在涉外的动产信托案件中适用委托人选用的准据法，也有法院完全承认受托人在衡平法下的权利的判例。①

之后，法国分别于1989年、1995年和2007年进行了三次信托立法尝试，前两次立法都因为"法国财政部门反对信托或相类似制度，认为其是隐藏财产、避税和洗钱的工具"而流产。2005年2月，法国参议院重新提交了一份"旨在建立完全透明且详细监管的信托"的立法草案，获得了财政税务部门的支持，终于在2007年2月通过了《信托引入法》，从此信托走入《法国民法典》和法国人的现实生活。② 关于法国信托立法及实践的具体情况，在后文有专门介绍的章节，此处不赘述。

3. 意大利

意大利于1990年2月21日批准了《海牙信托公约》，是大陆法系中第一个批准《海牙信托公约》的国家；同时，1992年1月1日开始，意大利成为使该公约在该国生效的大陆法系国家。意大利承认依外国法创设的信托（即涉外信托），并经过法律实务界和法院等的共同努力，建立了内国法上的信托制度。

---

① 张敏.《海牙信托公约》研究：在信托领域跨越两大法系的首次国际立法尝试［J］. 法制与社会，2007（8）：736.

② 叶朋. 法国信托法近年来的修改及对我国的启示［J］. 安徽大学学报（哲学社会科学版），2014（1）：121.

第一章　积极参与《海牙信托公约》——欧洲大陆法系国家集体接受信托制度的新起点 ◇

意大利政府较早地批准了《海牙信托公约》并使之生效，其意在向商界表明，本国在成为一个投资友好型的法域的路上，这是在该公约准备过程中就已经清楚表明的态度。当《海牙信托公约》生效时，第一批学术评论认为该公约是在意大利承认"涉外信托"（'foreign trust'）的一种方式，这些"涉外的"信托就是与规定了信托制度的其他法域有客观联系的信托。那时候，没有以下这种可能性的讨论，即为了保护意大利居民的利益，由委托方通过遗嘱选择法律，然后通过提交一种与规定了信托制度的法域的法律的关系的设计，在位于意大利的财产上设立信托。热那亚的比较法学家 Maurizio Lupio 第一次提出支持这种可能性的主张，表明《海牙信托公约》第 13 条本身并未妨碍对于委托人根据该公约第 6 条所选择的外国法所管辖的信托的承认，即使该等信托的所有相关因素都是本国的，或者用意大利的对应表述是 interni。起初，这个主张遇到了阻力，但是 Lupio 的对手们提出的反驳的观点要么都很弱，如果不是考虑不周的话；要么就是这些反驳的观点不符合《海牙信托公约》的条文。几年之内，Lupio 的观点获得了广泛的支持并且流行起来，并且开始在意大利引领法律实践。律师们和公证员们越来越经常地使用《海牙信托公约》来根据外国法而设立信托，在根据该公约第 13 条本来在意大利会导致该等信托不会被承认的情况下。

作为后见之明，人们可以进一步认为，上述关于《海牙信托公约》的解释的辩论的更广泛的框架助力了这个显著的发展。首先，意大利的法律界人士对通常情况下立法落后于私法领域改革的需要的情况都太了解不过了。因此，在意大利，经常是试验了一些已经被验证的并且在别的地方已经证明是富有成效，或者是符合欧洲或国际义务的观念后，法律改革就从基层开始。法律实务人员和法官所采取的支持承认信托的举动在这方面并没有什么新鲜的。其次，近几十年来，商业和金融方面的更新已经导致一种态度在意大利日益受到欢迎，这就是由法律界各重要行业所共同认可的、对于引进和适应外国法律技术的世界主义态度。最后，尽管《海牙信托公约》在规定了信托制度的法域和没有规定信托制度的法域之间画了一条线，但是这条线在某种意义上来说是人为的，因为在大陆法系的法律中，人们也可以发现与信托的结构性特征相对应的许多制度。据此来看，在普通法系法域所称的信托制度，在有着突出的大陆法系血统的或者迄今构成大陆法系法域的股票上市之一部分的很多制度中得到了延续。法律界的人士因此认为，在承诺一项承认信托的义务后而开始一场反对它们的神圣战争是没有意义的。如果信托能在不违反公共政策或者意大利法律中的重要规范的情况下解决由于意大利法律所产生的难题，为什么不利用好由《海牙信托公约》提供的开放空间呢？拒绝与信托有关的案件，只会使资本和人力资源流向规定了信托制度的法域，在那些法域里意大利的顾客们则不会遇到很多麻烦。*本书后面有关于意大利信托制度的专门介绍，此处不赘。

---

* 米歇尔·格雷佳德："大陆法系根据《海牙信托公约》对普通法系信托制度的承认——尤其是意大利的经验"，载［加］莱昂纳尔·史密斯. 重塑信托：大陆法系中的信托法［M］. 李文华，译. 北京：法律出版社，2021：51-52.

4. 荷兰

荷兰王国是 1985 年 7 月 1 日首先签署《海牙信托公约》的三个国家之一,在获得荷兰国内学术界和法律实务界的积极回应后,于 1995 年 11 月 28 日批准了该公约。之后,《海牙信托公约》自 1996 年 2 月 1 日起在荷兰王国生效,同时荷兰还颁布了一部《信托冲突法》(Wet Conflictenrecht,WCT)。

荷兰法中有与信托类似的制度即 Bewind,在信托的基本特征上符合《海牙信托公约》的规定,因此批准《海牙信托公约》,可以使得荷兰的 Bewind 制度在其他签约国得到承认;而批准《海牙信托公约》,承认涉外的信托,则显示了荷兰接受和理解涉外信托的巨大诚意,符合《海牙信托公约》的国际交流合作的精神。另外,同其他大陆法系国家一样,在承认国外信托的时候,荷兰也要考虑涉外信托制度对本国法律体系的冲击。荷兰还有本国制定的法律冲突规范即 WCT,其目的是进一步限制外国法的适用,使得荷兰的强制性规范能尽可能得到适用。在 WCT 中,立法者将注意力集中在关键的两个问题上:①根据《海牙信托公约》第 11 条承认涉外信托的效力范围具体是什么;②《海牙信托公约》第 15 条在一定程度上具有减弱第 11 条的效力,WCT 明确了涉及这些问题时具体的法律适用规则。此外,在涉及信托登记的问题上,WCT 对"披露受托人接受信托的能力"和"公示信托的存在"进行了明确的规定。[①]

具体来说,历史上,功能意义上类似普通法信托的制度在荷兰是存在的。虽然荷兰对信托没有全面的规定,但是在大陆法系传统中还有一个包罗万象的物权法框架。大陆法系物权法的基本原则在被认为是接受普通法信托的传统障碍时,荷兰的处理却表现出了更多的灵活性。而且,大陆法系对普通法的一些制度安排也是具有一定灵活的功能替代制度,比如会使用普通法信托的某些术语。荷兰在批准《海牙信托公约》后,曾经考虑将其传统上类似信托的 Bewind 制度改造为符合《海牙信托公约》第二条关于信托的特征,最终却不成功。但是,属于荷兰王国的特别行政区的荷属安的列斯群岛也在 2012 年 1 月 1 日首先在其民法典中规范了信托制度,这对荷兰王国的全国统一信托立法也有一定的示范作用。随着时间的推移以及所有权概念在荷兰的发展,尤其是承认了信托财产独立性的同时,一个大陆法系概念上的信托在荷兰王国的法律体系内已经形成。

荷兰为什么没有直接移植信托制度?其实,荷兰在 1929 年就接受了涉及所有权受托转让的类似信托的机制,在 1899 年和 1954 年立法者两度提出建立荷兰王国法律体系内的大陆法系信托制度,不过均没有成功,原因大概是,荷兰学术界如其他大陆法系国家一样教条地认为普通法信托的性质和复杂性会对荷兰法律产生不利影响,而且该制度也有可能被滥用。此外,有学者认为荷兰法律体系内具有替代普通法信托功能上的备选机制。当

---

① 张敏.《海牙信托公约》研究:在信托领域跨越两大法系的首次国际立法尝试 [J]. 法制与社会,2007 (8):736.

第一章 积极参与《海牙信托公约》——欧洲大陆法系国家集体接受信托制度的新起点

然,针对这种观点,也有反对者认为,荷兰法律并没有提供一个普通法信托的真正替代机制,而且信托制度已在其他许多大陆法系国家移植或制定。不过,最强烈地支持荷兰信托立法的论据是经济上的因素,包括税收上的因素,* 因此,作为欧洲的金融中心之一,如果荷兰没有信托法律,国际金融市场不会使用荷兰法律;所以,承认信托和移植信托制度成为荷兰王国财产法体系必不可少的立法需求。

实际上,《海牙信托公约》于1996年在荷兰生效之前,其传统法律体系已经表现出对信托的认可。从《海牙信托公约》生效之日起,荷兰法律就有了根据该公约承认信托的法定义务。从此在荷兰,传统大陆法系的物权法体系、一物一权、物权法定、公示原则、遗产统一原则等都得到了荷兰司法机构务实的灵活解释。** 因此,虽然荷兰并没有形成完整的信托制度立法,但是荷兰法律为信托提供了替代方案,可以用于适用《海牙信托公约》对涉外信托承认的类似应用。不过,荷兰这种立法替代方法比较分散的做法以及因此在承认信托方面的不确定性,也引起应该为荷兰法律体系移植完整的信托制度立法的讨论。近年来,荷兰王国的立法会议员不断要求出台基于大陆法系的信托制度立法。他们认为,作为一个寻求在全球金融服务中发挥重要作用的大陆法系国家,为了追求全球金融市场法域竞争的优势,不能在制度构建上落后于其他已经引入了信托制度的欧洲大陆法系国家。[①]

荷兰对待信托制度的做法具有可圈可点之处,对其他大陆法系国家具有借鉴意义。

5. 瑞士

瑞士目前还没有信托实体法,普通法信托还未能在瑞士找到导入的途径。与信托概念上接近的瑞士本国机制是 Fiducie 或者 Treuhand,这个法律机制从1905年开始被瑞士法院认可并在司法体系以判例法的方式在发展,在处理证券、管理和处置基金的过程中发挥作用。实际上,瑞士的信托制度受到德国信托制度 (fiduziarische Treuhand) 所衍生出的一个分离财产至受托人 (alienation to a fiduciary) 的设计的重要影响。瑞士对"管理财产的信托"(fiducie for administration of property) 和"担保信托"(security fiducie) 制度进行了区分。此外,关于 fiducie 的惯例 (the fiducie covenant) 在瑞士则有一项特别的优势,即这

---

* 外国公民和公司都可以通过起草和公证与受托人的协议在荷兰设立信托。受托人的角色通常由荷兰的信托公司承担。这些公司确保通过协议转让的财产得到保护。在荷兰,创建投资基金的人使用相同的信托公司。出于同样的原因,从税收的角度来看,在荷兰设立的信托与荷兰投资基金的待遇相同。为了给在荷兰设立的信托提供有效的税收制度,荷兰政府启用了隔离私人资本制度。参见 RPS Legal, Requirements to create a trust in the Netherlands [E/OB]. https://companyformationnetherlands.com/establish-a-trust-in-the-netherlands.

** 根据荷兰当地的法规,在荷兰设立的信托财产将被确保其法律所有权和受益所有权之间的分离;如同根据国际规则一样,法律所有权属于设立信托的个人或荷兰公司,而受益所有权属于信托的受益人。参见 RPS Legal. Theconcept of trust in the Netherlands [E/OB]. https://companyformationnetherlands.com/establish-a-trust-in-the-netherlands. 另可参见 Real World Law Firm. Is the concept of a trust or a split between legal ownership and beneficial ownership recognized [E/OB]. https://www.dlapiperrealworld.com/law/index.html?c=NL&t=finance&s=forms-of-security&q=trusts.

① 陈友春. 海牙《关于信托的法律认可及其适用的公约》研究 [D]. 重庆:西南政法大学,2018:265-267.

种惯例起到了未披露的委托（mandate）的替代机制的作用。*

就普通法系的信托而言，迄今为止，只能根据财产授予人选择的外国法律来创设。然而尽管缺乏信托实体法律条款，自 1874 年以来瑞士法院一直有处理信托案件。瑞士政府自 1957 年以来特许在境内处理外国商业信托，以便瑞士公司在国家战争的情况下将其财产转移到国外。一直以来，瑞士都是世界上最大的信托财产管理中心之一，但是瑞士却不存在本国的信托法，瑞士是一直都将信托机制部分归属于合同法范畴，部分归属于公司法范畴的，而这导致了信托实践中出现了一些问题，其中包括法律的冲突、信托财产与受托人的个人财产的分离和信托的征税等问题。为了应对金融市场的全球化和国家对信托管理的可靠评估的要求，解决信托实践中的问题，瑞士最终于 2006 年批准了《海牙信托公约》，并消除了之前产生的信托实践问题，以至瑞士对信托作为一种特殊的法律结构进行承认。《海牙信托公约》在瑞士的实施，导致在《瑞士联邦国际私法》和《瑞士债务清偿和破产法》中引入了新的条款。在后者的立法中，新的条款规定信托财产构成独立于受托人个人财产的独立基金。但是《海牙信托公约》没有引起《瑞士民法典》和《瑞士合同法》的任何修改，特别是没有引入专门用于信托的实体法条款。①

具体而言，近年来瑞士现行规范信托的法规经历了一个范式的转变，瑞士最初认为信托是一种独特的法律结构。瑞士联邦委员会通过 2006 年 12 月 20 日的法案批准了《海牙信托公约》，并于 2007 年 7 月 1 日起生效。尽管目前还没有办法创设一个真正的瑞士信托，但是《海牙信托公约》为瑞士当局和法院提供了处理涉外信托的有力法律依据。与其他国家不同的是，信托的专业受托人没有义务为了在瑞士管理信托而必须在特定的监管机构进行信托登记；信托行业正在迅速建立一个适当的自律监管框架。2007 年，瑞士一些重要的信托公司成立了瑞士信托公司协会，** 目的是在瑞士推动和发展信托受托人的活动，并促进遵守一定的专业和道德标准。该协会出版了最低标准的专业证书和道德准则，为客户提供安全保证，并确保瑞士依然是一个非常专业的信托法域。②

除信托行业自律组织设立的这种道德标准外，瑞士还实施了各种适用于信托的金融条例。由于瑞士不可能充当全球犯罪所得的避风港，因此该国制定了全面的立法，通过修改《联邦反洗钱法》，防止不法所得进入瑞士金融体系。自 1998 年以来，《联邦反洗钱法》也适用于瑞士居民受托人，如果他们有资格成为金融中介的话。无论是瑞士的法律实体还是个人，在专业化的基础上接受存款、续存款或帮助投资或转让第三人财产的权属，均要适用《联邦反洗钱法》的有关规定。具体就信托而言，瑞士银行必须从受托人那里取得具

---

* 参见玛德林·坎廷·库米恩："关于大陆法系国家目前已经接受或者采用信托制度的多样化途径的思考"，载[加] 莱昂纳尔·史密斯. 重塑信托：大陆法系中的信托法［M］. 李文华，译. 北京：法律出版社，2021：13-14.

① 陈友春. 海牙《关于信托的法律承认及其适用的公约》研究［D］. 重庆：西南政法大学，2018：268.

** 在瑞士，信托的受托人必须是信托公司。见 FLEMING J G. Comparative law［J］. International and comparative law quarterly, 1952, 1：65.

② 同①.

第一章　积极参与《海牙信托公约》——欧洲大陆法系国家集体接受信托制度的新起点

体的书面信托声明。如果是可撤销的信托，受托人必须将有权撤销的人员识别为信托的实益拥有人；对于不可撤销的全权信托，他必须提供一份书面声明以表明产生效力的财产授予人，列出有权向受托人发出指示的所有人，包括可能成为受益人的人。①

最近，全球范围内的关于打击避税的各种讨论导致了欧洲立法的诸多改革。瑞士周边的国家都急于重新强调其立法执行情况，以防止财产遭受税收的困扰。瑞士也经历了很多外国压力，要求终止其银行保密制度。这些压力已经影响到瑞士的政治议程，瑞士在很多情况下都面临着是否需要颁布本国的信托实体法的问题，特别是为了与其他国际金融中心在公平国际经济环境中展开竞争。事实上，在全球十大金融中心中，瑞士是唯一没有本国信托立法的国家。瑞士议员们在 2009 年就曾经抱怨说，缺乏明确的国际规定来明确外国全权信托的"实质拥有人"定义，因此这种信托可能最终导致财产免于征税。不过，当面对是否应该对信托进行国内立法并跟随相应的国际规则时，瑞士联邦委员会的答复是没有计划为《瑞士民法典》移植信托制度。因此，瑞士的信托只能根据外国法律而不是瑞士法律来创设和处理。在国际层面上，经济合作与发展组织经常收集每个国家有关信托财产授予人和信托受益人身份的信息，但经济合作与发展组织从来没有收集信托实益拥有人的身份信息，尽管负责全球反洗钱的金融行动特别工作组已经就识别信托的实质拥有人规定了识别标准。此外，瑞士一直以来强烈反对国际税务欺诈行为，至今已签订了七十多个双重征税条约，基于这些条约可以披露涉及税务征收程序的全权信托实益拥有人的信息，这加强了瑞士信托行业的国际透明度。

同时，瑞士银行保密制度有关的问题也引起了信托方面的问题。一些瑞士议员认为，普通法信托等外国法律机制与银行保密制度有同样的实际效果，因为两者都不披露有效的实质拥有人的真实身份。因此，只要信托这种外国法律机制在法律上得到允许和保护，瑞士银行的保密制度也不应该被终止。瑞士联邦委员会也强调，既要保护每个客户的隐私，也要确保瑞士的金融市场具有竞争力，并认为该国与包括美国、英国及其离岸法域在内的世界各地均有良好的金融监管的合作。②

当然，《海牙信托公约》在瑞士的批准适用加速了信托在瑞士金融行业的适用频率。《海牙信托公约》提供了一种承认除普通法典型信托外的类似信托机制的可能性。瑞士传统上使用的类似信托机制 fiducie，* 在《海牙信托公约》批准之前因为不具备独立资金的标准，不符合该公约第 2 条描述的信托特征；而《海牙信托公约》被瑞士批准之后，由于瑞士立法

---

① 陈友春. 海牙《关于信托的法律承认及其适用的公约》研究 [D]. 重庆：西南政法大学，2018：268-269.
② 同①：271-272.
* 在使用英语时，大陆法系的立法界和传统派作家经常使用"信托"（trust）指称在他们法律（例如简称为 C. C. Q 的《魁北克民法典》，及其前身《下加拿大民法典》（*the Civil Code of Lower Canada*））中的那些制度。然而，当今的行文中则使用"信托"（trust）指称普通法系中的信托制度，而用法语单词 fiducie 指称大陆法域中信托制度的移植制度、适应性制度和类似制度。见前引玛德林·坎廷·库米恩："关于大陆法系国家目前已经接受或者采用信托制度的多样化途径的思考"，载 [加] 莱昂纳尔·史密斯. 重塑信托：大陆法系中的信托法 [M]. 李文华，译. 北京：法律出版社，2021：7.

机构对 fiducie 的进一步修订强化，目前普遍认为可以被《海牙信托公约》承认为信托的。

总的来说，瑞士议员还是认为瑞士应该与其他外国金融中心一样拥有类似信托的法律工具或法律机制，以维持瑞士金融市场在国际上的竞争力。2010 年，瑞士联邦委员会在《关于瑞士金融市场政策战略方向》报告中再次提出了这一要求，呼吁制定瑞士信托法或者至少对信托颁布一些具体额外的规定。在批准《海牙信托公约》以后，瑞士的国际信托业务和司法方面正在取得积极发展。瑞士在进一步整合瑞士的信托案例法和《海牙信托公约》的适用情况下，在全球金融市场继续保持领先地位。[①]

6. 列支敦士登

列支敦士登虽然是一个大陆法系国家，并且其法律深受奥地利和瑞士法律的影响，但是却拥有英国普通法模式的信托法律制度。列支敦士登信托最早的法律渊源是 1926 年颁布的《自然人和公司法》(Law on Persons and Companies)，该法受到普通法的深刻影响。列支敦士登的立法机构同时将普通法信托引入列支敦士登法律，可以说是将普通法信托移植到欧洲大陆法系国家的第一次。普通法信托由《自然人和公司法》第 897 至 932 条予以规定。1928 年《信托主体法》(Law on Trust Enterprises) 作为补充并被纳入《自然人和公司法》，成为第 932a 条，该条是有关信托主体的规定，模仿了美国马萨诸塞州商业信托的立法条款。将信托引入列支敦士登法律的立法意图一方面是为资产的投资、管理和商业利用提供尽可能多的合法运作形式，另一方面是为明确而具体地处理民事法律中已经存在的信托交易。因此，列支敦士登的信托条例现在提供了一种为普通法系的个人和公司所熟悉的投资和管理资产的法律手段。通过列支敦士登法律对信托的严格监管也为处理涉及受托人活动的法律问题以及在某些复杂情况下的法律问题提供了明确的界定。列支敦士登信托的实质，是以信托合同的形式将信托资产从委托人转移给受托人，[②] 以便受托人可以按照协议以自己的名义持有、管理和应用这些资产并有利于受益人。作为分配的受益人，可以是自然人或法人。在特殊信托的情况下，资产可以用于实现信托已经形成的特殊目的。列支敦士登信托，是一种与委托人、受托人和受益人之间的多边利益平衡以及受托人在此期间的自主管理和自我负责的立场之间的法律关系。列支敦士登信托是由财产授予人与受托人之间的信托合同或委托人书面的信托声明创立的，并由受托人书面接受信托承诺。信托合同不必包含受益人的姓名，如果信托合同存放在信托机构注册处，它将不会公开，并且后来包括指定受益人的文书也不必披露。财产授予人可以在信托合同中作出相当具体的安排，包括受益人的身份识别和各种类别的未来安排。信托财产必须与财产授予人的其他资产分开，受托人可以根据合同法原则要求财产授予人实施此种财产隔离。信托合同不得将

[①] 陈友春. 海牙《关于信托的法律承认及其适用的公约》研究 [D]. 重庆：西南政法大学，2018：271-273.

[②] KÜNZLER, MARXER R. Overview of the Liechtenstein trust [E/OB]. https://www.grantthornton.ch/en/insights/Overview-Liechtenstein-trust.

第一章 积极参与《海牙信托公约》——欧洲大陆法系国家集体接受信托制度的新起点

受托人约束于财产授予人的长期持续指导，否则这种信托将变更为合同法下的普通协议。列支敦士登于 2000 年被金融行动特别工作组（FATF）列入反洗钱问题黑名单国家。列支敦士登颁布了新的反洗钱法律，政府也取消了受托人和律师免于披露投资人和客户身份的特权。2009 年 3 月 12 日，列支敦士登承认 OECD（经济合作与发展组织）税务合作标准具有约束力。政府也陆续与世界主要经济体国家缔结并签署税务信息交换协议（TIEAs），并推动就双边征税协议的进一步谈判。列支敦士登还同意将执行经济合作与发展组织标准作为多边欧盟反欺诈协定的一部分，因此与欧盟的所有成员国一致。①

2004 年 12 月 13 日，列支敦士登议会以声明加入的方式批准了《海牙信托公约》，该公约于 2006 年 4 月 1 日在列支敦士登生效。列支敦士登并没有针对《海牙信托公约》的条款作任何声明与保留。《海牙信托公约》的条款一方面确保了根据列支敦士登法律创设的信托在国际上得到承认，根据《海牙信托公约》缔约国的法律创设的信托也应被视为信托。另一方面，《海牙信托公约》规定信托应适用财产授予人（即委托人）选择的法律。选择必须在创设信托的文书条款中明示或暗示表明，并在必要时根据案件的情况加以解释。如果没有选择适用的法律，则信托应适用与其最密切相关的法律。列支敦士登政府于 21 世纪 10 年代推出的"未来"项目阐述了关于列支敦士登经济的未来愿景。金融产业已经是列支敦士登的支柱产业，而且国际化程度非常高，而信托产业是金融中心的核心业务。列支敦士登政府也认为新的金融监管体系将成为国际模式，"未来"项目还计划通过将列支敦士登信托与盎格鲁-撒克逊信托结构相协调，使列支敦士登更容易成为国际信托的设立和管理地。②

第三节 展望：欧洲大陆法系国家普遍接受《海牙信托公约》的可行性

通过上文对《海牙信托公约》基本内容的梳理和对欧洲各主要大陆法系国家批准或不批准该公约但实际应用与 trust 类似之制度的态度进行分析，同时受到意大利、荷兰、瑞士等国家批准该公约的实际做法的启示，笔者认为，无论欧洲大陆法系国家本国信托制度的发展程度如何，他们接受《海牙信托公约》都是可行的，是利大于弊的，是未来可期的。理由具体阐述如下（基于同样的理由，中国也要积极考虑加入该公约）。

1.《海牙信托公约》对于"信托"的解释为两大法系国家共同加入该公约提供了各国都能够接受的平台

如前所述，英式信托是衡平法的产物，有人认为信托是建立在"双重所有权"基础上

---

① 陈友春. 海牙《关于信托的法律承认及其适用的公约》研究 [D]. 重庆：西南政法大学，2018：290-293.
② 同①：293-294.

的，即受托人和受益人分别享有普通法上的所有权和衡平法上的所有权；* 同时，也有学者指出：信托的本质不是双重所有权，而是分割所有权的权力主体和利益主体，即信托财产的普通法上的所有权和衡平法上的所有权相分离。** 其实，仔细想来，这两种观点是从不同角度来看待英式信托的。因为，通过双重所有权或者是所有权的分割可以发现，信托的制度功能来源于对独立的信托财产的"支配控制权"（归属于受托人）和基于信托财产的"经济获益权"（归属于受益人）的分离。《海牙信托公约》抓住信托的实质进行规定，其第 2 条定义的信托关系是"受托人控制信托财产""并且是为了受益人的利益或者是某种特定的目的控制管理信托财产"，这就为具有与信托类似制度的大陆法系国家和具有信托制度的普通法系国家提供了共同加入的平台和可能性。①

2. 《海牙信托公约》在信托的实质内容方面仅列出了最低的承认标准，这为欧洲大陆法系国家接受信托提供了最大的可能性

前已述及，《海牙信托公约》首先是解决信托法律冲突的规则（即程序法上的规则），同时也有一些关于信托法律关系的实质性规定，其中该公约第 11 条就是涉及信托实质法律关系的规定之一，主要是关于承认信托财产独立性和受托人身份的规定，而这些规定在各国的信托类似制度或信托成文立法中也是确立了的。例如，如前所述，德国虽然没有在成文法上明确的信托制度，但是在与 trust 类似的 Fiduziarische Treuhand 制度中，受托财产也是与受托人的自有财产相分离的。瑞士的情况与此类似；前面提到《日本信托法》关于信托财产独立性的相关规定也与《海牙信托公约》第 11 条的规定在精神上是一致的。《韩国信托法》也有类似规定。2011 年修订的韩国信托法（以下简称"韩国新信托法"）第 27 条规定："信托财产不属于受托人破产财产、康复基金会或受托人私人财产，而康复程序经理人有权对其管理和处分。"而韩国新信托法第 24 条则规定："受托人通过对信托财产的管理、处分、运作、发展、灭失、毁损而获得的财产，属于信托财产。"这些规定都与普通法系中"信托财产的独立性"的规定相一致。②

可见，依据《海牙信托公约》对涉外信托予以承认，其效力范围是有限的，不会对本国原有法律体系构成严重冲击；反倒是因为《海牙信托公约》规定的信托的定义、信托财产独立性等的规定与大陆法系国家包括欧洲大陆法系国家已有的关于信托的规定或者与信

---

* 例如，参见周小明. 信托制度比较法研究 [M]. 北京：法律出版社，1996：28-29. 参见张天民. 失去衡平法的信托：信托观念的扩张与中国《信托法》的机遇和挑战 [M]. 北京：中信出版社，2004：19.

** 参见梅兰特 F W. 国家、信托与法人 [M]. 樊安，译. 北京：北京大学出版社，2008：119；另参见何宝玉. 信托法原理研究 [M]. 北京：中国法制出版社，2015：4；高凌云. 被误读的信托：信托法原论 [M]. 上海：复旦大学出版社，2021：26.

① 张敏. 《海牙信托公约》研究：在信托领域跨越两大法系的首次国际立法尝试 [J]. 法制与社会，2007（8）：737.

② 吴英杰. 韩国：发展和挑战 [J]. 亚洲大陆法系国家和地区中的信托法，2020（1）：53-54.

第一章 积极参与《海牙信托公约》——欧洲大陆法系国家集体接受信托制度的新起点

托类似的制度如 Fiduce、Treuhand 等制度有很大的一致性或者相似性而使得《海牙信托公约》在大陆法系各国能够得到最大范围的承认,从而使得《海牙信托公约》被更多国家包括欧洲大陆法系国家批准的可能性大大增加。

3. 《海牙信托公约》自身有条款切实保护参加国的法律体系和利益(包括但不限于财政税收利益),从而为欧洲大陆法系国家接受信托进一步提供了现实的可行性

如前所述,《海牙信托公约》第 15 条在多方面规定依法院地法的冲突规范指引法律,该公约第 16 条规定了强制性规范的直接适用,而该公约第 18 条确立了对法院地国公共秩序的保护。《海牙信托公约》的这些规定都旨在尽量减少可能给参加国(尤其是大陆法系国家)的法律体系和利益带来的侵犯,最大限度地消除潜在成员国的顾虑。

尤其需要注意的是,《海牙信托公约》特别强调保护参加国的财政税收利益。前已述及,《海牙信托公约》第 19 条规定:"本公约不得损害各国在财政方面拥有的权力。"很多国家包括法国、荷兰都考虑到信托制度可能会影响财政税收,但《海牙信托公约》的上述表述是明确的。当然,客观来说,信托制度的确会给各国原来的财政带来一些影响,但这些影响不足以成为阻碍承认信托制度的充分理由;而且,前已述及,《法国民法典》已经在相关条款中明确信托不得用来逃税,并设计了相关条款予以规制。而且,制定法律需要考虑的因素是多方面的,包括经济、社会、国内、国际等方方面面,财政税收只是经济方面的一个因素。意大利率先批准《海牙信托公约》,法国、瑞士最后不得不引入信托制度,就是最有力的证明。此外,我们也应该看到,承认信托制度会促进经济、贸易、金融的国际往来,这必然给参加国带来经济增量,从而最终有利于参加国的财政税收利益。何况,《海牙信托公约》实际上将财政税收的权力保留给了各国。

4. 批准《海牙信托公约》的效力是对等的,并且各国尚可以通过制定国内的法律冲突规范的形式来具体化该公约的内容,从而为欧洲大陆法系国家接受信托提供了很强的可行性

批准《海牙信托公约》不仅使得依外国法创设的信托在大陆法系国家获得承认,也可以使依大陆法系国家的成文信托立法或者信托类似制度创设的"信托"关系在满足《海牙信托公约》定义的情况下,获得其他参加国的承认。这样大陆法系国家在这些法律关系中适用本国法律的机会也会增加。

这方面典型的例子如荷兰。前已述及,荷兰通过制定 WCT,来最大限度地防范承认涉外信托可能给本国法造成的冲击。其他各国也可以借鉴这种做法。制定国内的信托法律冲突规范,在涉及公共秩序或财政问题上也可以予以更明确具体的规定,例如关于信托的特殊登记问题,信托税收问题等。例如,日本新信托法第 14 条规定了信托财产的对抗要件问题:"权利之得失或变更应经登记或注册始得对抗第三人之财产,非经信托登记或注册，不得以该财产属于信托财产而对抗第三人。"韩国新信托法第 4 条第（1）款则规定："任何可以登记的财产，信托中该财产可以通过登记对抗第三人。"

《法国民法典》第 2012 条规定："信托依法律的规定设立，或者依合同设立。信托应当明示。如果转移到信托的概括财产内的所有财产、权利或担保属于夫妻之间仍然存在的共同财产制的财产或者属于共有财产，信托合同应当用公证文书作成，否则无效。"像法国、日本、韩国这些虽未批准《海牙信托公约》但是已经制定了本国信托法或者信托制度的国家*的这些规定，值得那些未来将加入《海牙信托公约》的国家甚或是已经加入《海牙信托公约》的国家借鉴，也为那些国家解除了加入《海牙信托公约》可能带来的后顾之忧。

综上所述，批准《海牙信托公约》不必然意味着对于大陆法系国家本国法律体系构成违反，批准该公约与本国法律是否引入和发展信托制度是两个层面的问题。加入《海牙信托公约》对于大陆法系国家来说是可行的，如果运作有效，是利大于弊的。

虽然要回答信托制度在大陆法系国家会如何发展尚为时过早，因为这取决于各国社会经济实践的需要，并且不仅受现有法律体系、财政税收政策的限制，而且法律文化和法律传统的差异所带来的阻碍也不容忽视。但至少可以确定的是，信托在证券投资、股份管理等商事信托和金融领域呈现出统一的趋势。① 总体来看，信托制度在各国都呈现出不同程度的活力，而《海牙信托公约》则迈出了信托国际交流与合作非常重要的一步。

---

* 法国是通过制定《信托引入法》在民法典中系统地规定了信托制度。本书后面将对相关情况进行具体介绍和评析。
① 张敏.《海牙信托公约》研究：在信托领域跨越两大法系的首次国际立法尝试 [J]. 法制与社会，2007（8）：737.

第二章

CHAPTER 02

欧洲大陆法系国家集体持续接受信托制度的三个里程碑

从 1999 年《欧洲信托法原则》到 2009 年《欧盟受保护基金指令（草案）》和《欧洲示范民法典草案·信托卷》，这是欧洲大陆法系国家集体持续接受信托制度的三个里程碑，下面对此做具体介绍。

第一节 欧洲信托法原则

一、《欧洲信托法原则》公布的背景情况

据海牙国际私法学会官方网站介绍，1999 年 1 月 15 日，在位于海牙的学院大楼（the Academy Building at The Hague）举行了一次关于"欧洲信托法原则"的国际会议。该国际会议由奈梅亨大学（Nijmegen University）商业和法律研究中心和法学院组织，会议讨论了由一个国际工作组起草的《欧洲信托法原则》。《欧洲信托法原则》以海牙会议在 1980—1984 年间在拟订 1985 年 7 月 1 日《海牙信托公约》方面开展的工作为基础，《欧洲信托法原则》被本次会议讨论时，《海牙信托公约》已在澳大利亚、加拿大、中国香港特别行政区、意大利、马耳他、荷兰和联合王国等国家和地区生效，并已由塞浦路斯、法国、卢森堡和美国签署。参加海牙谈判或后来参与海牙会议工作的几位专家也为《欧洲信托法原则》和座谈会作出了贡献，其中包括冯·奥弗贝克以及科茨、沃特斯、安德森、海顿、博拉斯和冈萨雷斯·贝尔福斯。[①]

正如信托法领域的权威作家、作为英国代表团团长而参加《海牙信托公约》起草的大卫·海顿所言，和《海牙信托公约》一样，1999 年 1 月《欧洲信托法原则》的发表也是

---

① Hague conference on private international law. Principles of European trust law [E/OB]. https://www.hcch.net/es/news-archive/details/? varevent=74.

为了适应这样一种情况，即在欧洲国家包括欧洲大陆法系国家，信托越来越多地将用于家庭目的，特别是用于金融和商业目的。从 1999 年 1 月 1 日起，欧元已成为当时的 12 个欧盟成员国的单一货币，欧盟和欧洲自由贸易区国家受 1968 年在布鲁塞尔签署的《关于民商事案件管辖权及判决执行的公约》* 和 1988 年在卢加诺签署的《关于民商事案件管辖权和判决执行的卢加诺公约》** 的约束。① 也就是说，《欧洲信托法原则》既是为了适应欧洲一体化的进程尤其是货币和贸易一体化的进程而及时发布的原则，也是为了适应信托在欧洲大陆越来越得到广泛应用的实际需求而适时发布的原则，具有很强的时代性、必要性和重要性。

具体而言，这些公约（即上述 1968 年布鲁塞尔公约和 1988 年卢加诺公约）涵盖有关委托人、受托人和受益人之间关系的诉讼管辖权以及判决的执行。但是，它们并不涉及自然人的地位或法律行为能力问题，以及对由婚姻关系所产生的财产权利问题、遗嘱和继承问题。

根据 1988 年卢加诺公约第 17 条的规定，关于管辖权问题，就涉及委托人、受托人或受益人之间的关系或其在信托下的权利或义务而言，信托文书授予缔约国的法院对提起的任何诉讼具有专属管辖权；否则，具有委托人、受托人或受益人的身份的人通常会在信托所在国的法院被起诉，该所在国是与信托有最密切和最实际联系的缔约国，尽管可以在被告惯常居住的缔约国起诉该被告。因此，人们可以根据 1988 年卢加诺公约第 17 条的上述规定，而期待受托人-受益人之间的内部关系由信托所涉法域的法院（无论是选择具有管辖权的法院还是适用相关法律而产生的管辖权所属的法院）来管辖，而根据财产法、合同法、侵权法或税法而产生的与第三人的外部关系通常受外国非信托法域的法律管辖，这些法域可能难以适当处理信托概念。②

二、《欧洲信托法原则》的主要内容及其评析

下面对欧洲信托法原则做简要介绍。《欧洲信托法原则》共有 8 条。其中：

《欧洲信托法原则》第 1 条对"信托的主要特征"做了以下规定。

"（1）在一个信托中，一个被称为'受托人'的人拥有与其自有财产相分离的财产，

---

* 又称为 1968 年布鲁塞尔公约。该公约以《罗马公约》（即《建立欧共体条约》）为基础而设立，旨在实现缔约国判决的相互承认，进而实现欧共体内法院判决的自由流通。该公约主要从同一诉讼、关联诉讼和专属管辖三方面确定了先诉管辖原则。参见刘昕苗. 国际民事诉讼竞合的国际法规制［N］. 人民法院报，2021-11-5（8）.

** 1988 年签订的《关于民商事案件管辖权和判决执行的卢加诺公约》，又称 1988 年卢加诺公约，此公约与《布鲁塞尔公约》的规定基本一致，但形式独立，适用范围也从 1968 年布鲁塞尔公约中的欧共体成员国扩大至欧共体和欧洲自由贸易联盟成员国。与 1968 年布鲁塞尔公约相同，1988 年卢加诺公约同样是从同一诉讼、关联诉讼和专属管辖三方面协调国际民事诉讼竞合。参见刘昕苗. 国际民事诉讼竞合的国际法规制［N］. 人民法院报，2021-11-5（8）.

① HAYTON D. The developing European dimension of trust law［J］. King's college law journal，1999，10：48.
② 同①：49.

第二章 欧洲大陆法系国家集体持续接受信托制度的三个里程碑

并且必须为了一个被称为'受益人'的人的利益,或为了促进某个目的的实现,而处置那些财产(即'信托财产')。

"(2)一个信托可能有多于一名的受托人和多于一名的受益人;受托人自己可以成为受益人中的一人。

"(3)信托财产独立性的存在,使该财产免受来自受托人的配偶、继承人和受托人债权人的权利主张。

"(4)受益人对独立的信托财产拥有个人权利,而且也拥有可对抗受托人和第三人的财产性权利,如果该财产的任何部分被不当地转让给了第三人。"

对于这一条,《欧洲信托法原则》重要起草者大卫·海顿的解释是,为避免《海牙信托公约》第 2 条关于信托的定义的解释问题,并强调核心信托概念不被视为扩展为强化版的代理性管理(agency management,包括荷兰的 bewind 和南非的一种"信托"),《欧洲信托法原则》第 1 条要求受托人是信托财产的所有者。① 因此,《欧洲信托法原则》的起草者试图统一对于信托结构的描述,而将"标准的"普通法的信托推荐给大陆法系国家,这种努力是值得肯定的;虽然在其后各章的评论中,欧洲各国仍然按照自己的法律体系中的规则对信托的效果有不同的理解。② 这说明,在欧洲,统一信托立法的任务虽然比较艰巨,但是确实是在逐步前进的。

虽然许多欧洲大陆法域在具有法人资格的基金会的幌子下具有等同于慈善信托的功能,但《欧洲信托法原则》第 1 条关于信托的概念并未包括这些具有法人资格的基金会。这是因为信托不是公司,不是法人,而是受托人拥有的独立基金,所以其规则与关于公司的规则不同。事实上,由于与信托有关的基本规则源于信托基金的所有者即委托人自愿将财产转让给受托人,而不需要国家通过特别立法进行干预,因此《欧洲信托法原则》第 1 条的作用是排除了根据特别立法产生的少数所谓的信托(例如魁北克的"信托"),该种特别立法规定,专门用于受益人利益或促进特定目的的、无所有者的基金为信托。同样至关重要的是,信托有一个根本性的要素,就是受托人对受益人拥有不可减少的、并可由受益人强制执行的核心义务。如果受益人对受托人没有可执行的权利,则没有信托。而在目的信托的情况下,必须有这种目的信托的执行者。③

《欧洲信托法原则》第 2 条是关于信托设立问题的规定:

"一般性的原则是,为了设立一个信托,一个被称为'委托人'的人,在他的有生之年或死亡时,必须在有设立一个独立信托财产的意图的情况下,将财产转移给受托人。但是,委托人也可以通过使自己成为他自己的某特定财产的受托人,而设立信托。"

---

① HAYTON D. The developing European dimension of trust law[J]. King's college law journal, 1999, 10: 56.
② 张天民. 失去衡平法的信托:信托观念的扩张与中国《信托法》的机遇和挑战 [D]. 北京:中国政法大学,2002: 5.
③ 同①: 58.

《欧洲信托法原则》第 3 条是关于信托财产问题的规定：

"（1）信托财产不仅包括原始财产和那些随后添附的财产，还包括那些能不时地代表那些原始财产和添附财产的其他财产。

"（2）信托财产不能被用来满足对受托人个人提出的权利主张。除非在委托人设立的信托违反了保护其债权人、配偶或继承人的法律的情况下，信托财产仅能满足与受托人以受托人名义进行交易的债权人的权利请求，此外，它还须满足受益人或有权执行目的信托的执行人的权利主张。

"（3）一个管理着若干个信托的受托人，不仅需要使每一个信托财产与他的自有财产相独立，而且要使每一个信托财产相互独立，除非信托文件作出了相反的许可。"

可以看出，信托的核心是受托人对隔离出来的信托基金（trust fund，在这里即指信托财产，笔者注）的所有权，而使信托基金不受其任何个人债权人（即受托人自己的债权人）和配偶或继承人的追索。因此，信托基金的全部经济价值必须用于受益人或特定目的。信托的核心要素是，信托是义务法（the law of obligations）的一部分，尽管信托与违反合同法或侵权法等所产生的特定义务是不同的。受益人没有必要拥有对物的财产性权利（in rem proprietary rights），这种权利在英美法域中被定性为"衡平法上的"权利（"equitable" rights），而受托人拥有"普通法上的"权利（"legal" rights）。①

正如《欧洲信托法原则》第 3 条第（1）款所强调的，信托的一个非常特殊的特征是，受托人对受益人或目的信托执行人的义务不仅涉及转让给受托人的原始财产（通常是名义金额），也涉及随后转让给受托人的主要信托财产（通常在两三周后），还涉及不时代表此类财产的财产。毕竟，通常信托包括股票和股票的投资组合，随着旧股票的出售和新股票的购买，这些股票和股票会不时变化。②

如《海牙信托公约》第 11 条所强调的，问题的关键是保护信托基金免受受托人自己的债权人、配偶及其继承人的追索。《欧洲信托法原则》第 3 条第（2）款反映了这一点。信托始终受制于这两个因素：首先，如果委托人将财产转让给受托人的最大可能性，是委托人设立该信托的行为违反了保护委托人的债权人、继承人或配偶的法律，则在此情况下，该信托可以被撤销；其次，信托基金只能用作偿付下列债权的财产，即债权人对作为基金所有人和管理者的受托人提出的债权（以及受托人用自己的钱支付此类债权人后所产生的对应偿付要求）和受托人对其服务要求付款时所产生的债权。只有在清偿上述债权后所剩余的净资金可支付给受益人（以及受益人的任何债权人）或者用于目的信托的相关目的。③

《欧洲信托法原则》第 4 条是关于"为受益人或可强制执行的目的设立信托"的问题

---

① HAYTON D. The developing European dimension of trust law [J]. King's college law journal, 1999, 10: 57.
② 同①: 59.
③ 同①: 59-60.

第二章 欧洲大陆法系国家集体持续接受信托制度的三个里程碑

的规定：

"（1）在设立信托时，委托人必须指定确定的或可以确定的人作为受益人。受托人要对或将对这些人承担义务，或者在该信托已经设立了执行人的情况下，委托人必须指定该信托的目的。

"（2）如果委托人没有设立能影响整个信托的权利，那么受托人将为了委托人或其继承人的利益，持有该信托财产。

"（3）任何受益人或目的信托的执行人，都有权利得到必要的信息，以保障其利益和确保受托人对其负责。

"（4）在符合信托条款规定的情况下，受益人可以处置他所拥有的权利。

"（5）任何受益人或目的信托的执行人，都有权利寻求司法的帮助，以强制执行信托条款。"

只有受托人正在或将要处于信托中，并且有义务就拥有和管理信托基金而向他人负责时信托才会存在。因此，最终必须有一个受益人（在信托结束前的某个阶段确定），该受益人有权要求受托人执行信托条款，或者必须有一个有权执行信托目的的公职人员要求受托人执行信托条款。大陆法系的某个法域可能更愿意要求受益人必须是确定的，尽管这限制了信托的灵活性。如果委托人没有有效地使受托人承担对另一人的义务，则受托人将为委托人或其继承人的利益拥有信托基金。因此，《欧洲信托法原则》第4条第（1）项和第（2）项规定了受益人的指定问题及相关问题。

为了使信托有效，目的信托要么必须是有利于社区的慈善目的的信托，以便国家的某些代表可以为了公共利益执行它；要么必须是通过某项立法而生效的非慈善目的的信托，该立法则规定了对受托人执行目的的一些特殊程序。例如，由信托文件规定可以指定某人为该等目的的执行人，并且信托文件规定了这种执行人的资格，包括在相关法域担任律师一样的专业人士的资格等，则最终该等执行人可以对受托人下达执行信托的指令。①

信托受益人与信托的权力对象之间有重大区别。受托人-受益人之间的义务-权利张力是信托存在的必要前提，因此受益人即使没有固定的收入或资本权利，而只是全权委托的受益人，受托人也有义务告知他是受益人。并且，受益人有权查看信托文件和信托账户，以寻求对信托条款的司法执行。受托人有义务使用信托基金而使受益人受益，除非他被授权可以指定其他人受益。这些被指定的其他人被称为指定权的对象，这些指定权的对象只能有一个希望，即如果受托人积极决定行使对他们有利的指定权力，他们可能会得到一些好处；如果受托人不行使这种权力，受益人必须得到信托基金，这种基金的经济价值（在受托人不行使上述指定权时）属于受益人。② 因此，《欧洲信托法原则》第4条第（3）项对受益人的知情权问题做了相关规定。

---

① HAYTON D. The developing European dimension of trust law [J]. King's college law journal, 1999, 10: 60.

② 同①.

《欧洲信托法原则》第 5 条是关于受托人的义务和权力（duties and powers）问题的规定：

"（1）受托人必须依照法律和信托条款的规定，像信托财产的所有人一样，行使他所拥有的权利。

"（2）受托人最重要的义务是，严格遵守信托条款的规定、采取合理的注意以管理信托财产，为受益人的最大利益行事，或者在目的信托的情况下，为了促进实现该目的而行事。

"（3）受托人必须将信托财产和其他财产相分离，并且保护好信托财产。受托人必须做好准确的记录，并向受益人和执行人提供他们所要求的信息，以保障他们的利益。

"（4）除非得到信托文件或法律的许可，受托人必须亲自履行义务。他必须诚实行事，且除非得到另外的授权，他必须避免所有的利益冲突。

"（5）受托人要对信托财产负责，必须对由于违反信托所造成的信托财产的损失，进行充分的赔偿；必须将其因违反信托而获得的收益添加到信托财产中。"

因为需要保护通常是处于弱势地位的受益人免受受托人利用其支配地位而对受益人施加的任何可能的剥削，所以受托人应该承担一系列严格的职责，除非委托人在创建信托时大大减轻了这些义务。受托人必须忠实地利用其职位而专门促进受益人的利益或使信托目的不受损害。此外，除非委托人在创建信托时另有授权，否则受托人受"无利润"（'no profit'）和"无利益冲突"（'no conflict'）规则的约束。根据"无利润"规则，受托人不能使用其职位（包括任何知识或从他的职位中获得的机会）为自己或相关的第三人获取利润。如果他这样做，他有责任通过增加信托基金且以这种利润为限来补偿受益人。事实上，在英美法系的法域中，这种利润从产生之时起就被视为信托基金的一部分。如果受托人的自身利益与他对受益人的责任之间确实发生任何冲突，他必须将对受益人的责任置于优先位置，而如果他对两组受益人的义务发生冲突，他可能不得不辞去一个或两个受托职位。①

《欧洲信托法原则》第 6 条是关于对违反信托的受托人的补救措施问题的规定：

"法院能提供的、可以对抗一个违反信托的受托人的补救措施包括：禁止实施某特定行为的命令；或免去原受托人的职务，且用新的受托人来替代他；或命令受托人支付赔偿金；或将利润归于信托。法院也有权宣布受托人的某项财产一直是信托财产，从来没有成为其自有财产或者作为该受托人清偿其责任的担保。"

受托人对受益人或执行人的责任是受托人在信托关系中的核心问题。当受益人或目的信托的执行人检查信托所涉账户时，他们可以试图证明账户是错误的，无论是试图证明受托人伪造账目还是试图证明受托人隐匿账目。如果受托人错误地出售被授权的投资品以购买未经授权的投资品，则该等出售和购买行为将被禁止；而该等出售和购买行为给受益人或目的信托造成的损失，应该由受托人予以赔偿。②

《欧洲信托法原则》第 7 条是关于第三人的责任问题的规定：

---

① HAYTON D. The developing European dimension of trust law [J]. King's college law journal, 1999, 10: 61-62.
② 同①: 62.

第二章 欧洲大陆法系国家集体持续接受信托制度的三个里程碑

"如果受托人不当地将部分信托财产转让给一个不是善意买受人的第三人,而该第三人也不能因其他理由得到保护,那么该受托人必须充分赔偿信托财产的损失,或者,被命令以信托方式持有信托财产(或由信托财产转化成的其他财产),并与他的自有财产相分离,或作为其偿付债务的担保。这一责任还将约束任何不受善意买受人制度或其他法律保护的后续受让人。"

在这一领域,大陆法系国家很可能认为,普通法系国家在将财产权赋予受益人方面走得太远。因为在普通法系国家,受益人对第三人手中的信托财产或其可追踪产品拥有物上补救请求权(in rem remedies)。然而,为了防止第三人获得不当得利或者是作为对不法行为的补救,受益人应有权要求由第三人增加信托基金,但以受托人错误地将信托财产转让给第三人而遭受的损失为限,只要该等第三人既不是信托财产价值的善意购买者,也不受信托财产转让所指向的法域的信托法强制性规则的保护。如果受让信托财产的第三人知道某信托的存在,并知道受托人转让信托财产的错误行为是不诚实的,那么在许多大陆法系的法域,貌似都会认为该等转让行为是无效的,因此该等被转让的信托财产不会成为第三人可供其债权人、继承人或配偶所有的财产的一部分。①

《欧洲信托法原则》第 8 条是关于信托终止问题的规定:

"(1) 尽管信托条款另有约定,但是如果所有的受益人都存在、都能确定、都具有完全的民事行为能力,那么如果他们一致同意,他们就可以要求受托人终止本信托,并将信托财产在他们和他们指定的代理人之间进行分配。但是,如果委托人的一些主要的目的还没有实现,受益人可能不会被允许终止信托。

"(2) 一个信托在下列情况下被终止:(A) 如果信托财产完全地在受益人中被分配完毕,或已经完全被用于实现信托目的;或(B) 已经没有受益人,且没有按照信托条款可以成为受益人的人,不论这些人在当时是否存在;或(C) 一个人行使了终止信托的权力。

"(3) 在信托存续期间快要结束时(受制于受托人持有足够的财产去偿还可能的债务的情况),受托人应该按照信托文件中列出的如何分配这些财产的规定,尽可能合理和现实地分配信托财产。相反,如果信托文件没有上述条款,信托财产应当由受托人,为了委托人和其他继承人的利益而持有。

"(4) 在目的信托的情况下,如果这些目的已经被尽可能地实现了,或不可能被实现,那么,信托财产应当由受托人为了委托人和其继承人的利益而持有,除非信托条款被变更或扩展了。"

信托的存续需要考虑受托人的任命、退休和被罢免,而不必受作为受托人的个人之死亡或公司之解散的影响。信托条款可以规定允许两个或者以上的人共同担任受托人等诸如此类的事项。共同受托人的概念对信托来说至关重要,因此如果受托人 1 和受托人 2 是某

---

① HAYTON D. The developing European dimension of trust law [J]. King's college law journal, 1999, 10: 63.

信托基金的受托人，而受托人1死亡了，则受托人2自动成为该信托基金的唯一所有者。毫无疑问，受托人1所拥有的该信托基金的任何一半之份额将作为其遗产的一部分而被受托人2所拥有。然后，受托人2应任命一名新的共同受托人（在英式信托中，通常最多允许4名受托人）。如果后来受托人2也去世了而没有任命新的受托人，那么在普通法系的法域，信托基金将被作为一个单独的基金而移交给受托人2的遗嘱执行人（或他的管理人，如果他去世时没有遗嘱）所拥有，直到其行使权力而任命新的受托人。在大陆法系的法域内，司法机构可以根据信托基金独立性的核心概念而制定规则，来规定这种基金的一部分不能传给已故受托人的继承人，整个基金仍归尚存的受托人所有；或者，可以规定部分信托基金确实转移给了此位死亡了的受托人的继承人，但是信托基金仍然保留其独立性，而该继承人有义务将信托基金转移给尚存的受托人；最后，如果唯一幸存的受托人死亡，那么他的继承人必须将信托基金作为一个独立的信托基金而持有直到新的受托人被任命。在新的受托人被任命后，该继承人应该将此信托基金转移给新的受托人，在此情况下，法院保留任命新受托人的权力。但是，最好有立法明确处理上述情况。如果立法规定受托人或受益人（或委托人，如果其对该信托拥有可执行的权利）可以就是否已经建立有效的信托、受托人的权利和义务、任命和更换受托人以及如何确保信托财产适当转让给新受托人等问题向某专家法官寻求建议的话，那么该等规定也将有很大实际帮助。①

但是，委托人的信托文书不能赋予法官以特殊管辖权，在没有法院协助将使得信托不合时宜、难以为继或实际上无法执行时，则需要立法赋予法院一些保留性权力，以协助信托的执行。实际上，在普通法系的法域，与该等事宜有关的法定权力（statutory powers）适用于所有信托（受信托条款的扩展或限制），这样则可以缩短和简化信托文书的起草。②换言之，这样可以使信托文件尽可能多地有效，并有助于更多信托的执行。

三、关于《欧洲信托法原则》的执行问题

《欧洲信托法原则》的重要起草者大卫·海顿*就《欧洲信托法原则》颁布后的执行（implementation）问题，即如何使《欧洲信托法原则》不是停留在学者们的学术建议层面，而是能够在欧洲国家尤其是欧洲大陆法系国家的立法中得到贯彻，提出了自己的一些非常有系统性和建设性的建议。下面就对大卫·海顿的这些建议做简要介绍，③并适当穿

---

① HAYTON D. The developing European dimension of trust law [J]. King's college law journal, 1999, 10: 67-68.
② 同①：67.
* 《欧洲信托法原则》的最初版本就是由大卫·海顿起草的。之后，由来自苏格兰的肯尼斯·瑞德（Pro. Kenneth Reid）进行了修改。详见 KENNETH REID, HIROYUKI WATANABE. Principles of European trust law' and 'fraft directive on protective funds. [E/OB]. https://www.academia.edu/79606189/_Principles_of_European_Trust_Law_and_Draft_Directive_on_Protective_Funds_ .
③ 同①：65-70.

第二章 欧洲大陆法系国家集体持续接受信托制度的三个里程碑

插一些评析内容。

大卫·海顿认为,《欧洲信托法原则》的目的是通过允许"分割所有权"式管理("diluted ownership" management)作为"加强版代理"式管理("reinforced agency" management)的替代方案,从而促进财富创造和财富保值这些涉及广泛范围的商业或家庭活动。这些原则应使各法域(包括普通法系各法域和大陆法系各法域)认识到发展其内国法的潜力,并认识到在不同财产管理中可以以各种方式提供指导的多种可能性。在这里,"可以"("may")一词用于各法域可以选择在一个或多个方向上发展信托的核心概念的情形。《欧洲信托法原则》所强调的信托的核心概念是受托人拥有的独立基金。就此类信托基金而言,受益人(或目的信托的执行人)对受托人拥有优先于受托人的配偶、继承人和受托人自己的债权人的、可执行的权利;而且,该等信托基金不仅包括委托人转让给受托人的财产,还包括不时实际代表此类财产的财产。不同的法域在多大程度上应通过提供对人的权利(personal rights)来保护信托基金(如苏格兰和南非)方面有很大的分歧,这种对人的权利被给予不同程度的保护以对抗第三人,但第三人是善意购买者的情况除外。

在大陆法系的大多数法域,还需要立法,以使独立信托基金(包括不时代表原始财产或替代财产的财产)的概念具有实质内容。人们通常认为,占有财产的人就是该财产的拥有人,这样在占有人破产时该占有人的债权人可以追索这些财产。实际上,信托基金不是归受托人所有,只是由他占有(not actually owned by him, just possessed by him)。在普通法法域,信托基金从未被视为受托人财产的一部分而能够在受托人破产时成为该受托人自己的财产,而作为债务人的受托人的自有财产则是其破产时的责任财产。然而,最近很明显,在现代社会中,人们不会非常信任潜在债务人的表面财富。如果他们对该等债务人的信誉有怀疑,他们会以债务人拥有的财产或富有的第三人的财产做担保。

也许大陆法系各法域该规定信托财产的独立性的时候到了。但是,在此之前,大陆法系各法域的立法应该要求受托人将他们作为受托人拥有的特定财产(即信托财产,笔者注)进行登记,以便该等信托财产不可用于清偿受托人自己的债权人的债务之清偿。* 为了保护信托财产的买受人和抵押权人,大陆法系各法域的立法还可以规定,由两个或两个以上的受托人或持牌信托公司出售或抵押被登记了的信托财产时,只要出售或者抵押的对

---

* 海顿的这个建议是对欧洲大陆法系一些国家实施《海牙信托公约》之做法的总结和认可,也得到了欧洲大陆一些国家的响应。例如,在意大利,为实施《海牙信托公约》,意大利由财政部设立而隶属于拥有终极职责的意大利土地局的土地登记机构对设立关于土地的信托有权决定是否予以登记。意大利的法庭支持这一做法,并且几乎总是推翻由登记官做出的否决设立信托的见证的申请的意见。见米歇尔·格雷佳德:"大陆法系根据《海牙信托公约》对普通法系信托制度的承认——尤其是意大利的经验",载[加]莱昂纳尔·史密斯.重塑信托:大陆法系中的信托法[M].李文华,译.北京:法律出版社,2021:54.而在法国,根据2007年《信托引入法》的规定,信托必须以书面合同的形式建立,该合同必须在政府登记簿上登记以避免倒填日期的风险,这也可以为政府审计提供有用的信息。2010年,法国还专门颁布了建立全国信托登记册的法律。弗兰克斯·巴利尔:"法国的信托:一个'睡美人'的混沌觉醒",载[加]莱昂纳尔·史密斯.重塑信托:大陆法系中的信托法[M].李文华,译.北京:法律出版社,2021:168-169.

价支付给了这些受托人或持牌信托公司，无论买受人或抵押权人是否实际了解该等信托对受益人所具有的利益，这些买受人或抵押权人均应不受受益人的追索。

委托人将特定财产作为单独基金转让给受托人的核心概念可以扩大到包括委托人明确宣布自己成为其特定财产的受托人的情况，这与他保留在其私人财产中的其他财产不同。因此，收到特定土地购买价款的卖方可以成为买方土地的受托人，直到买方通过注册为所有者而成为土地的所有者，这可能发生在支付购买价款后的一段时间。同样，卖方在收到根据特许权使用费合同或停车场特许经营权收取作为一年收入的购买价款时，可以宣布自己是其在这种安排下的权利的受托人，因此，根据这种安排收到的款项将立即以信托方式为卖方所持有。一旦信托创建，它就有了自己的生命，它对受托人施加了他无法逃脱的繁重义务。受托人必须拥有来源于信托财产的所有财产，并且不能主张此类财产是受托人私人财产。除非受托人任命了准备担任受托人的新受托人，否则他不能辞职或退休，除非法院罢免他（或者他被信托文件中指定的有权罢免受托人的人如检察官罢免），否则他不能被免职。

除了上述建议，大卫·海顿还提出了关于信托功能及限制受托人类型的建议。他认为，在发展被认为履行了有价值的必要职能的国内信托类型时，大陆法系国家的立法可以规定，只有履行某些特定功能的信托（例如集合证券信托或为非完全行为能力人设立的信托等）或者是通过公证文书设立的信托以及受托人是持牌银行或信托公司的信托才是有效的信托。* 考虑到家族信托的特殊性，海顿就家族信托的受托人问题专门提出了建议，即如果涉及一个家族四代人的信托的继承功能被认为有助于维护和发展一个庞大的经济单位，以造福家族（而不是将绝对所有权分割、再分割到几代人），那么应该允许个人担任受托人，而不仅仅是持牌公司可以担任受托人，这样可以避免强制继承条款造成的问题（一些国家的强制继承条款通常要求死者的三个孩子继承其四分之三的遗产）。

海顿强调，他希望《欧洲信托法原则》为欧洲国家的国内法中引进信托的概念（domestic trust concepts），以便为在财产的"加强版代理"式管理之外增加"分割所有权"式管理在欧洲的发展提供一个有用的框架。他总结道："一个成功的社会是一个易于适应变化的社会，也应该是一个为公民提供灵活的框架以有效地创造和保存他们的财

---

* 海顿的这个建议得到了欧洲大陆一些国家的响应。在意大利，基于 2006 年新增加的《意大利民法典》第 2645 之 3 条款的规定，财产的所有者可以在土地或者其他登记了的财产（如汽车或者轮船）上设定负担达到超过 90 年的时间，来保证该等财产将会被运用到为了任何自然人或者法人的利益的特定目的上。执行此等交易的必要形式是一份公证文件或者由一个公共官员签署的其他文件。这种权利负担的设定需要到土地登记部门或者其他相关登记部门去做登记，来使其对第三人和债权人产生效力。上述财产所有者的债权人不能对该等财产实施除上述目的外的追索。另外，上述目的则可被在上述目的实现过程中由有利益的任何人来予以实现。见前引米歇尔·格雷佳德："大陆法系根据《海牙信托公约》对普通法系信托制度的承认——尤其是意大利的经验"．载［加］莱昂纳尔·史密斯．重塑信托：大陆法系中的信托法［M］．李文华，译．北京：法律出版社，2021：60-61．而在法国，信托的受托人只能是金融机构或者是律师，这样规定的目的是在受托人职位上的人必须熟知如何为相应的机构报告可疑交易（即使可以减轻这种担忧的替代方案已经出现了）。见弗兰克斯·巴利尔："法国的信托：一个'睡美人'的混沌觉醒"．载［加］莱昂纳尔·史密斯．重塑信托：大陆法系中的信托法［M］．李文华，译．北京：法律出版社，2021：180-181．

第二章　欧洲大陆法系国家集体持续接受信托制度的三个里程碑

富的社会。随着人员和资本流动性的增加以及在欧洲建立各种类型的制度的便利性，跟不上不断变化的环境和期望的国家将发现财富和公民将迁移到具有更有利于财富创造和保存框架的其他国家。对信托概念的某种调整难道不是欧洲和更远地区的必然发展吗？"*

海顿进一步提出，除了在欧洲各国家内可以通过立法等形式贯彻《欧洲信托法原则》的规定，还可以在欧盟的层面上对《欧洲信托法原则》予以实施和转化。他认为，在欧盟中，可以颁布一项指令，一项对要实现的结果具有约束力的指令，该指令可以针对欧共体（后已改组为欧盟，下同——笔者注）的每个成员国，但由该成员国当局自行决定实施该等指令的形式和方法。该等指令要取得的成果是，所有成员国都认可作为所有者的受托人（owner-trustees）对财产进行"分割所有权"式管理，无论是通过担保还是为了提高信托基金的价值（作为"加强版代理"式财产管理的补强手段），但须遵守将信托财产与管理人的其余财产分开持有的原则，这样可以使信托财产免于受管理人的债权人、配偶或继承人的追索，从而为信托财产的受益人或目的信托的利害关系人提供至关重要的保护。而《欧洲信托法原则》的8个条款及其评注可以为这一结果的取得提供所有必要的指导。

海顿补充说明道，根据《罗马条约》（后与《阿姆斯特丹条约》合并）的第3条，上文中提及的这种指令属于欧洲共同体的职权范围，《罗马条约》的第3条涉及"以消除货物、人员、服务和资本自由流动的障碍为特征的内部市场"的自由竞争，涉及"一个确保内部市场的竞争不被扭曲的制度"，涉及"在共同市场运作所需的范围内接近成员国的法律"；还涉及与"经济和社会凝聚力的加强"以及"消费者保护"。在欧洲市场，经济方面的考虑而非法律方面的考虑应该是商业安排背后的驱动力：信托类型概念（the trust type of concept）的存在与否扭曲了市场内部的竞争，也为消费者提供了或多或少的保护。

海顿最后预测道，1999年之后的几年后，欧洲各国有可能通过特别的国内立法来满足本国的特殊需要，而这一点在1999年，在包括意大利、德国和瑞士等国已经有立法来保护特定类型机构投资的人时已经变得日益明显。然而，根据上述一般指令和基于《欧洲信托法原则》中的8项原则而制定的关于信托型框架一般立法，将在允许当事人在迅速变化

---

* 海顿的这个说法，在现实世界中得到了很好的印证。例如，如前所述，意大利之所以积极参加《海牙信托公约》的签署并很快就批准了该公约，就是因为意大利意在向商界表明，本国在成为一个投资友好型的法域的路上，这是在《海牙信托公约》准备过程中意大利就已经清楚表明的态度。见米歇尔·格雷佳德："大陆法系根据《海牙信托公约》对普通法系信托制度的承认——尤其是意大利的经验"，载［加］莱昂纳尔·史密斯. 重塑信托：大陆法系中的信托法［M］. 李文华，译. 北京：法律出版社，2021：51. 而在法国，之所以要引入信托制度，是因为英美信托法对法国法律制度的竞争。"法律界强烈呼吁建立这种制度，这凸显了法国体制竞争力的差距。来自trust的竞争更是法律界尤为关注的。法国企业将业务转移到法国以外的地方，原因就是英美法系的信托能够更好地满足他们的需求。大陆法系国家（相当比例的拉丁美洲和南美国家，以及卢森堡、俄罗斯、黎巴嫩，当然还有魁北克省）中与信托类似制度的倍增带来了额外的竞争。"见弗兰西斯·巴利尔："法国的信托：一个'睡美人'的混沌觉醒"，载［加］莱昂纳尔·史密斯. 重塑信托：大陆法系中的信托法［M］. 李文华，译. 北京：法律出版社，2021：165.

的商业环境中自由开发新做法之方面具有更大的效用,这样的话,欧盟及其各国就不必等待而消极地进行"追赶"式立法("catch-up" legislation)了。

四、对《欧洲信托法原则》的认识及其对我们的启示

笔者认为,纵观《欧洲信托法原则》的出台背景、宗旨、内容和实际效果,可以得出以下一些结论。

第一,虽然《欧洲信托法原则》不是官方文件或者官方文件的草案,而只是学者起草的对欧洲大陆法系国家引入信托制度的民间建议稿,但是其地位和作用却丝毫不容小觑。可以说,20世纪90年代发布的《欧洲信托法原则》是20世纪80年代起草和签署的《海牙信托公约》这个官方文件、21世纪00年代颁布的《欧洲受保护基金(草案)》这个民间建议稿和《欧洲示范民法典草案·信托卷》这个官方文件草案之间的重要桥梁。根据海牙国际私法学会官方网站的介绍,《欧洲信托法原则》就是以海牙会议1980—1984年期间在拟定《海牙信托公约》(1985年7月1日生效)方面开展的工作为基础而形成的,而参加海牙谈判或后来参与海牙会议工作的几位专家也为《欧洲信托法原则》和座谈会做出了贡献,如前所述,其中包括大卫·海顿、冯·奥弗贝克以及科茨、沃特斯、安德森、博拉斯和冈萨雷斯·贝尔福斯。① 因此,《欧洲信托法原则》既是对之前《海牙信托公约》的继承和改造,也是之后《欧盟受保护基金指令(草案)》(Drafted EU Directive on Protected Funds)的基础,更是对之后《欧洲示范民法典草案·信托卷》的启迪和奠基。正如《欧洲信托法原则》和《欧盟受保护基金指令(草案)》的起草人之一Kenneth Reid所言,"至少在欧洲有这样一种观点,即信托是纯粹英国普通法/衡平法的产物,欧洲大陆可能拥有信托制度。而《欧洲信托法原则》背后的一个想法是要证明这些观点是不正确的,实际上可以制定出在大陆法系国家中完全有效的信托法原则。我认为《欧洲信托法原则》具有相当大的影响力。我认为它们促进和鼓励了其他很多事情,包括《欧洲示范民法典草案·信托卷》。"②

第二,《欧洲信托法原则》是从现代信托发源地的普通法系的角度,来推荐英式信托所普遍具有的一些基本原则给欧洲大陆法系国家。从前面的介绍可知,不论是关于信托的特征的概括,还是信托财产的独立性、受托人的义务和权力、第三人的责任、信托的终止等问题,都基本遵循了英式信托关于信托制度的一般性规定。

这些内容,要么是对《海牙信托公约》相关内容的更新,如关于信托特征的概括。比较《海牙信托公约》第2条和《欧洲信托法原则》第1条关于信托的特征的分别概

---

① Hague conference on private international law, Principles of European trust law [E/OB]. https://www.hcch.net/es/news-archive/details/? varevent=74.
② REID, WATANABE H. Principles of European trust law and draft directive on protective funds [E/OB]. https://www.academia.edu/79606189/_Principles_of_European_Trust_Law_and_Draft_Directive_on_Protective_Funds_.

第二章　欧洲大陆法系国家集体持续接受信托制度的三个里程碑

括，可知《欧洲信托法原则》第1条更接近于英式信托中关于信托特征的概括，因为《海牙信托公约》第2条关于信托特征的概括未提及目的信托和自益信托，而《欧洲信托法原则》第1条则直接提到了自益信托和目的信托这两种在英式信托中很常见的信托类型，从而丰富了信托的内涵。要么是《海牙信托公约》中所没有规定或者规定不详细的，例如关于第三人责任的规定，在《海牙信托公约》中就没有涉及，因为《海牙信托公约》主要是一个关于信托适用（application）和承认（recognition）的国际私法上的公约，其主要条款都是关于程序法的内容的，而《欧洲信托法原则》则基本上是关于信托的实体法上的内容的，并且其内容多是借鉴了英式信托的实体法上的内容。例如，《欧洲信托法原则》第5条是关于受托人义务和权力的规定，如前所述，关于受托人义务和权力的规定是信托法的核心内容之一。《欧洲信托法原则》第5条第（4）款规定："除非得到信托文件或法律的许可，受托人必须亲自履行义务。他必须诚实行事，且除非得到另外的授权，他必须避免所有的利益冲突。"这也就是前面大卫·海顿所说的"无利益冲突"规则。在英式信托中，信托就是通过设定受托人的许多职责以防止受托人与受益人之间出现利益冲突。[①]

第三，《海牙信托公约》是由包括欧洲大陆法系国家在内的很多大陆法系国家和英美法系国家共同起草的，也是面向所有大陆法系国家和英美法系国家来开放签署和批准的，但是该公约毕竟是由一个个具体国家起草、签署和批准的，其起草主体、签署主体、批准主体中都不包括任何国际组织；而作为《欧洲信托法原则》8个条款的重要起草者之一以及《欧洲信托法原则》的几个编者之一的大卫·海顿则将《欧洲信托法原则》的实施范围推广到了欧共体（即后来的欧盟）甚至整个欧洲；海顿也建议由欧盟作为引入信托或者信托类型的制度的主体之一（即前面提到的由欧盟发布引入信托或者信托类型的制度之相关指令并进而由欧盟成员国根据本国情况进一步决定引入的形式和方法）。这个建议考虑到欧盟一体化的实际情况以及欧盟内部的立法运行程序，应该说是必要性和可行性很强的建议。我们看到，本章第三节介绍的《欧洲示范民法典草案·信托卷》的完成，就是海顿这一建议的必要性和可行性的有力证明。

第四，也是最重要的，就是之所以有《欧洲信托法原则》及其之前的《海牙信托公约》和其之后的《欧盟受保护基金指令（草案）》《欧洲示范民法典草案·信托卷》，最主要的推动力是信托巨大的生命力和影响力，它适应了各国内部财富管理、财富传承及经济发展的客观需求，满足了各国提高本国制度竞争力的内在要求，这是从《海牙信托公约》到《欧洲信托法原则》再到《欧洲示范民法典草案·信托卷》绵延不断的主线，也是值得我国这样的已经制定了《信托法》并逐步完善本国信托制度的国家所深思的地方。在回归信托本源的时代背景下，我们不但不应该降低信托在我国社会

---

① 麦克唐纳，斯特里特. 衡平法与信托法精义［M］. 李晓龙，译. 北京：法律出版社，2018：195.

经济发展中的地位和作用，反倒是应该从增强国际竞争力和国内制度建设两个角度，加强信托法律制度的完善，从而不断满足我国国内和国际上巨大的、不断增长的财富管理、财富传承和经济发展的需求，并进而使信托成为我国经济社会发展进程中日益重要的、不可或缺的制度。

第二节 欧盟受保护基金指令（草案）

2009 年，由三位荷兰籍专家 Prof. S. C. JJ. Kortmann、Prof. N. E. D. Faber、J. W. A. Biemans，一位苏格兰籍 Prof. K. G. C. Reid，一位英格兰籍 Prof. D. J. Hayton 专家共同组成的工作小组提出了著名的《欧盟受保护基金指令（草案）》（*Drafted EU Directive on Protected Funds*），该文件是直接受《欧洲信托法原则》的影响而起草出来的，是试图对欧盟范围内的商业和金融领域的受保护基金（protected funds，一种类似于信托的制度，详见下文的介绍）进行规定，并促成欧盟范围内对该制度的统一规范。本节即介绍由信托法领域重量级专家起草的这个重要文件的内容。*

一、《欧盟受保护基金指令（草案）》起草背景简介

（一）制定《欧盟受保护基金指令》的必要性和重要性

在欧洲，过去的 30 年里，欧洲逐渐认识到，在投资和融资（the investing and financing）领域，现有的封闭式的财产基金（ring-fenced fund of assets，或称为受托财产，即 fiduciary patrimony）制度已经无法有效保护财产所有者自己债权人的利益。解决这个问题变得非常重要和必要，原因显而易见：如果贷款人和投资者的权益能够得到保护，特别是当他们面对借款人或经理人资不抵债的风险时，那么他们将更意愿提供资金支持。

在普通法系国家，如英格兰和爱尔兰，这种对投资者/贷款人的保护是通过信托的手段提供的。而在大陆法系国家，由于各种原因还没有采用信托制度，因此一些相同的效果可以通过制定一些关于特殊义务的立法来实现。事实上，许多大陆法系国家已经通过立法，在特定领域规定了这种特殊义务，这些特殊领域包括集体投资基金、养老基金、投资组合管理、证券投资和银团贷款（syndicated loans）等。如前所述，意大利利用其批准的《海牙信托公约》，为受外国法律管辖的信托制定了类似信托的义务，而卢森堡和法国则颁布了立法，允许在广泛的情况下产生类似信托的义务。捷克共和国在其起草的新民法典中规定了一般信托的概念。关于信托的规定也可以在欧洲民法典研究小组编写的《欧洲民法

---

* 本节内容如无特别说明或另外引注，都来自 S. C. JJ. Kortmann, D. J. HAYTON, N. E. D. FABER, at el.. Toward a EU directive on protected funds [J]. Law of business and finance 2009, 10: 1-42.

典示范草案》(第十卷信托)中找到。在某种程度上,这些措施重新回应了银行和商业团体努力赚钱并保持其在欧洲金融市场的竞争地位而提出的对灵活制度的需求。最近加入欧盟的国家的政府也必须考虑到这些需求,从而酌情制定新的立法。而《欧盟受保护基金指令(草案)》无疑也是制定这些新立法时的重要参考素材。

除了个别国家自身有制定《欧盟受保护基金指令》的迫切需要,整个欧盟有对《欧盟受保护基金指令》的内容进行协调的必要。在欧洲和整个欧盟,那些有信托的法律制度和那些没有信托的法律制度之间存在着差异性。近年来,越来越多的成员国正在将信托或类似信托的制度引入它们的法律体系,或者正在寻找一个法律基础来建立一种信托或类似信托的制度。事实是,银行和商业界需要这种灵活的制度,而信托或类似信托的制度的引入对于保持欧洲和国外金融市场的竞争地位(或避免竞争劣势)至关重要。

迄今为止,欧盟提供了分散的信托和类似信托的制度,而且这里还存在着相互承认的问题。这种缺乏协调的问题,是阻碍欧盟内部市场正常运作的一个障碍。它阻碍了欧盟内部服务的自由流动,因为任何受托人或管理人都应该能够在任何会员国提供其服务才好。它还对设立自由造成了障碍。如果受托人或管理人是法人,则其应能够在其他成员国建立子公司、分支机构和机构,以便管理那里的基金;如果受托人或管理人是自然人,他的受托人或管理人地位就应该能够在任何成员国得到承认。如果资本所有者不能在某些司法管辖区像在其他司法管辖区那样保护资本,那么资本的自由流动也会受到阻碍。因此,为了协调欧盟的共同市场,欧盟应该考虑引入一种新的类似于信托的制度(a new trust-like device)即一种"受保护的基金",以增加已经在各成员国存在的信托和类似于信托的制度的种类。受保护基金不是信托,是类信托制度,它不仅将为日益增长的信托类制度的多样性提供一个统一的选择,它还将允许对这种制度的相互承认。

(二) 对欧盟受保护基金制度引入形式的分析

综上所述,受保护基金制度应该在整个欧盟引入,而这最好通过指令的形式来实现。指令具有要求通过国家法来执行的灵活性。这意味着,那些已经拥有有关信托或类似信托制度的法律的成员国可以选择是修改这些法律,使其符合受保护基金的概念,还是保留这些法律,以便它们提供受保护基金的替代方案。尚未拥有信托或类似信托的制度,但寻求消除金融市场上由此产生的竞争劣势的成员国,不必独自努力赶上其他成员国的发展。相反,他们可以使用由领先专家们所研究出来的灵活的受保护基金概念。

虽然受保护的基金是新的,但对它的设计是为了使它相对容易地被移植到成员国的法律制度中。

二、《欧盟受保护基金指令（草案）》的基本内容

下面就结合起草《欧盟受保护基金指令（草案）》以下简称"该指令（草案）"的条款及专家对这些内容的评议，介绍一下该指令（草案）的基本内容。

(一) 受保护基金制度的目的及其性质

根据该指令（草案）第1条到第3条等条款的规定，受保护基金的目的，是满足由财产管理人为他人利益而拥有和管理的封闭财产的商业需要。该受保护基金是一种独立于其财产管理人的私人财产的受托财产。一个财产管理人也必须将其管理的不同基金进行分别持有和管理。因此，在管理人出现无偿付能力、被清算或死亡的情况时，基金中的财产会受到保护。根据所拟议的指令，受保护基金将必须为商业目的而被创建，虽然受保护基金可以用于与信托相同的目的，但是却不能像信托那样可以以慈善目的或管理数代人的家庭财富为目的而设立。*

受保护基金不同于现有的概念，如英式信托、苏格兰信托、德国信托、法国信托、卢森堡信托合同和荷兰信托。因此，受保护基金是管理资产的另外一种工具（其他此类的工具，包括公司、基金会、信托和代理安排）。在许多情况下，它将提供一个比目前存在的工具更有效的法律框架。

(二) 受保护基金制度与欧盟各成员国其他法律制度之间的关系

欧盟各成员国除破产法中承认受托财产的规定外，其税收、继承、财产和监督管理方面的法律都不受影响。

至关重要的是，欧盟每个成员国都必须承认根据任何其他成员国的法律所设立的受保护基金。类似地，根据《海牙信托公约》，要求承认涉外信托，尽管信托的所有权方面可以被没有信托概念的国家的国内财产法所忽略。为了保证受保护基金在欧盟内部的统一性及其实施的便利，指令草案在各成员国在受保护基金立法权方面赋予了欧盟各成员国以较为有限的权限，这些较为有限的权限包括各国对受保护基金的监管方面的权限。

正如《通往欧盟受保护基金指令（草案）》一书中的《国家报告》部分所明确指出

---

* 据起草《欧盟受保护基金指令（草案）》的专家介绍，之所以将该指令限制在商业、金融领域，是因为截至起草该指令之时，欧洲大陆法系国家对非商业领域的信托或类信托制度都不那么感兴趣。因此，将该指令的适用范围限制在商业、金融领域，是为了使得该指令更容易被欧盟及其成员国接受、认可。参见前引 KENNETH REID, HIROYUKI WATANABE. 'Principles of European trust law' and 'draft directive on protective funds'. [E/OB]. https://www.academia.edu/79606189/_Principles_of_European_Trust_Law_and_Draft_Directive_on_Protective_Funds_.

的那样,① 拥有大陆法系和普通法传统的国家和国际组织都可以容纳受保护基金作为财产管理人的受托财产的概念,并使该等受托财产免受财产管理人破产、清算或死亡的影响。

(三) 设立受保护基金的行为及其性质

根据该指令(草案)第4条的规定,受保护基金的设立行为包括:①由发起人签署设立文件,如果发起人超过两个,则由所有发起人共同签署设立文件;②财产管理人接受了对其作为财产管理人的任命。

一些会员国可以选择将设立受保护基金的行为视为契约性质的行为,在发起人的"要约"之后是财产管理人的"承诺"。但是,同信托一样,最好将这些行为分析为涉及发起人和财产管理人一方的各自单独的法律行为。

虽然设立行为往往伴随着将财产转让给财产管理人,但这种转让本身并不是设立的要求。因此,就像一个盒子是满的还是空的一样,即使它最初不包含任何资产,一个基金也存在了。在这方面,一个受保护的基金类似于一个法人团体。

(四) 受保护基金的性质

受保护基金既不是法人,也不是无主的财产。相反,基金财产是由财产管理人所拥有和管理的,(在必要时)财产管理人可以起诉或被第三人起诉。与公司或其他法人团体相比,受保护基金的一个优势是只需要办理简单的手续。受保护基金不仅仅是一种合同机制,这可以从对基金的闭环式保护、自受保护基金设立之时即自动对财产管理人赋予的权力和职责以及法院的支持性职能中可以看出。同样,受保护基金在结构、范围和终止等方面也不同于信托。

(五) 关于受保护基金的设立文件

根据该指令草案第4条,一个基金要成为受保护基金,就必须在其设立文件中指定为受保护基金。由设立基金的人(the originator,即发起人)签署设立文件,该设立文件必须明确规定:(1)财产管理人(the administrator);(2)受益人或将成为受益人的人,(3)受益人或将成为受益人的人受益的条件;(4)所适用的法律,即所适用的成员国的法律。只有一定范围内的人才有资格担任财产管理人,在通常情况下,财产管理人是公司或其他法人。受保护基金在管理人明示或暗示地接受对其任命的那一刻即开始存在了,而且这可以在任何财产被转让给财产管理人之前即完成。

根据该指令草案第5条,设立文件还可以规定:(1)该受保护基金的名字;(2)该

---

① KORTMANN S C JJ, HAYTON D J, FABER N E D, et al.. Toward a EU directive on protected funds [J]. Law of business and finance, 2009, 10: 43-358.

受保护基金的期限，如果它有固定期限；（3）属于或将要成为受保护基金之一部分的任何资产或资产的类别；（4）对管理人责任的任何限制；（5）对管理人施加的任何额外职责；（6）对基金执行人的任命和基金执行人的职责；（7）任命后续管理人的方法；（8）向财产管理人员支付的报酬；（9）任何允许管理人发生利益冲突的情况；（10）对受益人权利转让的任何限制；（11）不再有任何受益人时对基金财产的处置；（12）可能有助于该基金运作的任何其他事项。

（六）权力的授予

除前述内容外，根据该指令（草案）第6.1条的规定，受保护基金的设立文件可授予某人以该指令（草案）第6.2条所列的任何权力，并可规定规范其权力行使的任何条件或职责。而根据第6.2条可以授予的权力是下列这些权力：（a）解聘管理人；（b）任命一名新的管理人；（c）指定新的受益人或替换现有的受益人；（d）修改设立文件的内容；（e）规定受保护基金的期限。

（七）受保护基金所可以涵盖的财产的范围和种类

受保护基金所可以涵盖的财产的范围和种类，既可能是固定资产，或者在更典型的情况下则是一个不断变化的资产池（a fluctuating pool of assets），该指令（草案）起草专家们认为，这种以不断变化的资产池为标的的基金将刺激欧盟内部的资产流动。

（八）受保护基金可以适用的情况

该指令（草案）起草专家所设想的受保护基金适用情况包括：

（1）为退休雇员的养老金计划提供融资；

（2）投资者在管理投资池中拥有权利的集合投资计划；

（3）为公司员工持股提供的运作计划：公司为财产管理人提供资金购买股票，然后这些股票产生股息收入，从而使该员工持股计划可以以此来自筹资金；

（4）银团贷款安排，即多个贷款机构联合向单一借款人提供担保贷款，其中一个贷款机构或一个独立第三人成为借款人提供的担保的财产管理人，如果某些贷款机构被新贷款机构取代，这种担保将继续存在；

（5）集合债务融资，即通常是由借款人通过债券性证券来向独立的财产管理人提供担保，借款人承诺将按照约定的支付条款向贷款人/股东（即贷款人同时又是股东）支付款项；

（6）为大额支出提供偿债资金，这些资金多年后将会大到足以满足可预见的重大需要，例如对一处公寓楼进行大修和翻新，或在开采某采石场后进行良好的环保土地复垦；

第二章 欧洲大陆法系国家集体持续接受信托制度的三个里程碑

（7）为实施某主要建筑合同而提供资金：如将经建筑机构认证的付款的3%作为妥善履行建筑合同的担保，直至修复缺陷的完成证书被签发为止；

（8）在投票权与受益权不同的基础上，将股份转让给独立的财产管理人：如A和B分别拥有某公司60%和40%的股份，但A和B同意该独立的财产管理人将按照B的指示行使75%的投票权；

（9）将一个公司的控制权授予一个独立的人作为财产管理人，其结果是某人（假设名叫X）以前曾经控制该公司并且拥有该公司75%的经济价值，但在该等控制权授予完成后，X不再对该公司拥有控制权：这种设计是有用的，如果X对该公司的控制被认为是违反公共利益的但是强迫X销售其股份却又将压低其股份的价格；

（11）一个拥有大量的、不同组别的证券的公司托管人，将这些不同组别的证券分别作为不同的受保护基金而选任不同的财产管理人，这样每个财产管理人都在不同的受保护基金下行事；

（12）有资格担任财产管理人的人，持有客户支付给他的款项，而准备将该等款项用于使客户受益的目的；

（13）通过担保方式将某特定财产的所有权转让给财产管理人持有（即让与担保，笔者注）。

（九）财产管理人的资格、任命和解聘

根据该指令（草案）第7条，管理人必须是：（a）在欧盟成员国设立的法人或者在欧盟成员国有注册的办公室的法人；或（b）是欧盟成员国居民的自然人。对于保护受益人来说，管理人的责任和可靠性至关重要。在大多数情况下，管理人将是受成员国特别监管（例如，根据其提供金融服务的制度被监管）的公司，但就指令而言，管理人也可以是专业人士或受类似监管的其他人。同时，根据该指令（草案）的相关内容，法院也具有监督作用，可以对任何违规行为做出对违规人不利的判决。

根据该指令（草案）第4条和第7条，第一任财产管理人由设立文件任命，而根据该指令（草案）第7条，随后的管理人可能由下列人员或机构任命：（a）被设立文件授权这样做的人来任命；或（b）法院根据任何受益人、执行者或财产管理人的申请而任命。作为管理人的任命仅在任命被接受时生效。

根据该指令（草案）第7条，如果设立文件没有规定管理人的报酬，管理人有权获得合理的报酬。为了维持财产管理人履职的稳定性，财产管理人只能在设立文件允许的范围内辞去财产管理人的职务，而该等辞职只有在替代财产管理人接受任命后才生效。

根据该指令（草案）第7条，财产管理人可以由下列人员或机构解聘：（a）被设立文件授权这样做的人解聘；或（b）法院根据任何受益人、执行者或财产管理人的申请而解聘。

(十) 财产管理人的职责

根据该指令（草案）第 8 条，财产管理人的职责包括：

(1) 财产管理人必须遵守设立文件，并必须忠实和诚实地为受益人的最佳利益行事。

(2) 财产管理人必须保管受保护基金的资产，并保存好准确的账目。

(3) 管理人必须将基金的资产与其他财产基金的资产分开，但在设立文件授权的情况下，允许在受保护的基金之间汇集资产。

(4) 财产管理人必须避免利益冲突，除非是经设立文件或成员国法律授权，或为受益人的最佳利益行事时才可例外。

(5) 财产管理人必须以一名经验丰富的专业资产经理所期望的谨慎、技能和勤勉的标准行事；但根据这一职责和设立文件，管理人可以委托履行特定职责的人来行事。

(6) 除责任受设立文件的限制外，财产管理人必须：（a）向基金赔偿该基金因违反财产管理人的职责而造成的任何损失；（b）向基金支付财产管理人从非法利益冲突中直接或间接产生的任何私人利润。

(7) 财产管理人的法律行为不仅仅因为违反了受保护基金下其应履行的职责而无效。

(8) 财产管理人的职责是其对受益人负有的，并且该等职责可以由执行人（enforcer）履行；在这方面，财产管理人必须向受益人或执行人提供可能被合理要求提供的相关信息。管理人通常是资产管理方面的专业人员，但如果不是，它应该将投资委托给一个精心选择和被适当监管的专业投资者，即这里所说的执行人。

(十一) 执行人

根据该指令（草案）第 2 条的规定，"执行人"是指被任命来执行财产管理人职责的人。该指令（草案）第 9 条第 1 款对执行人的任命问题做了规定：设立文件可指定除管理人以外的任何人作为管理人在受保护基金下所负职责的执行人。根据该指令（草案）第 5.2 款的规定，受保护基金的设立文件可以规定执行人的任命和职责问题。

该指令（草案）第 9.2 条的规定则授权欧盟各成员国对受保护基金的执行人的选择进行规定：欧盟成员国可任命一人（包括符合条件的法人或者自然人）为某种特殊类型的所有受保护基金或某一个受保护基金的执行人。例如，欧盟各成员国可以选择有一个法定监管职责的机构来监管那些向投资者公开营销的受保护基金，而让有经验的投资者参与批发类（而不是零售类）的金融业务，因为这些有经验的投资者可以自己照顾自己的利益。

(十二) 对受益人的保护

如前所述，受保护基金的设立文件必须规定受益人或者将要成为受益人的人。而前面所说的受保护基金财产的独立性的规定、财产管理人必须从在欧盟内运作并受成员国法律监管的有限人员中任命的规定、对财产管理人职责和责任的规定等,则是对受益人的一种较为全面的保护。特别需要强调的是,受保护基金存续过程中收到的任何金钱或其他资产都成为该基金的一部分,即作为被持有的受托财产一部分,而无论该等交易是否被授权了。这使得受益人的权益得到进一步的保护。

根据该指令(草案)第5.2条的规定,除设立文件可以规定对受益人权利转让的限制条款,原则上,受益人可以转让其在受保护基金中的权利,以取代自己作为新的受益人。此外,受益人也可以利用他的权利如证券来申请贷款。

(十三)对第三人的保护

为了便于在商业领域适用受保护基金制度,与管理人打交道的第三人得到了很好的保护。具体而言,根据该指令(草案)第3.5条和第8.7条的规定,管理人对受保护基金的资产享有充分的权力。因此,即使对此类资产的法律行为受到设立文件中的条款的禁止或限制,也具有完全效力;而通过处置基金资产而获得的金钱或其他资产反过来成为基金的一部分。这些规定的意图是,第三人应该像与普通所有人一样随时准备与财产管理人打交道,并且其是否知道基金的存在并不重要。

根据该指令(草案)第7.5条的规定,被任命为后续管理人的效力是将受保护基金财产中所包含的资产和负债归属于被指定的人,但这不影响成员国的任何法律,即这些法律要求完成某些资产转让的特别手续才能有效对抗第三人。

(十四)受保护基金的登记问题

在指令草案中也没有像将公司作为资产持有工具的情况那样而规定强制性的公共登记制度。因为受保护的基金不是一个能够拥有财产或唯一可登记名字的法人。拥有基金财产的是管理人,管理人是从完全出于保护公共利益的需要而被监管的人中选出来的。如前所述,与管理人打交道的第三人受到了很好的保护。事实上,即使受保护基金需要做一个登记并且在所登记的设立文件中有一个独特的名称,需要强调速度和效率的金融市场也将需要一些专门规则来在很大程度上否定该等登记的价值。例如,需要这样的专门规制,即与财产管理人打交道的人既不需要知道登记册的内容,也不承担任何对该等登记予以咨询的义务。当然,围绕受保护基金而实施的行为仍然有必要遵守现有的关于特定类型财产如不动产的所有权的公开登记的规则。留给欧盟成员国来处理的最好的一个问题是,作为管理人而拥有所有权的事实是否应在登记册上注明。

(十五)关于受保护基金的存续期限

该指令(草案)没有为该基金设最长期限,其理由是尽可能地提供最大的灵活性。然而，大多数发起人和管理人都可以在设立文件中限制基金期限。

第三节 欧洲示范民法典草案·信托卷

一、《欧洲示范民法典草案》的起草：欧盟一体化的必然要求

欧洲一体化过程是欧洲政治、经济、法律、社会、文化的一种全面互动过程，而法律在其中发挥着制度化的作用。半个世纪的实践证明：欧洲一体化的每个进程都是通过其法律予以推动的，而这些一体化的阶段性成果又反过来丰富着欧盟的法律体系。欧盟不仅在成员国各国树立了自己的政治、经济和法律权威，而且在全球的政治、经济和法律事务中发挥着举足轻重的作用，成为多极世界格局中的一极力量。①

欧洲作为民法法典化运动的滥觞之地，其法典化之伟大成就为世人瞩目。《法国民法典》和《德国民法典》从其诞生之日起，不仅在各自国家扮演着重要角色，也为包括中国在内的世界上进行民法法典化的国家树立了楷模和样板。我们注意到，即便是到了20世纪的后期，虽然出现了法典化与去法典化的论战，但是民法法典化在欧洲大陆仍方兴未艾。1992年荷兰制定了新的民法典，代替其1838年的旧法典；1996年，俄罗斯制定了新的民法典；原中、东欧社会主义国家在此前后也纷纷制定新民法典以适应国家的迅速转型并促进社会经济的快速发展。而在开民法法典化运动先河之地的法国和德国，则开始了其民法的再法典化（recodification）运动，对其民法典进行了重大的修改与变革。特别令人瞩目的是，与以往法典化在一个民族国家中进行不同，从20世纪90年代开始，法典化在欧共体/欧盟这个超国家的共同体层面上展开。《欧洲民法典》的设想首先是由学者们提出来的，而1989年欧洲议会做出的关于《开始正式为制定一部共同的民法典进行必要准备》的决议，则表明欧共体在那个时代就已经将制定一部统一的民法典提上了议事日程。②

这种欧洲民法的法典化是在欧洲私法趋同的背景下展开的，是与欧洲的一体化进程密不可分的。在欧洲经济一体化的建设中，欧洲统一大市场中的市场主体在同一情形下由于成员国民商法的不同规定而享受不同的权利和义务，这种欧盟成员国民商法规范的不统一容易造成新型法律歧视。为了确保欧洲统一大市场的公平和效率，必须采取切实有效的措施来实现欧盟法律的一致性。* 如何协调和统一欧盟各成员国之间的私法制度，是一个关系到在欧盟各成员国之间进行人员、货物、服务和资本跨国界自由流动的基本问题。欧盟

---

① 米健. 欧盟法与欧洲一体化 [M]. 北京：法律出版社，2009：1.
② 张彤. 解析欧洲民法法典化之争 [M/OL] // 米健. 欧盟法与欧洲一体化. 北京：法律出版社，2009：248-249.
* 欧洲一体化的口号是："一个市场，一种货币，一种法律。"参见张勇. 欧盟货币金融法律制度研究 [M]. 北京：法律出版社，2006：1.

第二章　欧洲大陆法系国家集体持续接受信托制度的三个里程碑

的四大市场要素流动的自由化程度取决于各成员国有关四大流通方面法律的趋同化程度。对此，欧盟的做法是先通过条例或指令等立法方式建立各成员国之间私法的最低限度的共同标准，在此基础上再向统一的民法典方向迈进。

2001年11月7日，在欧盟合同法研讨会上，欧盟委员会对合同法改革出了4个可选择的方案：(a) 将任何统一的问题都留给市场解决；(b) 促进非强制性合同法原则的发展，通过成员国法院、仲裁机构、立法机关，使其在缔约双方拟定合同文本时发挥作用；(c) 审查、改进欧共体在合同法领域的现行立法，使它们更加协调，或者就立法当时没有预见到的情况作出补充规定；(d) 制定一个新的共同体法。

(a) 方案给人的印象总是不太现实，而 (d) 方案太过激进或者说走极端。最后，结果似乎正逐渐接近这样的定位，即欧盟消费者合同法的审查和改进工作被完成，随之一套非强制性的合同法共同原则将被确立，这就是所谓的"共同参考框架（CFR）"，欧委会称之为"工具箱"。

CFR 2003年行动计划设定了三个目标，并提出以下建议：

（1）由欧委会在评述现行法以及提出新的立法建议时适用，为制定共同术语和规则提供最佳的解决方案。"合同自由应当是指导原则"的表述似乎暗示了其将超越仅仅作为术语表的功能。此外，CFR还可能有利于"在欧盟合同法领域内"制定"一部以共同的基本规则和术语为基础的、尽可能一致的欧盟法"。

（2）促进欧盟成员国的合同法与（可能存在的）适当的第三国的合同法之间向更高程度的趋同化发展，但是由此会形成什么样的法律机制尚无定论。推测它会依赖于法律移植和法律继承（adoption and emulation）。

（3）作为某种不具体到特定部门的措施（例如可选择适用的法律文件）的立法基础。

最后这种可能性是最有意思也是最具争议的，有些评论家猜想它可能像特洛伊木马一样，最终导致一部欧盟民法典的诞生。*

同时，在《欧洲民法典》方面，为了完成对《欧洲民法典共同参考框架》（*Common Frame of Reference of European Private Law*，以下简称欧洲示范民法典或者CFR）的草拟，欧盟委员会（European Commission）决定资助一个为期三年的研究，通过《欧洲民法典共同参考框架草案》（*Draft Common Frame of Reference*，以下简称欧洲示范民法典草案或者DCFR）的工作关系网，该任务被分配给两个既存的研究组：欧洲民法典研究组和欧盟现行私法研究组，它们组建了工作组并安排了会议的进程，小组成员不仅包括研究人员及学者，还包括行业专家和代表以及欧盟成员国的利益集团和其他一些欧洲国家。[①]

---

* 杰兰特·豪尼尔斯著，豪尼尔斯.《欧洲消费者法典》抑或《欧洲民法典》？——或两者兼具？[M].梁思思，译. 载米健主编：《欧盟法与欧洲一体化》.北京：法律出版社，2009：86-87.

[①] 贝特鲁奇.欧洲法律传统和欧洲共同买卖法草案[J].许文华，译.苏州大学学报（法学版），2016（3）：139.

申言之,欧盟委员会于2003年1月公布了"构建更为统一的欧洲合同法行动计划",呼吁对已提出的三项措施作出评价:提高欧盟现行私法的协调性,促进欧盟范围内标准合同条款的起草,以及进一步研究是否有必要在特定议题解决模式之外,采取制定诸如"选择性文件"等的措施;其主要改进建议是起草一部《欧洲示范民法典》,以供欧盟委员会审视现有私法和起草新的法律文件时参考。2004年10月,欧盟委员会公布另一份相关文件,即"欧洲合同法与现行私法的修正:前进之路",其中建议,《欧洲示范民法典》应该规定"基本原则、定义和示范规则",从而有助于改进欧盟现行私法,同时为制定一份选择性文件提供基础(如果决定要制定一份选择性文件的话)。示范规则将是《欧洲示范民法典》的主体,其主要目的是作为立法的指南或者"工具箱"。①

对欧盟合同法和欧洲民法典的研究分别由不同研究小组平行展开。2008年早些时候,亨利·卡比当协会和比较法学会公布了它们草拟的《欧洲合同法指导原则》。负责评估《欧洲合同法指导原则》项目的评估小组用以下方式处理其工作:一方面,抽象出构成《欧洲合同法原则》基础的主要原则;另一方面,将这些主要原则与许多国家的内国法和国际法律文件以及欧洲法律文件所采取的等同原则进行比较。它们据此确立了三大原则,即:合同自由原则、合同安全原则和合同诚信原则,而这三个原则下面均有其下位原则,这些原则和其下位原则被表述为11条试拟的条文草案。虽然负责评估《欧洲合同法指导原则》项目的评估小组总结出的这些原则的实质内容与《欧洲示范民法典草案》的目的有细微的差别,但是总体上来说,这些原则是可以普遍适用于《欧洲示范民法典草案》的。欧洲民法典研究小组和欧洲现行私法研究组将《欧洲示范民法典草案》最主要的原则概括为自由、安全、正义、效率、保障人权、促进团结和社会责任、保护文化和语言的多元性、保护和促进福祉、促进内部市场发展等,而其中的自由、安全、正义、效率原则被视为《欧洲示范民法典草案》的根本原则。②《欧洲示范民法典草案》不但比《欧洲合同法原则》有更为广泛的调整范围,而且其调整范围之广,甚至明显超出了欧盟委员会原来关于《欧洲示范民法典》调整范围的计划。

2008年初,《欧洲示范民法典草案》以临时纲要版的形式出版,在该临时纲要版中,并没有第十卷"信托"等内容。2008年12月,欧洲民法典研究组、欧盟现行私法研究组向欧盟委员会提交了《欧洲示范民法典草案》的正式纲要版以及对每条示范规则所做的解释性和说明性的评述。在该正式纲要版中,补充了一些重要内容,包括:借款合同和赠与合同(第四卷)、动产所有权的取得和丧失(第八卷)、动产担保物权(第九卷)和信托(第十卷)的示范规则。《欧洲示范民法典草案》的完成是履行了欧盟委员会委派给欧洲

---

① 欧洲民法典研究组、欧盟现行私法研究组. 欧洲示范民法典草案:欧洲私法的原则、定义和示范规则[M]. 高圣平,译. 北京:中国人民大学出版社,2012:27-28.
② 同①:9-13.

民法典研究组、欧盟现行私法研究组的任务。《欧洲示范民法典草案》以纲要的形式涵盖了欧洲私法的原则、定义和示范规则（principles, definitions and model rules），其起草目的之一，就是为起草"官方的"《欧洲示范民法典》提供一个草案。① 2009年10月，《欧洲示范民法典草案》的完整版被欧洲民法典研究组和欧盟现行私法研究组提交给欧盟委员会，该完整版的内容，除纲要版的既有内容外，还包括示范规则扩展的注释、欧盟各成员国详细的法律评论，以及对界定和验收而来的丰富资料的系统记载。②

不论是纲要版还是完整版，《欧洲示范民法典草案》的内容都包括了原则、定义和示范规则。其中，关于"原则"本身的概念，虽然欧盟委员会与《欧洲示范民法典》的报告书中没有阐述，但是在性质上，《欧洲示范民法典草案》中所说的"原则"与其他法律文件中所使用的为大家耳熟能详的"原则"完全一致，即更具普遍性的规则，或称"一般规则"。③ 如前所述，《欧洲示范民法典草案》最主要的原则包括自由、安全、正义、效率、保障人权、促进团结和社会责任等，而其中的自由、安全、正义、效率被认为是《欧洲示范民法典草案》的根本原则。

《欧洲示范民法典草案》中之所以规定"定义"，其目的是构建统一的欧洲法律术语。《欧洲示范民法典草案》中定义的基本内容，少部分来自欧盟的现行私法，大部分则来源于《欧洲示范民法典草案》的示范规则。如果说定义对于示范规则至关重要，那么同样可以说示范规则对于定义也同样重要。《欧洲示范民法典草案》的大部分内容是示范规则。"示范"一词本身就说明规则并无规范效力，和《欧洲合同法原则》及其他类似出版物中的规则一样，仅仅是"软法"规则。因此，《欧洲示范民法典草案》中的示范规则最终是否会被用作立法的范本，以使欧盟现行私法内部更加协同有序，则不是《欧洲示范民法典草案》的起草者所能决定的了。此外，在《欧洲示范民法典草案》的完整版中，示范规则均有评述和注释。其中，评述是用来阐释每条规则的，它通过示例的形式说明其应用，并概述相关的批评性政策考虑；而注释则介绍相关示范规则在内国法律体系（必要时还包括现行欧盟法律）中的法律地位。在适当的地方，注释还会提及相关国际文件。④

二、《欧洲示范民法典草案》的重要历史及现实意义

两个世纪之前在萨维尼和蒂堡之间发生的"民法法典化的论战"如今在更为复杂的背

---

① 欧洲民法典研究组、欧盟现行私法研究组. 欧洲示范民法典草案：欧洲私法的原则、定义和示范规则［M］.高圣平，译. 北京：中国人民大学出版社，2012：4.
② 欧洲民法典研究组、欧盟现行私法研究组. 克里斯蒂安·冯·巴尔和埃里克·克莱夫. 欧洲私法的原则、定义示范规则：欧洲示范民法典草案（全译本）之第九卷动产担保物权、第十卷信托和附录［M］.徐强胜，赵莉，译. 北京：法律出版社，2014：1.
③ 同①：7-8.
④ 同①：13-14.

景下重现。虽然在某种程度上对欧洲学者而言，民法法典化已是历史经验，但是欧洲法学家在今天仍然还要问自己是否还有必要制定《欧洲民法典》。对此，形成了不同的观点。在欧洲比较法学者中，大致可分为两种立场：德国、意大利、比利时和荷兰的学者基本上对某种形式的欧洲法律协调或统一表示热烈赞同；而法国、西班牙，尤其是英国的学者，则对法律统一不感兴趣，甚至持反对态度。*

首先看一下反对者的观点。在欧洲，虽然有越来越多的私法学者支持制定《欧洲民法典》，但反对的声音从来就不绝于耳。有学者反对制定《欧洲民法典》，认为很难找到制定《欧洲民法典》的法律依据。此外，法律是一国文化传统的一部分，各国的法律传统有其深厚的根基并已经成为每个国家文化的组成部分，私法更是一国文化传统的重要组成部分，应该保留国内法，维护各国法律的特色。反对者还认为，没有一个像国家立法机关那样的欧盟立法机关，有能力统一调整社会生活的方方面面；而且保持民法中民族和地区的差异性非常有必要，既要维护文化的差异性，也要维护法律的差异性。而且，如果绝大多数欧盟成员已经采纳国际私法中的实体规范，就没必要再制定欧洲层面上的民法典。《欧洲民法典》的反对者们认为私法对经济成功的重要性被夸大了。向一个统一体系的转型将引致高昂的经济成本，几个世纪以来勤勉建立起来的法律确定性和经验至少在短期内都将丧失，法律制度间的竞争本身是良性而妥适的，而最重要的是欧洲缺乏在民法领域处理如此广泛事务的能力。欧洲民法法典化的反对者代表人物是学者勒康（Pierre Legrand），他是一位加拿大人，在法国大学任教。他在许多文章中提出了反对欧洲民法典的观点。他的两篇具有代表性的文章《欧洲法律体系并未融合》与《反对〈欧洲民法典〉》集中体现了反对制定《欧洲民法典》的观点。①

前已述及，在欧洲，支持法律统一的学者占比较法学者中的大多数。他们的观点主要体现在几部论文集里——《走向一部〈欧洲民法典〉》、1997年第5卷《欧洲私法评论》中的"欧洲民法典（专刊）"以及《迈向〈欧洲民法典〉之路》。尽管这些学者主张制定《欧洲民法典》，但对于是否制定包括不动产、继承和家庭法在内的完整的民法典，观点不一。实际上，起初赞成制定《欧洲民法典》的法学家都是从合同法入手开始法典化研究的，认为未来的法典化应该是《欧洲合同法典》。但是随着欧洲一体化的发展，私法趋同也在不断向更广和更深的领域扩展，越来越多的私法学者意识到，包括合同法、侵权法、动产财产法，甚至包括家庭法、继承法在内的统一的《欧洲民法典》成为目标和可能。②

虽然《欧洲示范民法典草案》只是法律学者提供的建议稿，但是它却是学者们数十年

---

* CLARK D S. Centennial world congress on comparative law: nothing new in 2000 comparative law in 1900 day [J]. Tulane law review, 2001: 871-912. 作为英美法系发源国家及核心国家的英国对《欧洲民法典》不感兴趣甚至持反对意见是可以理解的。当然，随着英国彻底退出欧盟，反对《欧洲民法典》的骨干力量又减少了一支。

① 张彤. 解析欧洲民法法典化之争 [M]. //米健. 欧盟法与欧洲一体化. 北京：法律出版社，2009: 253-254.
② 同①: 251-253.

独立和合作研究以及私法、比较法和欧共体法的专家意见的结晶。《欧洲示范民法典草案》是为 21 世纪的欧洲而设计的。① 无论将来与《欧洲示范民法典》的关系如何（即草案可能只有部分内容会被《欧洲示范民法典》所吸收），《欧洲示范民法典草案》都有自己的独立性，并将继续保持自己的重要性。不管《欧洲示范民法典》的前景如何（制定《欧洲示范民法典》是欧盟委员会的职责），《欧洲示范民法典草案》都承载了促进欧盟各国私法发展的殷殷希望。尤其是通过《欧洲示范民法典草案》，人们能够看到在各国私法间存在着多大程度的相似性并相互促进、发展，以及这些法律在多大程度上能够被看作是全部欧洲文化遗产的区域性表现。《欧洲示范民法典草案》可以使人们更加深刻地认识到欧洲统一的私法的存在，它可以为欧洲私法理念提供一个新的基础，可以促进相互理解并促进对欧洲私法的集体研究。《欧洲示范民法典草案》公布不久，即受到许多欧洲高级法院和负责国内合同法现代化的官方机构的广泛关注。《欧洲示范民法典草案》的目的之一也在于此。②

三、《欧洲示范民法典草案》信托卷的最终加入及其原因和重大意义

如前所述，在《欧洲示范民法典草案》于 2008 年以临时纲要版的形式出版的时候，还没有第十卷即信托卷的内容。在经过广大读者、研究者的建议后，终于在 2009 年公布的《欧洲示范民法典草案》中加入了第十卷即信托卷的内容。

（一）信托卷进入《欧洲示范民法典草案》所面临的困难及其超越之道

与合同法的编纂问题以及合同卷进入《欧洲示范民法典草案》相比，信托法能否进入《欧洲示范民法典草案》产生了特殊的问题。首先，没有一部传统的范式民法法典（包括德国、法国、意大利和瑞士的民法典）包含关于信托的章节*，而所有这些法典都包括合同。其次，由于关于信托法本身性质的争论在学者之间远未解决，信托是属于财产问题还是义务问题这样的概念主义争论仍然摆满了学术讨论的桌面。最后，由于信托本身是一个

---

① 欧洲民法典研究组、欧盟现行私法研究组. 欧洲示范民法典草案：欧洲私法的原则、定义和示范规则 [M]. 高圣平，译. 北京：中国人民大学出版社，2012：21.
② 同①：6-7.
* MATTEI U. Basic issues of private law codification in Europe：trust [J]. Global jurist, 2001, 1：2. 但是，与 Mattei 在这篇文章中所述的内容相比，情况已经有明显变化。如前所述，法国和意大利都已经有了突破。在法国，法国民法典于 2007 年在第三卷"取得财产的各种方法"中加入了第十四编"信托"，并且有了关于担保信托的专门立法。而在意大利，也如前所述，一个关于《民法典》的修正案于 2006 年被通过（见该法典第 2645 之 3 条款），旨在许可不动产的分割制度，来满足在普通法系法域中通常通过设立信托制度来满足的需要。同样类型的、有着更远大目的的立法则正在酝酿中。见前引米歇尔·格雷佳德："大陆法系根据《海牙信托公约》对普通法系信托制度的承认——尤其是意大利的经验"，载 [加] 莱昂纳尔·史密斯. 重塑信托：大陆法系中的信托法 [M]. 李文华，译. 北京：法律出版社，2021：55.

缺乏统一意义的法律范畴，因此它的边界肯定需要比合同更多的定义。①

尽管存在这些困难，但仍有几个原因使信托法（这里指的是英式信托。正如我们后面看到的，《欧洲示范民法典草案·信托卷》中的信托的绝大部分内容都是和英式信托保持一致的。笔者注。）处于任何欧洲法典化项目的领先地位。

首先，在政治方面，因为信托可能是英美法系国家对整个欧洲法典化事业做出的最重要贡献。如果《欧洲民法典》必须在欧洲两种不同的法律传统之间妥协，纳入信托可能是作为给予普通法系包括律师在内的法律界的一个对价。当然，这种政治原因绝不是对信托在法典化编纂项目的情况给予全面关注的唯一理由。

其次，信托法已被证明是一种非常成功的法律手段。从英国大法官法院所管辖的最初形态开始，它已经在许多其他法律体系中找到了自己的进路。迄今为止，在可以找到信托的许多法域都不知道普通法和衡平法的划分，但这也没有影响这些法域引进信托制度。因此，信托出现在这些法域的不同层次的法律渊源上：有时它被置于法典中，有时它被置于特别法规中，有时它则置于不断发展的判例法中。信托法的法律渊源的这种多样性表明，信托已被证明是一种理想的法律安排。这是第二个原因，即信托制度本身的旺盛生命力，使其可以跨越不同国家甚至不同法域的藩篱而持续不断地在越来越多的国家生根发芽，这本身就反复证明了信托是一种非常成功的法律手段。

最后，信托的这种声望源于所谓的"类似信任的手段"或"信托替代方案"所缺乏的更高程度的制度效率，而这些所谓的"类似信任的手段"或"信托替代方案"是一些大陆法系国家为了抵制引进一种被认为与传统的民法所有权概念不兼容的法律手段而制定的。这种发展的结果是，信托法已经从比较法领域强势崛起；并且，通过雄心勃勃的《欧洲信托法原则》的起草，以及如果可以，通过在欧洲私法项目共同核心范围内启动一个信托项目，而使得信托在比较法领域强势崛起的话题在美国的大量专门讨论它的理论文章中获得了中心地位。② 这是第三个原因，即比较纯粹的英式信托所独有的制度效率，使得其可以超越大陆法系"类似信任的手段"或"信托替代方案"而在不同国家中持续不断的制度竞争中胜出。

（二）《欧洲示范民法典草案》专设信托卷的重要原因

除了前面提到的 Mattei 在其2001年发表的文章中所总结的英式信托处于任何欧洲法典化项目的领先地位的三个原因，即政治原因、信托是非常成功的法律手段及信托具有更高程度的制度效率外，还有以下几个原因最终促成了在《欧洲示范民法典草案》中专门设置了信托卷。

---

① MATTEI U. Basic issues of private law codification in Europe：trust [J]. Global jurist，2001，1：2.
② 同①：2-4.

第二章 欧洲大陆法系国家集体持续接受信托制度的三个里程碑

第一，由于家庭法和继承法（family law and successions）深植于各国的文化传统，因此很多学者都认为难以在欧盟范围内予以统一。同时，由于慈善信托在大陆法系中有与基金会类似的制度，故似乎英式的慈善信托制度也很难在欧洲得到移植。所以，大多数学者所研究的信托主要是营业信托或者商事信托（commercial or business trust），也大多将英式信托在欧洲大陆法系国家的移植寄托在营业信托或者商事信托方面。* 而《欧洲示范民法典草案·信托卷》不但包括了慈善信托（公益信托）**，而且包括了家族信托、遗嘱信托，*** 这也再次证明了信托的强大生命力和广泛的适应能力。

第二，与第一点相关，由于信托是关于私人财产方面的法律，因此信托应该进入《欧洲示范民法典》，这是《欧洲示范民法典草案》起草者们贯彻欧洲议会意志的结果，而非起草小组专家们自己的随意性行为。

申言之，第一个此类欧洲民法统一化的努力来自"兰德委员会"（Lando Commission），它成立于1982年，由哥本哈根大学的Ole Lando指导，旨在制定一套关于一般合同法的规则，还有一部分是关于一般债务法的规则：欧洲合同法原则（PECL）。这些原则是欧洲主要学者多年比较研究和国际合作的结果，作为欧洲国家法律制度发展的权威参考，取得了显著的成功。在其作者的心目中，PECL被认为服务于各种目标，例如作为《欧洲民法典》的最初基础，或国家立法者提及的旨在使其法律现代化的示范法；它们也可以用作未

---

* 参见MATTEI U. Basic issues of private law codification in Europe: trust [J]. Global jurist. 2001，1: 3-4. 另外，也有学者明确指出："在欧洲大陆国家，由于其法律强行限制以无偿取得所有权制度的形式转移财产的权利，使得家族信托或者继承信托的吸引力急剧减少。信托，或者是可作为其类似制度的fiducie，只能在规划人们的继承事宜时起到有限的作用。"玛德林·坎廷·库米恩："关于大陆法系国家目前已经接受或者采用信托制度的多元化途径的思考"，载［加］莱昂纳尔·史密斯. 重塑信托：大陆法系中的信托法［M］.李文华，译. 北京：法律出版社，2021：12.

** 《欧洲示范民法典草案》第十卷"信托"下"第10-1：201条 信托的定义：信托，是指受托人根据其调整法律关系的条款（信托条款），为受益人利益或为促进公共利益，管理或处分一个或多个财产（信托资金）的法律关系。"载欧洲民法典研究组、欧盟现行私法研究组. 欧洲示范民法典草案：欧洲私法的原则、定义和示范规则［M］.高圣平，译. 北京：中国人民大学出版社，2012：396.（此处中文里的信托资金就是前面所说的信托基金，其英文都是trust fund，只不过译法略有不同。载欧洲民法典研究组、欧盟现行私法研究组. 欧洲示范民法典草案：欧洲私法的原则、定义和示范规则［M］.高圣平，译. 北京：中国人民大学出版社，2012：540. 为尊重原译者，凡是引用此书的相关内容时，都仍然如原译者一样用"信托资金"一词。笔者注。）

*** 《欧洲示范民法典草案》第十卷"信托"下"第10-1：202条：信托的特殊效力……（2）信托的效力特别（且除信托资金授予受托人外的其他原因）体现在以下方面：……（b）信托资金不受基于婚姻或家庭关系而分配财产规定的约束；……"。另外，《欧洲示范民法典草案》第十卷"信托"下"第10-2：103条 非依转让而设立（1）设立信托的其他条件已经满足，有以下情况之一的，无须转让信托资金，信托仅依委托人的意思表示即可设立：……（b）该意思表示是遗嘱，且未指定受托人；……（2）当信托根据本条第（1）款的规定而设立时，委托人成为受托人。"载欧洲民法典研究组、欧盟现行私法研究组. 欧洲示范民法典草案：欧洲私法的原则、定义和示范规则［M］.高圣平，译. 北京：中国人民大学出版社，2012：398-399. 还有，《欧洲示范民法典草案》第十卷"信托"下"第10-2：203条 意思表示的形式要件……（3）信托以表意人死亡为设立条件的，该意思表示即没有效力，但以遗嘱文件做出意思表示的除外。"载欧洲民法典研究组、欧盟现行私法研究组. 欧洲示范民法典草案：欧洲私法的原则、定义和示范规则［M］.高圣平，译. 北京：中国人民大学出版社，2012：399. 这些都是关于慈善信托、家族信托、遗嘱信托的规定。此外，《欧洲示范民法典草案·信托卷》还有一些关于慈善信托、家族信托、遗嘱信托的规定，如，《欧洲示范民法典草案》第十卷"信托"下"第10-2：402条"、《欧洲示范民法典草案》第十卷"信托"下"第10-2：403条"等，此处不再一一列举。

来欧盟"立法"的范本,也可以用作法官和仲裁员在裁决法律纠纷时的范本,或作为当事人根据国际私法适用的规则在私人协议中选择的管辖法律。

作为"兰德委员会"的继承者,1998年在奥斯纳布吕克大学的克里斯蒂·冯·巴尔的领导下成立了欧洲民法典研究小组。该小组的名称本身表明,其(最初)目标是贯彻欧洲议会表达的想法,以促进欧洲民法典的创建。编纂计划的全面性要求这项工作将研究范围从债务和合同的一般法扩大到大多数关于私人财产问题的法律。因此,研究组正在进行的工作不仅包括具体的合同,还包括对他人事务的善意干预、不当得利、侵权法以及与财产法有关的一些事项,例如动产的转让、动产上的担保权和信托。*

在 DCFR 的大纲版 I 中已经收录的第一至第七卷之外,其他卷已添加到大纲第二版:关于货物购置和丧失所有权的第八卷;第九册关于动产的所有权担保和第十册关于信托。在 DCFR 中,为财产担保制定的制度的新颖性非常明显,值得在此简要提及。起草者在这一领域已经远远超出了欧洲法律的现状。按照《美国统一商法典》第9条和2007年《贸易法委员会担保交易立法指南》的模式,尽管不仅仅是照搬它们,它们创建了一个"功能性"制度,使实现担保目的的所有法律手段都服从于同一法律制度。在单一的"担保权"概念中,传统质押与为担保目的转让所有权或信托、债权的担保转让、售后回租以及销售和转售协议等都一起被包括在内(第1条)。此外,还创造了"保留所有权制度"的新概念(第1条),见第9-1:103)。第九卷最重要的特点可能是欧洲登记制度,建立该制度是为了保证担保权对抗第三人的效力(见第3章,第3节)。该书设想了欧洲非占有式担保权的一般制度,这种制度极为现代和具有挑战性。第九卷是起草者为欧洲提出的理论新类别和规则的学术方法的又一例证,这种方法胜过对欧洲法律解决方案的真正"共同核心"的详细提炼。**

为了使《欧洲示范民法典草案》的起草更加可靠,"欧洲私法的共同核心"项目利用了比较法的工具。共同核心研究方法建立在所谓的事实方法的经验之上,该方法由 R. B. 施莱辛格在20世纪50年代和20世纪60年代开发,用于研究合同形成中的"共同核心"以及 R. Sacco 开发的法律共振峰分析。前者是一种允许来自不同文化背景的学者之间进行对话的方法,使用构成假设案例的一系列事实作为比较。这样,法律推理就被组织成不同学者之间对案件的对话,其结果需要由每个学者根据他/她自己的法律进行分析。对法律构成因素的分析所依据的假设是,法院作出的裁决所给出的所有理由清单并不代表整个相关规则体系。法规也不能让人们全面了解法律——学者对法律规则的学术分析也是如此。

---

* BUSSANI M, MATTEI U. ANTONIOLLI L, et al.. A factual assessment of the draft common frame of reference [M]. Seller European Law Publishers, 2011: 3-4. 需要说明的是,Mauro Bussani 和 Ugo Mattei 是"欧洲私法的共同核心"项目(The Common Core of European Private Law" Project)的共同主编,该书由"欧洲私法的共同核心"项目的评估小组进行准备,而由 Luisa Antoniolli 和 Francesca Fiorentini 对该书具体进行了编辑工作。见该书封面所示。笔者注。

** BUSSANI M, MATTEI U, ANTONIOLLI L, et al.. A factual assessment of the draft common frame of reference [M]. Seller European Law Publishers, 2011: 15.

第二章 欧洲大陆法系国家集体持续接受信托制度的三个里程碑

为了了解法律是什么，有必要分析一个系统的所谓"法律形成因素"之间的复杂关系，即有助于解决法律问题的所有要素，这些要素涉及法规、一般概念、原则、定义、决定理由和非法律因素（例如政治、经济、宗教等）。这些形成要素在特定的法律制度中通常没有连贯的联系，尽管国内律师通常认可这种连贯性。

但是，为了理解特定司法管辖区的法律，必须考虑到所有这些因素以及可能产生的意想不到的后果。例如，一个法域的法规或法典中的规定可能与其他法域的法规或法典中的规定相同，但在实践中适用于相同的实际情况时可能会产生不同的结果。反之亦然：两个法域的法定条款或一般原则可能不同，但在实践中适用时可能产生类似的结果。充分了解法律构成因素及其相互关系，有助于确定影响法律解决办法的因素，并表明基于学术文献的公认解释性做法、法院判决激发的法律辩论等在塑造实际结果方面所起的作用。这样，就有可能产生一种比较分析，衡量不同法律制度之间的趋同或分歧程度，从而消除每个（国家）学者对各别制度的分析所产生的纯粹形式描述和并列所产生的错误类比或差异。为了实现这一目标，关于私法三个主要领域具体问题（例如纯经济损失、环境损害、合同法中的诚信、担保权、不动产转让、信托、竞争法中的补救办法等）的调查表被起草出来，并分发给参与者，参与者必须针对每个国家回答这些问题并且解释成文法、判例法、法律学术的影响和所有其他相关要素。①

第三，从学术和法律本身来说，虽然信托法与合同法有一些共同的特征，但是《欧洲示范民法典草案·信托卷》却明确区分了信托与合同，这是一个很大的进步。一方面，作为市场经济下一种基本的制度，信托与合同确实具有一些共同的特征。朗拜因的一篇开创性论文指出，信托法的性质与合同法的性质类似，其目的主要都是填补某些违反规则中经常出现的漏洞。② 有些国家将信托限于或主要限于信托合同的形式，* 但是《欧洲示范民法典草案》的解释中却明确提到，信托法与合同法和财产法是不同的，如果

---

① BUSSANI M, MATTEI U, ANTONIOLLI L, et al.. A factual assessment of the draft common frame of reference [M]. Seller European Law Publishers, 2011. 40-41.

② LANGBEIN J. The contractarian basis of the law of trusts [M]. Yale University Press, 1995, 165: 105.

* 韩国、德国、奥地利等国家都将信托或者类似信托的结构首先视为一种合同。"普通法系中永远不会将信托视为合同法下的一个分支"，而相对比地，韩国事实上一直将信托合同视为合同的一种特殊形式，参见吴英杰. 韩国：发展和挑战 [J]. 亚洲大陆法系国家和地区中的信托法，2020（1）：50-51；在德国、奥地利、日本等国被普遍接受的日耳曼信托（Treuhand），实际上是上述各国通过继续将其保留在合同的领域中以遵守民法理论，尽管难以用合同的语言来解释对合同第三人的影响，并且在外人看来界定第三人影响的方式显得比较随意。莱昂纳尔·史密斯："信托法的重塑"，载［加］莱昂纳尔·史密斯. 重塑信托：大陆法系中的信托法 [M]. 李文华，译. 北京：法律出版社，2021：190. 在法国，作为正式将信托引入法国的《信托引入法》，其目的是在形式主义和合同法复兴之间寻找一个中间地带。为防止被认定为无效，信托必须以书面合同的形式建立，合同必须包括规定某些特定的条款。该合同必须在政府登记簿上登记，以避免倒填日期的风险，也为政府审计提供有用的信息。但除此之外，合同应当自由地促进受托人完成其所受托的任务。例如，为其管理之需要可以做权利转让或者将该等权利作为担保（或两者兼而有之）。见弗兰克斯·巴利尔："法国的信托：一个'睡美人'的混沌觉醒"，载［加］莱昂纳尔·史密斯. 重塑信托：大陆法系中的信托法 [M]. 李文华，译. 北京：法律出版社，2021：169.

构成信托,应该首先适用信托法,更是明确区分了信托与合同,*这种情况,比《重塑信托:大陆法系中的信托法》一书中提到的之前某些欧洲大陆国家的认识已经有了很大的进步。

此外,关于信托与合同的区别,大卫·教授也曾经做过分析,即也许可以说,信托肯定就像合同,一个人不能与自己签订合同,因为一个人不能对自己承担义务。但是,信托不应被比作合同:它对受托人规定了可由受益人强制执行的单独而独特的义务。除信托明确要求信托财产由受托人拥有并作为独立基金外,缔约方 X 和 Y 死亡或没有行为能力了,或 Y 的违约,或 X 和 Y 的相互协议,都可以终止合同或成为终止合同的理由,而委托人或受托人的死亡或无行为能力,或受托人违反信托,都并不能终止信托或成为终止信托的理由。①

(三)《欧洲示范民法典草案》专设信托卷的重大意义

(1)《欧洲示范民法典草案》专设信托卷,这是欧洲大陆法系国家集体接受信托制度的历史性突破。《欧洲示范民法典草案》的第十卷即信托卷,与《欧洲示范民法典草案》的其他各卷一样,都是在《欧洲示范民法典草案》的工作小组、顾问委员会和全体会议在深思熟虑的基础上草拟的。②

《欧洲示范民法典草案》第十卷即信托(trust)卷,共包括以下十章,涵盖了信托的各个方面:第一章基本规定(包括适用范围及与其他规定之间的关系,定义、特殊效力和当事人,一般规则的修改与补充,共计 3 节),第二章信托的设立(包括依法律行为而设立信托的基本规则,设立信托的意思表示,信托的拒绝及受益权的抛弃,特殊情况的附加规定,共计 4 节),第三章信托资金(trust fund,即信托基金,包括初始信托资金的条件,信托资金的变动,共计 2 节),第四章信托条款及其无效(包括信托条款,信托条款的无效,共计 2 节),第五章受托人决策与权力(包括受托人决策,受托人的权力,共计 2 节),第六章受托人和信托辅助人的权利与义务(包括受托人的义务,受托人的权利,信

---

* 《欧洲民法典草案·信托卷》第 X-1:303 条"规则的强制性"规定:"本卷规则具有强制性,另有规定的除外。"在对此条的评论中,起草者强调了信托与合同法的关系:"与合同法的关系 因信托产生的权利和义务。信托一旦成立,信托各当事人之间的法律关系就由本卷(即《欧洲示范民法典草案·信托卷》,笔者注)调整。本卷规定了受托人义务及受益人相应的权利。即使信托各当事人进入信托法律关系是因履行合同义务或作为合同安排的一部分,本卷所阐述的信托的内部规则才是基本法,而非适用合同法规则。例如,受托人生前设立的信托的受益人无权(作为委托人与受托人缔结的合同的当事人受益人)向受托人主张合同债权。一旦委托人和受托人之间设立了信托,就不可能再将其视为为第三人利益而设立的合同。对于不履行的救济、补偿问题及抗辩由本卷调整。然而,由于本卷仅规定信托各方当事人的权利义务,对于受托人依据之前的合同对非信托当事人承担的义务的违约责任则依然由合同法调整。"该评论还对信托与合同法的其他有关方面的问题进行了解释。见前揭欧洲民法典研究组、欧盟现行私法研究组.欧洲私法的原则、定义和示范规则:欧洲示范民法典草案(全译本)之第九卷、第十卷和附录[M].徐强胜,赵莉,译.北京:法律出版社,2014:272-273.

① HAYTON D. The developing European dimension of trust law [J]. King's college law journal, 1999, 10:66.
② 欧洲民法典研究组、欧盟现行私法研究组.欧洲示范民法典草案:欧洲私法的原则、定义和示范规则 [M].高圣平,译.北京:中国人民大学出版社,2012:17.

托辅助人的义务，共计3节），第七章不履行义务的救济措施（包括实际履行、司法审查和辅助救济措施，未经授权的利益的赔偿和归入，抗辩，连带责任与丧失，共计4节），第八章受托人或信托辅助人的变更（包括受托人变更的一般规定，受托人的聘任，受托人的辞任，受托人的解任，受托人变更的效力，信托辅助人死亡或解散，共计6节），第九章信托的终止和变更以及受益权的转让（包括信托的终止，信托的变更，受益权的转让，共计3节），第十章与第三人的关系（包括关于债权人的一般规定，信托债权人，信托债务人，信托财产和信托财产之上担保物权的取得人，第三人的责任和保护的其他规定，共计5节）。《欧洲示范民法典草案·信托卷》的具体内容，后文将详细介绍，此处不赘。

（2）《欧洲示范民法典草案·信托卷》是对各国引入信托法理论和实践的有力回应，是《海牙信托公约》和《欧洲信托法原则》自然发展的结果，是欧洲大陆法系国家引入英式信托的一次积极尝试。著名信托法专家、《欧盟受保护指令（草案）》起草人之一Prof. K. G. C. Reid 就明确指出，《欧洲信托法原则》对《欧洲示范民法典草案·信托卷》具有重大影响力。① 可以预期，在欧洲大陆法系国家，英式信托与Fiducie、Treuhand等欧洲大陆法系国家固有的信托或类信托制度会形成强有力的竞争，其竞争效果值得进一步观察。但是，在《欧洲示范民法典草案》专设信托卷这件事本身，就说明欧洲大陆法系国家、欧盟等国家和国际组织及其专家对英式信托在欧洲大陆法系国家的引入有充足的信心。

（3）信托卷加入《欧洲示范民法典草案》，为中国等国家在民法典中专设信托卷提供了很好的思路，对民法典与信托法的关系等问题的解决，具有很好的借鉴意义。

四、《欧洲示范民法典草案·信托卷》主要内容介绍

如前所述，《欧洲示范民法典草案·信托卷》包括十章。其中，第一章是关于信托的基本规定。第一章第一节规定的是"信托适用范围及与其他规定之间的关系"。

（一）关于《欧洲示范民法典草案·信托卷》的适用范围

开宗明义，《欧洲示范民法典草案·信托卷》第一章第一节第1条（第X-1：101条）即对本卷即《欧洲示范民法典草案·信托卷》所适用的信托做了规定："（1）本卷适用于根据第二章（信托的设立）规定所设立之信托。（2）经适当修改，本卷同样适用于以下信托：（a）由下列情形成立的信托：（i）成文法中为设立信托所作出的声明；（ii）具有设立信托效力的法院命令；（b）非由本示范规则所确定，而是依据成文法中的规定所产生

---

① REID K, WATANABE H. 'Principles of European trust law' and 'draft directive on protective funds' [E/OB]. https://www.academia.edu/79606189/_Principles_of_European_Trust_Law_and_Draft_Directive_on_Protective_Funds_.

的信托。(3) 本卷中'法院'是指根据其国内法所认可的公职人员或公共机构,但不包括仲裁庭。"

根据此条的规定,原则上来说,《欧洲示范民法典草案·信托卷》适用于所有种类的信托。不过,为了适应某些种类信托的特性,本卷的规则仅在修改后才能加以适用。此外,在某些法律体系(特别是普通法系)中会导致信托产生的事实,依据本卷或其他卷的规定,并不引起信托的产生,即本卷并未纳入其国内法体系中的所有信托。无论如何,本卷尽可能地提供了信托法的详细规则,以备具体事项之需。所以,本卷全面规定了信托当事人的权利和义务(特别是第六章的规定)、第三人当事人的地位(第十章)及当事人的变更(特别是第八章的规定及第X-9：301 条的规定)。信托经营涉及下列领域的核心规则是特别重要的问题(同样是有实际意义的)：信托基金的管理(第三章)、未履行信托义务的赔偿(第七章)及信托义务的履行(第五章)。

就本卷与《欧洲示范民法典草案》其他卷的关系而言,尽管本卷构成关于信托的特殊规则,但是不能将其与《欧洲示范民法典草案》其他卷的内容割裂开来。只要《欧洲示范民法典草案》第二卷(合同及其他法律行为)及第三卷(债务及相应的债权)中有涉及非契约法律行为及其引起的权利和义务的规定,均与信托相关。然而,值得注意的是,在许多情况下需要不同的规定或对那些原有规定作出修改以适应信托的特殊要求,其结果是本卷的规定取代了上述规定(包括但不限于对合同法规则的取代等)。

另外,尽管遗嘱及继承总体上不适用信托卷的规则,* 但是遗嘱信托却属于《欧洲示范民法典草案·信托卷》所规制的内容。然而,需要强调的是,根据《欧洲示范民法典草案》第X-2：402 条的规定,遗嘱信托要优先适用遗嘱及继承法的规则。换言之,《欧洲示范民法典草案·信托卷》适用于遗嘱信托时应符合继承法的规定,而《欧洲示范民法典草案·信托卷》关于遗嘱信托的内容则作为继承法的补充规定而被加以运用。

下面就前述《欧洲示范民法典草案·信托卷》第X1：101 条对本卷即所适用的信托的具体类型及其内容做一下介绍。

其一,即根据本卷第二章(信托的设立)规定所设立的信托。根据本卷第二章(信托的设立)规定所设立的信托,是依据有关当事人的法律行为所设立的信托,通常是指明示信托或自愿信托。

其二,即根据成文法的声明设立的信托,是指通过法定声明设立的信托。为进行必要

---

* 根据《欧洲示范民法典草案》第一卷第I-1：101 条"适用范围"下第(2) 款的规定,本示范规则不适用于或非经修改不适用于公法性质的权利和义务,或除非另有规定不适用于下列事项：(a) 自然人的身份或权利能力；(b) 遗嘱和继承；(c) 家庭关系,包括婚姻和类似关系；(d) 汇票、支票、本票和其他流通票据；(e) 雇佣关系；(f) 不动产所有权或担保物权；(g) 公司和其他组织的设立、权利能力、组织机构、管理或解散；(h) 主要与程序和强制执行有关的事项。见欧洲民法典研究组、欧盟现行私法研究组. 欧洲私法的原则、定义和示范规则：欧洲示范民法典草案(全译本)[M]. 高圣平, 译. 北京：法律出版社, 2014：101-102.

第二章　欧洲大陆法系国家集体持续接受信托制度的三个里程碑

的限制，成文法所声明的具体规则也适用于信托。立法者认为对于某个具体案例而言，考察导致信托产生的原因时，并不是考虑可否满足普通的成文法所规定的构成要素，而是应该考虑施加于特定财产的信托关系。如果国家或地方议会立法时规定以个人身份在该国取得了特定财产的所有权人可以处分自己的财产，那么信托声明可以包含在成文法中。通常，根据成文法声明所设立的信托可能是关于构成民族遗产或基于公共目的而捐赠的建筑物或土地的信托。至于上述成文法的渊源则不是重要的问题，其可能是国内立法、地方立法或欧盟的法律，并且可能包括一级立法或二级立法。

其三，即由具有设立信托效力的法院命令所设立的信托，这是在司法权限内所设立的信托。在特定情况下，适当的法律可授予法院以管辖权，由被授权法院作出这方面的命令以设立财产信托；或者，由一方诉讼当事人作出保证，并且在各方当事人同意下作出包含该保证的法院命令，这样的法院命令通常属于家庭法的调整范围（例如，行使司法权对于离婚的配偶重新分配财产时或者对于父母抚养孩子作出法院命令的情形）或者属于个人权利法的范畴（对于缺乏处理个人事务必要的法律能力的个人，为了其利益而进行财产管理）。需要说明的是，根据《欧洲示范民法典草案·信托卷》的规定，法院不具有设立信托的内在管辖权。有关设立信托的管辖权受制于委托人是否已经成功设立信托或依据本卷规定的规则之一已设立了信托。

其四，依据成文法的规定而设立的信托。其法律原理是对法定失衡的矫正。由于信托有助于平衡当事人之间的权利，基于政策需要，根据不同情况，可以依据国内成文法而强制设立信托。尤其是，在需要时可以在一定程度上为债权人提供财产担保。例如，消费者在合同条款的谈判中很有可能是弱势一方当事人，如果他们受益于合理的法律建议，在此情况下他们可能在合同中规定信托。一个典型的情况是，资金从委托人处转移给另一个以中间人身份行事的人，在该项资金用于协议约定的目的之前，委托人应当得到特别的保护以防范中间人破产的风险。还有一种情况是一些特殊的合同，比如不动产租赁合同。根据某些国家的规定，承租人支付定金作为其履行义务的担保，房东持有该等定金则自动地构成信托，其目的是确保承租人在某些情况下（例如租赁期限届满后定金返还给承租人之前房东破产等情况下）其权益不受损害。因此，各国可以通过有关特定类别合同当事人之间关系的成文法的规定，而依法设立信托。除在合同法领域外，在物权法及继承法领域，出于各种目的，立法机关也可以引进信托。例如，可以对死者的遗产实行强制性信托。这种强制性信托可以作为一种手段，去调整遗产的管理问题，以及根据遗嘱继承或无遗嘱继承的规定在有权取得遗产的人之间处置遗产。强制实行信托同样可以作为处置变卖债券后获得的资金的制度。尤其是，信托可以防止不当得利或不合理受益：一方面是合同或物权，另一方面是信托财产，在其有交集的情况下产生信托以防止不当得利或不合理受益。这种信托超越了恢复原状的目的或放弃收益的单纯义务，根据《欧洲示范民法典草案》第三卷（债务及相应的债权）及第七卷（不当得利），其能够更好地保护受益人的权利，因为在此情况下，信托可以依据所适用的法律而产生，以防止代理人（受托人）违反忠诚义务而从收益中获得不正当利益。①

(二) 关于物权担保法的优先适用

关于《欧洲示范民法典草案·信托卷》与《欧洲示范民法典草案·动产担保物权卷》（即《欧洲示范民法典草案》第九卷）的关系，《欧洲示范民法典草案·信托卷》第一章第一节第2条即第X-1：102条"物权担保法的优先适用"做了规定："对于为担保目的而设立的信托，第九卷（动产担保物权）的规定优先于本卷的规定而适用。"

首先，需要明确的是，《欧洲示范民法典草案·信托卷》既适用于动产信托，也适用于不动产信托。然而，《欧洲示范民法典草案》起草组认识到各国有关不动产的规则存在差异，因此在制定信托法时对各种不动产的法律体系进行调和，并且不影响信托法独特的结构和政策。②

其次，《欧洲示范民法典草案·信托卷》第一章第一节第2条即第X-1规定：102条所提到的为担保目的而设立的信托，是指以担保为目的的信托，即债务人或其他担保人将他们的财产或者具有担保目的的信托收据交给受托人，作为债务人履行债务的担保，只有当债权人要求债务人履行债务的权利完全实现时，受托人才有义务将信托资金予以返还的信托，此即担保信托。在担保信托中，受托人可以是债权人，也可以是第三人，债务人自己也可以是受托人（当然，谁做受托人关系重大，最终由谁做受托人应该由信托有关当事人共同确定。笔者注）。在担保信托中，债权人兼有受益人的身份，其受益权都是以债务人未能履行债务为前提条件的。例如，借款人B将其设备的所有权转让给第三人T，以此作为从L处获得贷款的担保。根据当事人之间的协议，并依据信托条款，T持有该设备以担保B向L清偿债务。由于L有权从该设备中受益，只要B不偿还贷款，对于未以诚信的价格购买该设备的任何第三人，L的该受益权可以通过强制实施而实现，* L对该设备具有相对应的有限所有权。同时，由于该设备构成了特殊的财产而且不是T的个人财产的一部分，在T破产时L的担保物权是受到保护的。

最后，《欧洲示范民法典草案》第九卷第一章第一节第1条即"第Ⅸ-1：101条 总

---

① 欧洲民法典研究组、欧盟现行私法研究组. 欧洲私法的原则、定义和示范规则：欧洲示范民法典草案（全译本）[M]. 高圣平, 译. 北京：法律出版社, 2014：245-250.
② 同①：247.
* 《欧洲示范民法典草案·信托卷》第十章"与第三人的关系"下第X-10：401条规定："受赠人和恶意受让人的责任 (1) 受托人违反信托条款的规定转让信托财产给他人的，在下列情况下，受让人取得信托财产将受到信托的限制：(a) 转让是无偿的；(b) 受让人知道或应当知道是受让人进行的转让，并且该转让违反信托条款的规定。(2) 依本条第 (1) 款规定受信托约束的受让人享有相应的请求返还作为交换付出的任何利益的权利。……(4) 受让人应当知道是指：(a) 经合理谨慎的调查，受让人就能发现事实；(b) 考虑到信托财产的性质和价值，这样的调查的性质与成本以及商业习惯，可以公平并合理地预见受让人此时会进行该调查。(5) 受托人为他人在信托财产之上设立担保物权或其他定限物权时，准用本条款的规定。"

第二章 欧洲大陆法系国家集体持续接受信托制度的三个里程碑

则"规定:"(1)本卷适用于基于物权担保合同所产生的下列动产物权:(a)动产物权;(b)根据保留所有权的交易所保留的所有权。(2)本卷规定的担保物权规则也适用于:(a)以担保为目的的信托所产生的权利;(b)由单方法律行为所设立的动产担保物权;(c)财产法中所包含的符合法律规定宗旨的担保物权。"该条第(1)款所规定的是合同担保权及所有权保留,即基于物权担保合同所产生的担保权及所有权保留。而该条第(2)款则是关于非合同担保物权的,其中就包括了由以担保为目的的信托所产生的权利。《欧洲示范民法典草案·信托卷》第X-1:102条关于"物权担保法的优先适用"的规定,其目的是避免任何可能的法律冲突。*

(三) 关于《欧洲示范民法典草案·信托卷》中"信托"的定义

《欧洲示范民法典草案·信托卷》第一章第二节下的第1条即第X-1:201条是"信托的定义":"信托,是指受托人依调整其法律关系的条款(信托条款),为了受益人的利益或促进公益目的,有义务管理或处分一项或多项财产(信托财产)的法律关系。"

可以看出,《欧洲示范民法典草案·信托卷》第X-1:201条是从法律关系的角度界定信托的定义,这个定义角度与《海牙信托公约》第2条关于信托的定义的角度是一样的,可以说是一脉相承。而且,从该条对信托定义中所提取的信托关系的要素来看,其与《海牙信托公约》第2条关于信托的特点的归纳也是基本一致的,即信托应该具备以下一些基本要素。①

①由有形财产或具有货币价值的权利构成的信托财产。信托正是依托信托财产而得以运转的。这里有三个问题值得注意:一是,该定义并不要求将信托财产作为独立的基金而被持有,但在提出基金独立性的场合要能够剥离信托基金,即该定义强调信托基金即信托财产的确定性或者说是可确定性。二是,信托一旦成立了,受托人就有义务保持信托财产与其他财产相独立。**但是,信托条款可以授权受托人在规定的情况下将信托财产与其他财产相混合。例如,对各种信托财产进行联合经营、共同投资,以达到各信托财产相互分离情况下无法达到的收益率。三是,如同传统上所强调的,信托财产构成了与受托人的个人财产所不同的特殊财产。

②作为所有权人或权利人的受托人,其享有信托财产权。这一点与《海牙信托公约》关于信托的定义有了一定区别,而与《欧洲信托法原则》关于信托的定义比较接近。如前

---

* 参见欧洲民法典研究组、欧盟现行私法研究组.欧洲私法的原则、定义和示范规则:欧洲示范民法典草案(全译本)[M].高圣平,译.北京:法律出版社,2014:3-4;欧洲民法典研究组、欧盟现行私法研究组.欧洲私法的原则、定义和示范规则:欧洲示范民法典草案(全译本)[M].高圣平,译.北京:法律出版社,2014:251-252.

① 欧洲民法典研究组、欧盟现行私法研究组.欧洲私法的原则、定义和示范规则:欧洲示范民法典草案(全译本)[M].高圣平,译.北京:法律出版社,2014:253-257.

** 根据《欧洲示范民法典草案·信托卷》第X-6:103条第(1)款的规定,受托人应当保持信托资金与其他财产相分离,且保护信托财产的安全。

所述，《海牙信托公约》关于信托的定义中刻意回避了信托财产所有权的归属问题。而就《欧洲信托法原则》而言，其强调受托人"拥有与其自有财产相分离的财产"。《欧洲示范民法典草案》起草者就受托人对信托财产所享有的权利的解释是，信托将信托财产的所有权授予了受托人，但是同时受托人是披着完全所有权人的外衣的人。对于受托人来说，他有权利处分信托财产（这种权利源于所有权），这一点将信托与其他法律关系相区别，如保管合同关系，其财产是由非所有权人控制的。① 可见，《欧洲示范民法典草案》的规定和《欧洲信托法原则》的规定是十分接近的。

人（即受益人）或目的，正是为了受益人的利益或者合理目的而管理及运用信托财产的。信托必须有合理的目的，这种合理的目的包括信托是为了受益人而设立的，以及信托是为了公共利益而设立的。如果当事人声称其设立信托既不是为了受益人的利益，也不是以促进公共利益为目的，那么其主张的信托不产生效力，该信托不能存在。关于什么是公共利益，《欧洲示范民法典草案·信托卷》并未进行明确定义，正是因为此概念范围广泛，具有政治敏锐性；但是，结合本卷的其他条款，可以确定的是，以促进公共利益为目的所设的信托应当与公众相联系或者与不得仅仅定义为一类受益人的部分公众相联系。

④信托条款规定的为实现信托目的而使用信托财产的义务。信托条款所赋予受托人的受托义务是一种独特的义务。尽管信托明显与合同有着实质性的相似之处，但信托义务不是合同性义务；一旦承认单一的信托法既适用于生前设立的信托也适用于遗嘱设立的信托，该结论就不证自明的了。受托人的义务也不属于给他人造成损失的不当得利及无因管理之债的相关规则的范围之内。换言之，正是由于有重要的第三人财产，信托才得以产生，信托被视为物权法的支撑（如果信托不被认为属于物权法）。

（四）《欧洲示范民法典草案·信托卷》规则的强制性

《欧洲示范民法典草案·信托卷》第Ⅹ-1：303条（规则的强制性）规定："本卷规则具有强制性，另有规定的除外。"这种规定似乎出人意料，但这是在综合考虑若干因素的基础上作出的规定。②

首先，本卷的多数规则实质上都是基本的规则，比如财产法上的规则，它们是在当事人意思自治的范围内决定着的游戏规则。即使没有被视为强制性的，由于这样的规则规定信托的定义、属性及制度，某种程度上应在建立这种规则时予以取舍。因此，当事人无权扩展信托的范围，例如，当受托人违反信托义务将信托财产转让给善意第三人时，不能通

---

① 欧洲民法典研究组、欧盟现行私法研究组. 欧洲私法的原则、定义和示范规则：欧洲示范民法典草案（全译本）[M]. 高圣平，译. 北京：法律出版社，2014：264.
② 同①：271-272.

过取消对该善意取得财产的人的保护来扩展信托范围。*

其次,有关信托的内容(既是调整当事人关系的条款,也是利益分配的实质性条款)取决于当事人意思自治。无论是养老金信托或为雇员利益设立的任意信托,或家庭信托及慈善信托或诸如此类的信托,其信托的特定条款都与信托的性质密切相关,在此情况下,本卷规则几乎不起作用。除本卷规则所确立的"一般法"外,若没有为信托法规定有效的"特别法",就无法提供适用于上述信托中的任何一个信托的条款。在当前的基础工作中,专家组无法专注于上述任务,这就解释了缺乏与源于信托的利益分配有关的违约规定的原因。本卷的该类规则作出了必要的一般性规定(参见第 X-10:401 条)仅限于解释及效力问题。

最后,必要时,本卷规则会明确规定适用当事人意思自治,使之受制于信托条款的受托人的权利和义务,以产生该规则的效果。因此,受托人也能够不断地调整自己的权利和义务来适应其特定的信托目的。

《欧洲示范民法典草案·信托卷》还有其他一些内容,因篇幅所限,在此不再介绍。后文如有和本卷内容有关的内容,再予以介绍。总体来说,与《海牙信托公约》主要是一套国际私法性质的程序性规则相比,《欧洲示范民法典草案·信托卷》主要是一套实体性的规则,对实体信托法律关系更具有指导性,而且《欧洲示范民法典草案·信托卷》比《欧洲信托法原则》内容更丰富,更具有操作性。

五、《欧洲示范民法典草案》专设信托卷对中国的借鉴意义

其一,信托对经济发展十分重要。世界上的国家,包括大陆法系国家引入和发展信托制度是不可阻挡的历史发展趋势。正如有学者所指出的,关于信托与财产的关系,可以指出两个基本方面。首先,受托人作为财产的所有者,对信托财产拥有完全的决策权,他可以将世界上任何人排除在信托财产之外,包括受益人。这在快速、可靠、不受损害的商业世界中尤为重要。决策本身是委托代理关系中代理人原则上不享有的重要权力,但受托人有权这样做。这种决策权是所有权的基本特征之一。从决策角度来看,受益人仅受责任规则的保护,而信托财产的财产权则属于受托人。事实上,这种保护是信托结构和财产权结构之间的另一个基本类比。在破产的情况下,有利于受益人的信托基金的这种基本所有权保护变得明显。在这种情况下,如果受托人破产,则受托人的债权人不能就信托财产越过受益人而获得赔偿。信托对受益人有许多保护,而"追索"(tracing)只是大陆法系观察者最感兴趣的,它完成了物的所有权人(无论是在哪里找到财产都可以追索他的财产)和信托关系中受益人之间的类比。可以说,在第三人面前,信托中受益人的权利受到了财产法规则的保护。① 也有

---

* 其法律依据是前述《欧洲示范民法典草案·信托卷》第 X-10:401 条的规定。

① MATTEI U. Basic issues of private law codification in Europe: trust [J]. Global jurist, 2001, 1: 5-6.

欧洲大陆法系国家信托法的历史发展及现行制度研究

学者明确表示,在大陆法系国家,信托在经济发展中的作用日益加强,这促使大陆法系国家引入信托或者与其功能相似的制度。① 可见,信托为受托人行使所有权或者类似于所有权的权限提供了保护,也为受益人提供了必要的保护,很好地划分了信托有关当事人权利/权力的界限,使各方产权得到明晰,因此是市场经济中一种很好的法律制度,受到欧洲大陆法系国家的欢迎,他们通过在《欧洲示范民法典草案》中加入信托卷的实际行动对信托制度投下了庄严的信任票。中国作为新兴市场经济国家,也十分需要信托法律制度作为我们发展经济的有力支撑。

其二,如同在日本一样,欧洲大陆法系国家首先主要是对营业信托/商事信托(commercial trust or business trust)感兴趣。* 而营业信托、商事信托的优点之一,即在于节省交易成本和监督成本。从经济角度看,信托对有关当事人的分工是有效率的:通过授予财产权性质的保护给受益人,法律降低了代理成本;而通过授予受托人以所有权,法律促进了对更有效用途的转让。一般来说,交易成本是由于受托人可以将信托财产资源用于抓住商业机会而无需获得受益人的同意,这就大大减少了交易成本。受益人能够将他的资源用于他的主要活动(例如教授法律或农业),而不是试图抓住自己的商业机会,这是他不擅长的活动,他可以聘请专业人士(即受托人)把事情做得更好。信托这个高效的制度分工安排是各国经济发展的一个重要方面。由此我们可从中得出这样一个结论,即英美信托法是一种先进的制度安排,是一个想促进经济发展的国家所应该承认的一种制度。② 因此,可以说,节省交易成本和监督成本、提高经济效率,是欧洲大陆法系国家引入信托尤其是营业信托、商事信托的另一个重要原因。这一点也是我国积极引入和发展信托制度的重要原因。

其三,对信托及其类似制度的监管的客观需要,进一步促进了信托法在世界各国包括大陆法系国家的引入。一方面,是信托带来的经济上的巨大利益促进了各国的信托立法;另一方面,则是对部分或全部实现信托的功能的制度(包括信托制度及其类似制度)的监管的客观需求,构成了引入信托法的非常坚实的基础。中国、韩国和日本等亚洲国家积极引入信托法律就是这方面的典型例证。法国、意大利、匈牙利、卢森堡、俄罗斯、圣马力诺、捷克、罗马尼亚、立陶宛等国家的信托立法也是同样的情况。③ 也就是说,信托法既

---

① SANDOR, ISTVAN. Attempts at adoption of the Anglo-Saxon trust [J]. Annales universitatis scientiarum budapestinensis de rolando Eotvos Nominatae: Sectio Iuridica, 2014, 53: 441.

* 玛德林·坎廷·库米恩:"关于大陆法系国家目前已经接受或者采用信托制度的多元化途径的思考",载 [加] 莱昂纳尔·史密斯. 重塑信托:大陆法系中的信托法 [M]. 李文华,译. 北京:法律出版社,2021:12.
关于日本的情况是,日本的信托法在最初制定时是以商事信托或者营业信托为中心的,这是日本信托法很显著的一个特征;在日本信托法中,也存在着以商事信托和营业信托为中心进行考虑的规定。见 [日] 能见善九. 现代信托法 [M]. 赵廉慧,译. 北京:中国法制出版社,2011:8-9. 而日本2006年对信托法的修订,仍然是以商事信托为核心的。[日] 新井诚. 信托法 [M]. 刘华,译. 北京:中国政法大学出版社,2017:29.

② MATTEI U. Basic issues of private law codification in Europe: trust [J]. Global jurist, 2001, 1: 4-7.

③ 同①:441-442.

第二章 欧洲大陆法系国家集体持续接受信托制度的三个里程碑

有促进经济发展的功能,也有规制信托、避免信托盲目扩张而破坏经济发展的功能,这是各国引入信托法的另一个重要原因。信托属于金融的重要分支,当然需要合理的监管。自从我国关于信托的一法两规(后为一法三规)实施以来,我国金融监管机构多次出手对信托公司进行监管、整顿,以使我国的信托业合法、合规。近几年颁布实施的资管新规、九民纪要等部门规章和司法文件,也都构成了我国实质意义的信托法的内容。

其四,在民法典中引入信托卷或者说信托编等各种形式的信托规则,是一个值得注意的动态。如前所述,在《欧洲示范民法典草案》中引入信托卷,是一个深思熟虑的决定,绝非学者们闭门造车或者生搬硬套的结果。联系到这样一些事实,即:法国于2007年在民法典第三卷"取得财产的各种方法"下引入了第十四编"信托"(内容详见后面关于法国信托法的介绍);匈牙利于2014年在新民法典中引入了信托财产管理合同(the fiduciary property management contract)制度;① 意大利于2006年通过关于《民法典》的修正案(见该法典第2645之3的条款)(article 2645-ter),旨在许可不动产的分割制度,来满足在普通法系法域中通常通过设立信托制度来满足的需要。同样类型的、有着更远大目的的立法则正在酝酿中。* 捷克共和国于2014年在制定新的《民法典》的同时制定了独立的国际私法,其国际私法的第72章是关于信托适用的条款。《葡萄牙民法典》在继承部分有类似的制度,《荷兰民法典》为财产管理和信托预留了一章,深受法国法影响的《加拿大魁北克省民法典》和《美国路易斯安那州民法典》比法国更早地在民法典中引入了信托制度。② 这种趋势值得我们密切关注和研究,也为我们继续发展和完善我国的信托制度提供了坚定的信心和有益的借鉴。

---

① SANDOR, ISTVAN. Attempts at adoption of the Anglo-Saxon trust [J]. Annales universitatis scientiarum budapestinensis de rolando eotvos nominatae. Sectio Luridica, 2014, 55: 411.

* 米歇尔·格雷佳德:"大陆法系根据《海牙信托公约》对普通法系信托制度的承认——尤其是意大利的经验",前载 [加] 莱昂纳尔·史密斯. 重塑信托:大陆法系中的信托法 [M]. 李文华,译. 北京:法律出版社,2021:55.

② 赵廉慧. 作为民法特别法的信托法 [J]. 环球法律评论,2021 (1):71.

第三章

法国的信托制度及其对我国的启示

第一节 法国的信托法发展史

对法国而言，信托法及其相关制度是迟到而来的。法国法学界认为，信托技术早在罗马法时代就已经存在。在中世纪的法国，出征的十字军战士也使用过信托，目的是使其财产有人管理或继承。但后来的《法国民法典》起草人，把信托视为"化整为零"的、有利于封建主义的工具，而"故意"将其遗忘了。①

直到2007年2月19日《关于引入信托制度的法律》（the Law Introducing the Fiducie，也译为《信托引入法》）公布生效之后，信托编入《法国民法典》的第三卷（"取得财产的各种方法"），正式以立法的形式成为法律规范。以下将从制度的起源、前身、制度发展、罗马法的引入以及管理信托和担保信托的当今现状进行多角度的阐述，以求更详细介绍法国信托的内容。

一、法国信托制度的源头

1804年，法国的民法进行了改革，最著名的就是《法国民法典》（又称为《拿破仑民法典》）的颁布。在此过程中便引入吸收了众多罗马法制度，信托制度最初便是从罗马法中引入的。但是如前所述，直到2007年，信托制度才成为《法国民法典》的内容的一部分。虽然世界上信托制度发达的国家多为英美法系国家，信托更是以 trust 为多数或者"典型"，但是法国多数学者却不承认 trust 为其起源，而是认定罗马法中的 fiducia 概念为其起源，英美法只是用来作经验上的借鉴而已，法国及其他一些欧洲大陆法系国家也是用法语单词 ficudie（来源于罗马法中的 fiducia，德国则用德语单词 treuhand）而不是用英语

---

① 李世刚. 论《法国民法典》对罗马信托概念的引入 [J]. 中国社会科学, 2009 (4): 106.

单词 trust 来称呼本国的信托制度。* 法国、德国、意大利等国家的信托与英式信托的区别不单是用词上的区别，更是历史上相关制度的重大区别。关于这一点，从本书后面关于法、意、德等主要欧洲大陆法系国家信托制度的介绍便可一目了然。当然，随着上述主要国家积极参与《海牙信托公约》的制定及之后《欧洲信托法原则》的颁布及再之后《欧洲示范民法典（草案）》中加入信托卷，则是上述各主要国家逐渐吸收英式信托及美国商事信托的发展过程，这个曲折而漫长的过程就是近现代大陆法系民法的发源地的、民法传统极为深厚而稳固的欧洲大陆法系国家缓慢而坚定地吸收英美信托的发展历程。让我们把目光回到法国、德国、意大利等欧洲大陆法系国家的信托制度的起源——罗马法中的信托制度。

罗马法被欧洲大陆法系国家尊为其近现代民法的鼻祖和渊源，其影响不止是在法国、德国、意大利、瑞士、比利时、西班牙、葡萄牙、俄罗斯、瑞德、挪威等欧洲大陆法系国家，巴西、阿根廷、秘鲁、智利、哥伦比亚等拉丁美洲的拉丁语系国家，还包括日本、中国、韩国等亚洲国家，更包括了英国、美国等国家。正如德国著名法学家耶林在其名著《罗马法的精神》中所说："罗马帝国曾三次征服世界：第一次以武力，第二次以宗教，第三次以法律。武力因罗马帝国的灭亡而消失，宗教随着人民思想觉悟的提高、科学的发展而缩小了影响，唯有法律征服世界是最为持久的征服。"有的学者甚至说：罗马法是世界共同的法律，也是世界的模范法。实际上，世界上很多国家都按照罗马私法（如无特别说明，一般所说的"罗马法"就是罗马私法，即罗马法中的民事法律规范）的模式建立了自己的法律制度，从而构成了举世皆知的"罗马法系"或"大陆法系"。** 由于罗马法在大陆法系尤其是欧洲大陆法系国家中持续而巨大的影响力，我们就可以理解为什么大陆法系国家的法学家们，尤其是民法、商法学界的法学家们，在引入一项法律制度，论证其合法性、合理性甚至正统性时，总要千方百计地在罗马法中寻找其源头了。

信托法的历史起源始于罗马的奥古斯都。尽管信托此前已经存在，但正是奥古斯都的改革才赋予了信托以法律的认可。不过，fideicommissum（如前所述，该词也写作 fidei-commissum，其复数是 fideicommissa，也写作 fidei-commissa）这一拉丁术语实为时代之遗迹。fideicommissum，一般译为"信托赠与""信托遗赠""信托""转给信托""遗嘱信托"，其诞生之际尚非法定。这一词语所表达的含义是：某物被委托交给（commissum）某个守信（fides）的人，而使其他人得利；也可以说，是因为信任（fide）而将某物委托给（commissum）他人。信托本质上就是财产权的移转。在早期的案例记录中，信托是为

---

* 参见弗兰克斯·巴利尔："法国的信托：一个'睡美人'的混沌觉醒"，载 [加] 莱昂纳尔·史密斯. 重塑信托：大陆法系中的信托法 [M]. 李文华，译. 北京：法律出版社，2021：165.

** 周枏. 罗马法原论（上册）[M]. 北京：商务印书馆，1994：13-14. 罗马法系也被称为"法典法系""罗马日耳曼体系""民法体系"等. 参见 [意] 桑德罗·斯齐巴尼. 罗马法与现代民法 [M]. 肖俊，译. 福建：厦门大学出版社，2016：8-9.

了使某人得利，而该人在市民法中无法直接收受该利益。信托允许该利益归于其他人，随后亦可继续转移。当然，信托还可用来保证利益归于其他欠缺资格者，比如来不及满足市民法的形式要求者。① 因此，fideicommissum 是在遗嘱相关法律制度上产生的，它涉及指定一名不能从中获益的继承人或受遗赠人，后者需要根据遗嘱人的指示管理处分财产，这一制度安排可以服务于各种合法的或非法的目的。如果受遗赠人是未成年人，这一制度安排还有代替烦琐的监护的功能。此外，这一制度安排也可以使非婚生子女、特定团体等无死因获得财产能力者获得财产，保护财产免受征收，逃避债权人的追索等。②

在罗马法中，信托的另一个起源、称谓是"fiducia"或"fiduciae"，该词源于拉丁语"fides"，③ 即"信任"或"守信"。罗马法时代的称谓被延续到今天的法国法，后者称其为"fiducie"。之所以是由"信任"一词演化而来，是因为当时的所有权人为实现特定目的将财产临时性地交给他人，其基础在于对他人的信任。在当时的具体概念为：财产所有权人将其财产以要式买卖或拟诉弃权的方式转让给受托人，同时双方附有一项"信托合同"或"信托简约"，契约内容多为受托人承诺为出让人或其他人的利益持有并管理财产，并且在出让人发出请求或者特定条件成就时受托人应将财产返还给出让人或者将财产转让给出让人指定的第三人。根据类型的差异，盖尤斯将起源于 fiducia 的信托归纳为两类，即"债权人之托"（即担保信托）和"朋友之托"（即管理信托）。

从一些文献来看，信托制度设计之初并没有被作细致的分类，而是出于规避不得对某些人实施遗赠的法律规定之需要，甚至从长期性的视角看，这种遗嘱信托中不仅包含了遗产管理分配，还重合着当时盛行的"受信替补传承制度"。从一个较长历史时期角度观察罗马法中的遗嘱信托是一项包括真正意义上的遗嘱信托和"受信替补传承"两种制度合而为一的法律制度。④ 经历了中世纪漫长的演化与发展后，18 世纪之后在优士丁尼的《民法大全》中受信替补传承制度（fidei-commissum）被独立出来，成为维护封建社会财产的重要标志，fiducie 也成为一种主要为未成年人代为持有和管理财产的工具。

综上所述，罗马法中的信托有两个起源。实际上，在共同法（ius commune）的几个世纪中，fiducia 的历史是教义的故事，这些教义最初是参考进入查士丁尼汇编的罗马法中 fideicommissa 发展起来的。也就是说，fiducia 和 fideicommissa 这两种制度也是有历史渊源的。⑤ 概而言之，按照设立信托目的的不同，罗马法承认三种形式的信托：以管理财产为目的的"管理信托"（fiducia cum amico）、以担保债务履行为目的的"担保信托"（fiducia

---

① 大卫·约翰斯顿. 罗马法中的信托法 [M]. 张淞纶，译. 北京：法律出版社，2017：9.
② GRAZIADEI M. The development of fiducia in Italian and French law from the 14th century to the end of the ancien regime [J]. Comparative studies in continental and anglo-American legal history, 1998 (19)：327.
③ MANGATCHEV I P. Fiducia cum creditore contracta in EU law [E/OB]. https：//core.ac.uk/download/pdf/12037264.pdf. p. 3.
④ 吕富强. 论法国式信托：一种对本土资源加以改造的途径 [J]. 比较法研究，2010 (2)：70-71.
⑤ 同②：331-332.

cum credito re）和以转让财产为目的的"遗嘱信托"（fideicommis）①。如前所述，前两者来源于 fiducia。不论是出于何种目的，罗马法中信托的设立人都将所有权转让给受托人，后者负有为指定人的利益保管财产并将其返还给特定人的义务。

有学者对罗马信托总结道：罗马信托是通过法律行为的方式，将财产从设立人的财产中转移到受托人的财产中。这些财产和受托人的其他财产"混"在一起，成为对该受托人所有债务的一般担保，当该受托人死亡时，它们构成了遗产，由其继承人继承。当然，受托人负有向设立人或者受益人返还信托财产的义务；但一旦这些财产被受托人的债权人执行，他将不能完成此项返还义务，且信托设立人或者受益人自愿接受这种风险②。其中，财产混同便是罗马信托和英美法系信托最大的不同之处。英美法系的 trust 的信托财产应用了一种"财产隔离技术"，即受托人的自有财产和信托财产是相互独立的，受托人对信托财产的所有权是名义所有权。英美法系 trust 和法国在信托财产所有权观念上的冲突也使得法国的立法者更明确地表示，法国引入的不是英美法系的信托，而是所有权完整让渡的罗马法信托；但不得不提到的是，法国为了更好地利用信托应有的功能，对其引入的罗马法进行了一系列的改造，在"让渡完整所有权"问题上，法国立法者进行了临时性与目的性的限制，以便更好地保障委托人财产的安全。③ 但不论如何改造，法国信托从各个方面体现了本次立法在一定程度上是罗马法的一次复兴。

二、《信托引入法》颁布之前存在的"类似信托"制度

尽管法国的正式信托制度出现得较晚（2007 年《信托引入法》颁布实施后才在立法上正式引入），但是和信托具有同样作用的类似制度绝不可能从未出现过。如同货币正式在经济市场发行之前，早就存在可以交换的一般等价物来满足社会发展中人们的需求一样。而在法国的民法典制定之前，法国社会习惯中存在的 fiducie 是当时已存在的法定尊者监护制度（garde noble）与罗马法中 fiducia 两要素的结合。

法定的尊者监护制度是指未成年人在没有一定民事行为能力和管理财产的能力时，由其长者亲属代为管理，等达到一定条件时再将财产返还于被监护人。但其制度容许监护人从管理被监护人（未成年人）的财产中获得额外好处，从而经常损害未成年人的利益。这时，仅使得受托人具有管理权的 fiducia 成了维护未成年人利益的重要手段。但是在法国大革命后，fiducia 却因带着封建旧制度的性质而未被法律化，只能继续以习惯的形式存续。随着 19 世纪盖尤斯《法学阶梯》的被重视，fiducia 也再次进入研究者的视线。如前所述，盖尤斯将 fiducia 分为担保信托（fiducia cum creditore，也译为债权人信托）和朋友信托

---

① 李世刚. 论《法国民法典》对罗马信托概念的引入 [J]. 中国社会科学，2009（4）：106.
② 同①：107.
③ 同①：107.

(fiducia cum amico，即管理信托），这两种类型也在习惯法中被应用。尤其是后者即朋友信托，在继承领域应用颇多。①

因此，虽然法国法律一直等到21世纪才正式引入信托制度，但我们显然不能认为这种制度之前没有存在过。诚然，没有一种制度被冠以此名，但事实上它们却已成为"无名的信托"，即便它们没有"信托"的名字，但却有着它所有的特征并遵守着它的规则（ordering）。"现款质押"就是一个很好的例子，它是指债务人将一笔钱的所有权转让给债权人以此来担保债务。另一个例子是债权转让，在"Daily"法中，债权人将债权转让给借贷机构以作为债务担保。欧盟指令2002/47/EC（"欧盟抵押担保物权指令"）基于所有权的担保也是如此规定的。的确，完全所有权（full ownership）的转让，尤其是金融工具的转让，被授权作为金融义务的担保。总之，尤其是在金融和银行部门中，在特殊标签的掩护下不断接近官方的灰色地带，从业者已经从立法者那里获得了法国法律中的信托这一产物。诚然，这不是官方使用的术语，但结果是从业者所希望信托具有的特征（所有权的转让和特定目的的拨款）不断被展现和证实。显然，法律文书的倍增并不是一件好事，作为法律来源和信托的一部分，在"有名"的（nominate）信托和无数无名的信托之间，对于信托来说只有一个规则就已经足够了。*

三、2007年《信托引入法》及2010年建立全国信托登记册的法令颁布：两个革命性的突破

虽然存在着类似信托的制度，但是在2007年之前，信托立法却因为税收、财政等方面的顾虑而在法国屡受挫折。20世纪90年代初，各种徒劳的尝试先是受到对税收流失的担忧，接着是当税务立法部门宣布不再反对引入信托时，司法部却对其法律性质表示反对。最后，参议员菲利普·马利尼（Philippe Marini）于2005年2月8日提出了一项议案，将信托重新提上了议程：这个话题对于法国法律来说就像小说中一个经常被谈论却从未露面的角色。这项法案于2007年2月19日成为2007-211号法案，并在《民法典》中引入了一个新的制度，即法国的信托制度。尽管在立法机关的辩论很简要，但颁布的法律基本上是根据草案原文做出的。

不仅如此，这项制度的最终诞生在某种程度上有一定的戏剧性，当然这也反映了法国立法程序上的复杂性。立法机关专门留出一部分时间用来对一项关于集体诉讼法案进行讨论，法国总统还在他向全国发表的新年讲话中将其列为国家优先事项。但由于议会中的政治团体和代表雇主的组织之间未能达成共识，使其未能按照当时的命令出现。在一些媒体

---

① 吕富强.论法国式信托：一种对本土资源加以改造的途径[M].比较法研究，2010（2）：70-71.
* 参见弗兰克斯·巴特尔："法国的信托：一个'睡美人'的混沌觉醒"，载[加]莱昂纳尔·史密斯.重塑信托：大陆法系中的信托法[M].李文华，译.北京：法律出版社，2021：165-166.

评论家看来，二者之间的裂缝需要尽快填补，至少要避免任何对议会的工作量产生怀疑的可能性。由司法部重新修订的关于信托的草案已经准备就绪，但要把它转变成一项法案还需要花费很多时间：需征询法国司法部（the French State Council）的建议并提交给内阁。参议员马利尼提出了一项经过很大幅度修改并实施的法案，而关于信托的争论也正是基于此法案。*

2007年法国《信托引入法》包括18个条文，主要规定了信托的设立、信托目的、信托合同关系主体、信托合同的登记与公示、信托合同的撤销及终止等基本内容（具体内容，详见后文法国管理信托的部分，因为2007年法国《信托引入法》主要是关于管理信托的）。

与英美信托相比较，法国信托表现出以下三大特色。①

第一，以合同为信托设立的基础。由于英美信托的双重所有权理论与法国传统所有权理论不符，法国信托选择信托债权化的道路，即以合同为信托设立的基础。为了使信托顺利地融入本国法律体系，法国学者极力从本土法律资源中挖掘信托理论基础。学者们普遍认为，罗马法中的信托fiducia是与英美信托最相近的制度，是英美信托真正的替代制度，大陆法系国家的信托fiducia是最容易发展成英美信托的法律制度。以罗马法的"债权人之托"和"朋友之托"为原型，发展出两种基本的现代信托：建立在"朋友之托"基础上的管理信托和建立在"债权人之托"基础上的担保信托。

第二，以"目的财产理论"确定信托的功能。英美信托的制度优势在于有效的破产隔离。如何既不破坏本国法律体系的完整性，又能实现信托的破产隔离功能，是法国信托理论必须思考的问题。法国传统财产理论认为应以"全部财产抵偿全部债务"，这是阻碍信托在法国生长的最大理论障碍。为扫清这种障碍，"目的财产理论"被提出并成为信托的基础理论。法国著名信托法专家皮埃尔·勒庞（Pierre Lepaulle）认为，信托表现为将特定目的财产从所有者的广义财产中分离出来，被用于特定的目的；一旦将个人广义财产中的部分财产设立信托后，受托人负有对该财产的积极管理义务。由此可知，信托就是一项由受托人负责实施的，用于特定目的的财产转让，全世界都应该对它予以尊重。信托财产是特定目的财产，与受托人自己的广义一般财产相区别和隔离，这样信托财产可以免于被信托受托人的债权人所追及，因此法国信托也实现了英美信托的破产隔离功能。

第三，以类似规制公司的方法来规制信托。由于法国政府部门担心信托会被用于逃避税收及欺诈，因此立法上采取了规制公司的管制方法来规制信托，具体包括：法国信托和公司一样只能适用于商事领域，以赠予为目的的信托因"违反公共秩序性质"而被立法明

---

* 参见弗兰克斯·巴特尔："法国的信托：一个'睡美人'的混沌觉醒"，载［加］莱昂纳尔·史密斯. 重塑信托：大陆法系中的信托法［M］. 李文华，译. 北京：法律出版社，2021：167-168.

① 叶朋. 法国信托法近年来的修改及对我国的启示［J］. 安徽大学学报（哲学社会科学版），2014（1）：121-122.

确禁止；信托只能由均是公司实体的委托人和受托人设立（后来自然人也可以做委托人了）；信托要像公司一样在地方税务机关进行登记、会计核算和审计等。

2007年法国《信托引入法》通过后，信托便开始被应用了。两部关于信托的制度于2008年2月颁布两者都采取了担保信托（security fiducies）的形式。其中一种信托包括委托人和被委托人，以确保某些事项（undertakings）能够有利于该等委托人的雇员。另一种信托是建立在一家正在面临困境并欠下一笔税收债务的公司（即委托人）、法国外贸银行（the Natixis Bank）（即受托人）和国家（the state）（即受益人）之间。这再次证实了该制度对实际需要所作出的反应。*

法国《信托引入法》颁布的直接后果是，法国民法典第三卷第十四编的内容被改写：原来该编是关于担保的专门规定，因为该法的颁布，使得法国民法典第三卷"取得财产的各种方法"下面第十四编的题目直接改成"信托"（La Fiducie），即关于信托的专编。该编共21条（即第2011—2031条，第2031条于2008年被废止）。此次修改后，原来关于担保的内容被重新规定在民法典第2284条至2320条。① 在民法典之鼻祖（即《法国民法典》）中设专编规定信托制度，这在欧洲和世界范围内都是一个重大突破。2007年法国民法典第三卷第十四编的主要内容是管理型信托（包括财富管理信托等类型的管理型信托），如前所述，这导致下文中2008年2月两部专门针对担保信托（security fiducies）法令的颁布。

尽管有些人说了关于信托制度的坏话，但法国《信托引入法》仍试图使信托制度不违反公共秩序。信托制度，就像其他任何法律制度一样，不应该作为规避法律基本原则的一种方式，而这部法律的一些规定倒是意在防止这种情况的发生。出于此种考虑，法国限制了信托合同有效期限的最长时间（最初为33年，2008年8月4日的法律改为99年，即《法国民法典》第2018条第2款的规定："信托财产转移的持续期间，自信托合同签字之日起，不得超过99年"），这也是为了避免财产无法转让的风险和减少对财富自由流通的限制。对维护公共秩序的考虑，能推测出受托人、委托人/受益人（a settlor-beneficiary）行为的一致性。这一推测旨在保证金融市场的透明度和全面披露，防止委托人利用受托人作为中介，秘密地在上市公司中持有头寸。通俗地说，除本法的规定外，信托将无法规避适用于有关事项的公共秩序规则。例如在公司法中，为了规避有关公司证券持有的规则而设立的受托人，应接受法律规制，即强制地使其遵守规则。更一般地说，设立了信托的公司不得不那样做，以实现自己的利益和目标。

为了控制信托对于破产和保护公司财产或是支持企业重组方面的规则存在一定损害的风险，2008年12月18日的一个法国法令限制了在保障期间（the period of safeguard）或

---

* 参见弗兰克斯·巴特尔："法国的信托：一个'睡美人'的混沌觉醒"，载［加］莱昂纳尔·史密斯. 重塑信托：大陆法系中的信托法［M］. 李文华，译. 北京：法律出版社，2021：166-167.

① 法国民法典［M］. 罗结珍，译. 北京大学出版社，2010：472.

在法院监督下的重组期间实现这种担保的可能性（事实上，当委托人保留使用或享有信托文件中所列的财产时，该条例就禁止该等行为），但是，在有法院监督的清算中，信托可以完全地发挥作用，即允许有法院监督的清算中，担保信托（security fiducie）证券的债权人/受益人（creditor-beneficiary）在清算投入受托人的财产时直接获赔，而不必和其他债权人一样提出索赔。*

维护公共秩序的内容，除上述防止利用信托规避法律的强制性规定内容外，也有打击洗钱的内容。因此，只有熟悉财务转移（financial transfer）的监督，并熟悉如何向有关当局报告可疑交易的人才能成为一名受托人。根据《法国民法典》第2015条的规定，只有《货币与金融法典》（2013年6月27日第2013-544号授权法令）第511-1条第1点所指明的信贷机构、第518-1条所列举的机构与服务部门、第531-4条所指的投资企业、证券管理公司以及《保险法典》第310-1条所指的保险企业，才具有作为信托的受托人的资格；同时，律师职业的成员也可以具有信托的受托人的资格。** 也就是说，上述这些受规制的机构和个人能够较好地帮助政府达到防止利用信托进行洗钱或实施其他违法行为的目的。

此外，防止税收欺诈和逃税，也是维护公共秩序的必要内容。《信托引入法》的法律条文力求更广泛地防止逃税：尽管财产所有权从委托人转移到受托人，但就直接征税（direct taxation）而言，委托人仍然被视为已经转移到信托名下的财产的所有权人。因此，确保了这些信托安排的税务中立性。对赠与信托（即利用信托进行无偿的转让）的禁止无疑确保了该法获得通过，并避免了财政部的否决。《法国民法典》第2013条明确规定："如果是出于向受益人进行赠与的意图而订立信托合同，该信托合同无效。此种无效具有公共秩序性质。"① 同时，打击税收欺诈的运动，也解释了为什么信托设立人必须居住在欧盟的成员国内，或是与法国达成避免双重征税的税收协议，以及提供打击税收欺诈和逃税之行政协助的国家。*** 根据2007年修订的《法国民法典》第2019条第1款的规定，信托合同及其附加条款，应在其订立起1个月内，在受托人的总机构住所地的税务机构进行登记，或者如果受托人的住所不在法国，应当在非居民税务部门进行登记，否则无效；根据2007年修订的《法国民法典》第2019条第2款的规定，信托合同及其附加条款涉及不动产或者不动产物权时，应当按照《税收法典》第746条与第657条规定的条件进行公示，否则无效；根据2007年修订的《法国民法典》第2019条第3款的规定，由信托合同

---

* 参见弗兰克斯·巴特尔："法国的信托：一个'睡美人'的混沌觉醒"，载［加］莱昂纳尔·史密斯. 重塑信托：大陆法系中的信托法［M］. 李文华，译. 北京：法律出版社，2021：170.

** 参见法国民法典［M］. 罗结珍，译. 北京：北京大学出版社，2023：912. 该版次的《法国民法典》译本是根据截至2023年1月1日的最新《法国民法典》版本而翻译的。

① 法国民法典［M］. 罗结珍，译. 北京：北京大学出版社，2023：912.

*** 参见前引弗兰克斯·巴特尔："法国的信托：一个'睡美人'的混沌觉醒"，载［加］莱昂纳尔·史密斯. 重塑信托：大陆法系中的信托法［M］. 李文华，译. 北京：法律出版社，2021：170-171.

引起的权利的转移,以及如果在信托合同中没有指明受益人,对于随后的指定,应当制作按照相同条件进行登记的文书。随后,根据2020年2月12日第2020-115号授权法令的规定,《法国民法典》在第2019条增加了一款作为第4款,即:"依照第2017条指定的第三人以及有关《货币与金融法典》第561-2-2条所指的信托财产的实际受益人的身份,也应当由受托人制作一份书面文书,并按照相同条件进行登记,否则无效。"这些规定都体现出法国政府对防止利用信托进行税收欺诈和逃税的不断努力。

根据《法国民法典》第2020条的规定及2010年颁布的建立全国信托登记簿的法令(主要是作为政府部门和机构进行核查的基础),法国建立了全国信托登记簿(登记处)。对于那些希望进行某些检查的政府部门和机构来说,国家信托登记处是一个有用的信息来源,在更详细的层面上,税务当局有审计权和知情权;因此,他们可以要求直接有关各方(如委托人、受托人、受益人)提供与信托合同有关的任何文件,也可以要求有权就信托合同作出决定的任何人提供文件。向税务当局宣布该信托的存在也将使他们能够知晓信托设立之事实,并进行他们认为有用的任何调查。由于审计员的专业参与以及其有义务向检察官办公室报告其所注意到的任何非法行为或疏忽,因此无论委托人本身是否受到这一要求的约束都会产生保护作用。*

四、2007年《信托引入法》之后对信托制度的一系列修改

从某种意义上说,在多方利益博弈与妥协中诞生的2007年《信托引入法》,是通过牺牲信托自由的品格换取了信托法律上的地位。因此,在2007年《信托引入法》之后,由于立法对其限制较多,受到学界和实务界的普遍诟病,其中批评最多的是,法律严格地限制了信托当事人主体范围,"压制自然人处分财产设立信托的自由""造成了对自然人的歧视"。紧接着法国便制定几部新法对信托法存在的问题进行修订和增补。除了前面提到的2010年颁布的建立全国信托登记册的法令以及2020年所做的关于维护公共秩序的规定,还包括2008年8月4日的《有关经济现代化的法律》、2008年12月18日的《与困难企业的权利有关的改革的法令》、2009年1月31日的《关于信托措施的法令》以及2009年5月的《关于程序减负以及法律清晰与简化的法律》等。这些法律对信托合同主体资格的限制进行了修正,适当地放宽了信托合同主体的范围,延长了信托合同期限,以鼓励信托从商事领域逐步走向有限的民事领域。这些法律为2007年《信托引入法》带来的重要变化主要体现为:一是为使信托真正成为管理和金融工具,对《信托引入法》中不合理的信托主体资格、范围及期限的限制进行修正;二是为弥补《信托引入法》的立法漏洞,对

---

* 参见弗兰克斯·巴特尔:"法国的信托:一个'睡美人'的混沌觉醒",载[加]莱昂纳尔·史密斯. 重塑信托:大陆法系中的信托法[M]. 李文华, 译. 北京:法律出版社, 2021:171.

《信托引入法》中缺失的担保信托具体规则进行增补。申而言之，有以下一些主要修改①。

1. 信托主体资格、范围及期限的限制

（1）所有民事主体都可以设立信托。2007年《信托引入法》规定，只有依法交纳公司所得税或选择交纳公司所得税的法人才能设立信托，且设立人必须在欧盟成员国或已加入《欧盟反欺诈和逃税条约》的某一成员国内有住所。同时法律禁止信托设立人将其享有的权利无偿或有偿转让给交纳公司所得税法人之外的法律主体（见2007年《法国民法典》第2014条）。这些规定将自然人及非交纳所得税的企业排除在设立信托之外，并且通过税收模式对信托设立人进行调控。这与法国立法者对信托避税功能保持充分警惕的态度相吻合。该条款被2008年《有关经济现代化法律》明确废除。即意味着现在法国法对信托设立人（即委托人）的主体资格法律不再做出任何限制。不仅所有具有民事行为能力的自然人可以设立信托，而且任何不是征税对象的企业实体等其他组织都可以设立信托，只要其按照法律规定的要式条件和程序设立信托均可有效。信托因此成了所有民事主体机会均等地使用的法律制度。

（2）强制自然人信托设立人指定信托保护人。2007年《信托引入法》规定，信托设立人"可以"在信托合同中指定一位第三人作为信托的保护人，以监督信托受托人执行信托的任务，信托保护人享有委托人赋予的任何权力（2007年《法国民法典》第2017条）。这是立法者出于对信托设立人和受益人利益的保护所做的不同于其他国家信托法的特殊规定。但是由于"可以指定一位第三人为信托保护人"这一规定中的"可以"所表达的是非强制性意义，因此指定"信托保护人"可由信托当事人以信托合同加以排除。而在2008年《有关经济现代化法律》放开对信托设立人的限制，允许自然人设立信托之后，法律又开始为自然人能否具备监督信托执行能力而担忧。一方面，自然人信托设立人委托一位具有相应能力的信托保护人可以对信托合同的执行提供有效保障；另一方面指定专业的信托保护人替代了自然人设立人，依据信托保护人明示或暗示的批准，信托受托人可以减少信托设立人追究其责任的风险。因此，继2008年允许自然人设立信托之后，2009年《关于信托措施的法令》明确补充"信托设立人是自然人时，不得放弃此项（指定第三人）的权力"，此即成为民法典第2017条第2款之规定。至此，信托设立人为自然人的，必须指定第三人担任信托保护人，此项指定权力具有强制性，具备"公共秩序"性质，当事人不得以约定排除。

（3）对信托合同受托人范围的修改——受托人主体范围的适度放松。2007年以来的与信托相关的法律除对信托设立人主体资格和范围进行较为彻底的修正外，还对信托受托人主体范围进行适度的扩大。主要表现为律师可以成为合格的受托人。前已述及，2007年

---

① 叶朋. 法国信托法近年来的修改及对我国的启示 [J]. 安徽大学学报（哲学社会科学版），2014（1）：122-125.

的《信托引入法》对信托受托人作出非常严格的限制：根据 2007 年《法国民法典》第 2015 条规定，只有信贷机构、投资公司以及保险公司，才有资格接受委托成为信托受托人。虽然法国实务中律师也经常作为受托人从事金融服务，但由于法案未列举，律师也不能成为信托受托人。这种禁止性规定在 2008 年《有关经济现代化法律》中得到修正，法国执业律师可以成为信托受托人。并且在 2009 年《关于信托措施的法令》中将执业律师作为信托受托人的规则进行细化，如"律师可以成为基金受托人，且过境时不需要专门的律师会计证明""担任信托受托人的律师必须投保特殊的保险，因信托业务产生的职业责任由从事信托业务的律师承担""成为信托受托人的律师不适用关于律师的保密规则，受托律师必须向受益人或设立人履行报告义务""如果受托律师不能完成信托合同中约定的义务，可以将一部分信托合同义务再委托给其他具备相当能力的人履行，也可以与其共同履行（2009 年《关于信托措施的法令》第 8 条、第 9 条），等等。由于增加了律师成为信托受托人，因此信托合同终止的条款中相应地也增补了这样的条款："如果受托人是律师的，在其被暂时禁止从业、在律师公会被注销登记或排除登记时，信托合同终止。"（现行《法国民法典》第 2029 条第 2 款）因此从目前来看，法国管理信托仍以商事信托为主，管理信托的信托受托人只有银行、投资公司、保险公司及执业律师等几类商事主体（担保信托和作为管理信托特殊类型的遗嘱信托则不受此限，详见后文关于这两类信托的介绍）。

（4）信托合同期限的延长。与《信托引入法》严格限制信托当事人主体范围一并受到诟病的，就是信托合同的期限问题。原 1992 年信托法草案中规定信托合同的最长期限为 99 年，但 2007 年《信托引入法》中由于将信托主体限制在企业实体之间，因此也将信托合同的期限缩减为 33 年。这条规定也被法国学者认为是"立法上的倒退"。在 2008 年《有关经济现代化法律》允许自然人设立信托之后，基于自然人设立的信托以及存在的信托关系通常比较持久，考虑到使信托期限与公司期限规则一致，于是将《信托引入法》中最长 33 年的信托合同期限又延长到 99 年（《法国民法典》第 2018 条）。

2. 增补关于担保信托的规定

2008 年 2 月，法国颁布了两部信托法律，都是关于担保信托的，这样就把担保信托也纳入了法国的信托制度之中。* 具体而言，2009 年《关于信托措施的法令》和 2009 年 5 月《关于程序减负以及法律清晰与简化的法律》填补了法国成文法中没有担保信托这一漏洞。《关于信托措施的法令》中增加了"担保信托"的内容，将其放在民法典第四卷《担保》中，其中"动产担保信托"内容编入第四卷第二副编《动产担保》之第四章《以担保名义留置或让与所有权》，"不动产担保信托"内容编入第三副编《不动产担保》之第八章《以担保名义让与所有权》。"动产担保信托"与"不动产担保信托"共同构成担保

---

* 参见弗兰克斯·巴特尔："法国的信托：一个'睡美人'的混沌觉醒"，载 [加] 莱昂纳尔·史密斯. 重塑信托：大陆法系中的信托法 [M]. 李文华, 译. 北京：法律出版社，2021：167.

信托的特殊规则。《关于程序减负以及法律清晰与简化的法律》对《关于信托措施的法令》中若干不合理规定继续进行了完善。

概括起来，法国对担保信托规则的增补内容主要如下。

(1) 增补担保信托的设立方式。2009年《关于信托措施的法令》要求自然人设立担保信托须经双方合意，担保信托的责任范围及担保财产价值应在信托合同中明示（《法国民法典》第2372-1、第2372-2条以及第2488-1、2488-2条）。这个规定非常明确地将担保信托与管理信托区别开来。但是担保信托的特殊规则只适用于自然人设立的担保信托，不适用于企业等法律实体设立的担保信托。立法者之所以如此规定，一方面是对自然人的保护，另一方面法国司法部认为这些法律实体受制于担保法的一般原则。这种另类的歧视性规定在2009年5月《关于程序减负以及法律清晰与简化的法律》被取消，目前担保信托的特殊规则适用于任何民事主体设立的担保信托。

(2) 增补担保信托合同终止的特殊规定。《法国民法典》关于信托合同终止的一般情形规定，自然人设立信托而在信托合同最长期限内自然人信托设立人死亡的，信托合同效力终止（《法国民法典》第2029条）。该规定适用于管理信托是没有问题的，但是适用于担保信托，是"非常荒唐"的。因为担保信托由于信托设立人（通常为债务人）死亡而担保合同终止，担保物权消灭，这样根本无法实现担保信托对债权人的债权进行保障的功能。于是2009年5月法国《关于程序减负以及法律清晰与简化的法律》为"担保信托"的"动产担保信托"和"不动产担保信托"分别增补两款，规定自然人担保信托设立人死亡的，信托合同不终止（《法国民法典》第2372-1条第2款和第2488-1条第2款）。

(3) 增补担保信托执行的规定。在担保信托中，在债务人不履行债务的情况下，《关于信托措施的法令》分别针对担保信托受托人是否为债权人规定了两种不同处理情形。一般情形下，信托受托人是债权人的，债权人可如信托财产所有人般自由处分信托财产；特殊情况下，信托受托人不是债权人而是第三人时，债权人对受托人享有请求权，可请求受托人交付信托财产或出售信托财产之价金，也可在受托人交付信托财产时债权人自主行使信托财产处分权。担保的实现既不能让债权人自由处分超过其债权部分的价值，也不允许以低于担保财产的价值出卖担保财产，因此无论担保信托财产用何种方式执行，都应当对担保信托财产价值进行评估，评估可由当事人协商或由法院指定的鉴定人确定，除非担保信托财产在市场中存在官方牌价或信托财产是金钱（《法国民法典》第2372-3与第2488-3条）。同时在被担保债权得以清偿后，若信托财产价值在支付因保管和管理信托财产的费用后仍有剩余的，则应返还给设立人（《法国民法典》第2372-4与第2488-4条）。

(4) 增设再担保信托机制。法国立法者为了提高担保信托财产的利用效益，借鉴了担保物权中的再抵押制度，创设了再担保信托制度，即允许债务人为了保障额外的债务，在相同的信托财产或权利上，在最初的担保信托上再创建进一步的信托。其生效条件为：第一，担保信托合同中必须明确约定，将信托财产用于将来的债务担保；第二，若将来需要按约定利用信托财产，必须重新订立新的担保合同，且须按信托合同规则进行登记；第三，再担保信托合同可以与原债权人订立，也可以与其他债权人订立。同一担保信托的各债权人之间按照原担保信托合同和再担保信托合同的登记日期确定受偿顺序（《法国民法典》第2372-条5与第2488-5条）。这条规则的增设充分考虑了商事实践的制度需求，使得债务人不仅可为已发生的债务设立担保信托，而且可为将来可能发生的债务设立担保信托。

2008年12月18日法国通过了一项条例，更改了信托在集体诉讼程序（如司法重组或清算）中的运作方式。适用于自然人设立的信托制度在2009年1月30日的条例中有所规定。*2009年春天，在对关于法律简化的议案正在争论时，参议员马利尼提出了一项关于修改信托法律规则的修正案，但并未获得通过。然而，在讨论《促进中小企业获得信贷的法案》时，参议员马利尼于2009年5月26日又提出修改《民法典关于信托的规定》的议案。虽然《促进中小企业获得信贷的法案》最后未被宪法委员会通过，但马利尼关于修改《民法典关于信托的规定》的议案却获得了通过，对民法典中关于信托的规定进行了完善，虽然，令人遗憾的是，马利尼关于修改《民法典关于信托的规定》的议案由于技术原因被宪法委员会撤销了，但是仍然是一次对法国信托制度进行完善的一次努力。总之，关于信托法律规则的不断变化，证明了现代法律普遍的不稳定性；或许，在适应其环境的过程中，像法国的信托规则这样独特的制度所面临的困难也是如此。**

第二节　法国的管理信托

法国信托的内容中出现两种主要模式：一是受托人负责管理财产的信托，即管理信托，二是受托人持有作为债务担保的财产的信托，即担保信托。管理信托作为法国信托的类型之一，自然离不开罗马法的影响，甚至说法国信托这种利用本土化资源建设的信托制度和罗马法中的信托制度之间可以画"约等于号"。管理信托早期的原型便是罗马法中的"朋友信托"（fiducia cum amico，也译为"与朋友信托"）。

---

* 根据2007年《信托引入法》而修订的《法国民法典》第2017条原来只有一款，即："除信托合同另有规定外，委托人得于任何时候指定第三人负责确保其在履行合同的范围内的利益，第三人可以享有法律赋予委托人的权限。"根据2009年1月30日第2009-112号授权法令第2条，在《法国民法典》第2017条增加了一款，即："委托人是自然人时，不得放弃此权限。"根据2020年2月12日第2020-115号授权法令的规定，在《法国民法典》第2017条又增加了一款，即："委托人应当向受托人通知其对第三人的指定。"参见法国民法典[M].罗结珍，译.北京大学出版社，2023：913.

** 参见弗兰克斯·巴特尔："法国的信托：一个'睡美人'的混沌觉醒"，载[加]莱昂纳尔·史密斯.重塑信托：大陆法系中的信托法[M].李文华，译.北京：法律出版社，2021：168.

第三章　法国的信托制度及其对我国的启示

一、法国管理信托的前身——"朋友信托"

（一）朋友信托的出现及其对法国管理信托的影响

最早出现"朋友信托"的原始文献仅有两部著作，一是盖尤斯的《法学阶梯》，其中写道："信托关系或者是与质押债权人建立的，或者是与能够比较安全地保管我们物品的朋友建立的。"此前半段是对担保信托的描述，后半段便是对"朋友信托"的描述。从定义可以很明显地看出，早期朋友信托的特征，便是建立在朋友相互信任的基础上对财产的一种照看保管，与收益盈利无关。第二部著作是波埃修斯的《西塞罗地方论评注》，其中指出："接受信托意味着将某人以要式买卖（mancipatio）移转的物再通过要式买卖返还给他。譬如，某人在危难时期将一块土地以要式买卖的方式移转给一位有能力的朋友，一旦作为移转土地缘由的危机过后，返还土地。之所以被称为信托要式买卖，是因为返还建立在信义之上"。波埃修斯虽然没有提到受托人接受转让土地后所拥有的一系列权利，但明确提出此种形式的法律行为是建立在"物归原主的信义之上"。① 从朋友信托的起源来看，早期朋友信托的特征尤为突出之处便是其"信义性基础"。

在早期信托的分类上，大部分的学者认为朋友信托是具有独立性的，当然除多数人认同该观点外，也有否认其独立分类的声音。譬如1889年，利益法学派的代表人物Philipp Heck就主张"朋友信托"只是债务人担心将信托物置于债权人手中有难以收回的风险，所以才将担保信托中的信托物转交给"朋友"。很明显，他的观点与贝提卡铜板（formula baetica）、庞培要式买卖（mancipatio pompeiana）等记载信托担保的碑铭文献相矛盾，在经后人研究的文献中明确记载着："信托物的所有权转让给债权人而非朋友才能实现担保"。于是，Philipp Heck的观点如同昙花一现般消失，朋友信托作为信托分类中独立的区分类型的观点则成为通说。②

最初，盖尤斯只是简单地将信托分为担保信托和朋友信托。担保信托，顾名思义主要是以担保为主要目的，而朋友信托的主要功能便是"安全地保管我们的物品"。但在实践中，信托还有许多的功能没有被纳入整个体系之中，而担保信托显然只能用于担保，于是解决问题的着力点便被放在了对"朋友信托"的解释上。随着研究的深入，后世的学者普遍对"朋友信托"的定义达成共识。早期罗马法即罗马市民法从所有权移转方式上，把物分为"要式移转物"和"略式移转物"。依罗马市民法规定，凡要式移转物的所有权的转移必须采用"要式买卖"和"拟诉弃权"的方式才能发生转移所有权的法律效力，仅有

---

① 史志磊.论罗马法中的与朋友信托［J］.河南财经政法大学学报，2017（1）：24.
② 同①：26.

当事人的合意和物件的交付，不能发生法律效力。① 约定一定的条件成就时受让人应当返还标的物的情形都可以被称为朋友信托。

正如前文所述，法国信托的法律规定大量借鉴了罗马信托，故作为其中类型之一的管理型信托的原理也可以用罗马法上朋友信托的原理来阐述。朋友信托的构成可以分为三部分：第一，委托人通过要式买卖或者拟诉弃权的方式将财产的所有权转让于受托人；第二，委托人和受托人之间需订立体现当事人真实意图的"信托简约"；第三，等到当事人之间设置的目的实现之后，受托人要将信托物（即信托财产）及其所有权归还给委托人。

但这三方面的构成并不是一蹴而就的，早期的信托简约并不能体现信托物在当事人之间发生所有权转移的效果，且因为不符合法律的规定而不受到法律的保护，它只能代表双方当事人之间"以信托名义"实施过物品转移的行为，物品的所有权依旧属于委托人。在没有法律强制力保护的情况下，信托简约的履行只能依靠当事人之间的"信义"，古罗马时期的信义代表是信义女神，所以这一时期的朋友信托制度带有浓厚的宗教色彩，这也是后来现代信托法中"信义义务"的源头。后来，随着信托的适用越来越广泛，裁判官将信托之诉引入法律之中，信托简约作为代表当事人意志的直接象征，在信托之诉中得到重视，在法律的保护中具有了债因的性质，成为成立信托中必不能缺失的一环。②

（二）朋友信托的功能③

1. 赠与

信托制度产生的原因便是为了规避当时限制性的法律制度，尽可能按照当事人意志实现对物品的处分。实现赠与是当时朋友信托的功能之一。古罗马时期的《琴求斯法》有着这样一条规定，即夫妻间禁止赠与，如果妻子希望将一块土地赠与自己的孩子，那么直接实施交付行为则会导致土地最终赠与属于孩子监护人的丈夫手中，此时这种周转的赠与行为又因为触犯了《琴求斯法》而无效，难以实现妻子财产转移的需求，这时朋友信徒制度便能很好地解决这个问题。《学说汇纂》中记载过古典时期法学家马尔切勒这样一段对话：

苏尔毕求斯问马尔切勒，如果一位妇女为了在其家父死亡后给处于家父权下的他们共同的儿子一块土地，通过"交付"（即要式买卖）转让给儿子的父亲，并且约定他死后返还给儿子。您认为这种形式的赠与应被认定为无效吗？回答是：如果仅仅具有赠与的外观和名头，也就是说妇女同时希望丈夫能从中受益，交付（要式买卖）是无效的；但如果她仅仅利用丈夫管理土地，并且这样做的目的在于她可以撤销赠与或土地及其全部收益能转移给儿子，为什么不能有效呢？

---

① 谭建华. 试论罗马法形式主义的演变：以所有权制度为例 [J]. 政治与法律，2009（3）：116.
② 史志磊. 论罗马法中的与朋友信托 [J]. 河南财经政法大学学报，2017（1）：25.
③ 同②：27—32.

通过马尔切勒对该案例中问题的回答，我们能清楚地看到，在朋友信托中父亲并不是接受赠与的对象，而是受到信托简约限制的管理人，信托简约的管理条件是代替管理要式买卖后交付的土地，并在自己去世后将土地转移给儿子，如此一来便有效规避了夫妻之间禁止赠与的法律规定，也绕开了直接赠与的对象限制问题。

与之类似的操作还有在当时出海渔民常常使用的"死因赠与"制度，甚至有些学者在研究中发现死因赠与很有可能也是早先朋友信托的一种形式。死因赠与，是指处于危险之中的赠与人会将自己的多个物品转移给受赠人，并约定如果赠与人渡过了难关或者受赠人先于赠与人死亡，那么转移的物品将返还给原来的赠与人。

但是死因赠与也有另一种表现形式，即当事人通过附停止条件的所有权转移而设立，如果赠与人渡过难关或者受赠人先死亡，那么停止条件生效，所有权回归到赠与人的手中。这两种表现形式所达到的目的都是相同的，区别在于受托物品的所有权是否完整地转移到受托人手中。后来随着实践和死因赠与制度本身的发展，朋友信托制度完全独立出来。

2. 寄托

有学者在《学说汇纂》中发现，文本中的 fiducia 常被 depositus vel commodatus 所替代。depositum 为寄托，是指受寄托人应该依照约定保管寄托人交付的动产，并且根据寄托人的要求随时返还标的物，是罗马法中要物契约的一种类型。根据追溯，该种契约在公元前 2 世纪才被裁判官引入诉讼中，自此受到法律保护。寄托（depositum）和朋友信托更像是同一种功能基础上的不同表现方式：两者都属于要物契约的范畴，都需要将需要寄托的物品进行交付，受托人也都要按照协议进行保管并根据协议中当事人的意志随时将标的物返还。但是对于这一观点，也有学者持否定态度，例如卡罗瓦（Otto Karlowa）就认为寄托是一种独立的制度，和朋友信托只是功能上存在相似而已，本质上二者是两种制度。其实，寄托一词归类的范畴在要物合同中，《金言集》报道的要物合同有四种，即消费借贷、使用借贷、寄托和质押。优士丁尼的《法学阶梯》中的归类也与之相同，所以寄托更多地出现在要物契约的讨论中。值得注意的还有，"寄托"中要物转移时所有权受限并未完全转移，而信托是所有权的完整转移。并且在乌尔比安的《告示评注》第 30 卷中关于寄托案件诉讼的记载为"寄托之诉"或"事实之诉"，而朋友信托所对应的诉讼是以信义义务为主的"诚信之诉"，很明显两者在诉讼上裁判官的审判方式和标准存在差异。但不论两种制度是否存在重合与演化，功能上的相似以及同样法律规则上的适用并不让人感到意外，编纂者将 fiducia 添加成 depositus 具有现实基础，在寄托没有被法律保护之前，朋友信托之下的寄托功能发挥了重要作用。

3. 解放奴隶

解放信托（fiducia manumissionis causa）在罗马的古典法中是朋友信托的一种应用形

式，是指受托人通过解放行为成为被解放奴隶的恩主，享有恩主的权利，如果被解放人对恩主有忘恩负义的行为时，后者有权撤销解放。可以看出，朋友信托的奴隶解放功能是特殊时期封建帝国下的产物，这一功能自然也在时代的更迭中消失，没有被法国构建信托制度时引入。

现代人在管理他人财产意义上使用的"朋友信托"的概念是有所差异的，管理信托是指以对财产的管理和运用为目的而设立的信托，包括以单纯的财产管理为目的而设立的狭义财产管理信托和以财产的运用和处分为目的而设立的处分信托。管理信托适用的范围极其广泛，既可用于对未成年人财产的管理和对遗产的管理与分配，也可用于信任投资。这种涉及面广泛的管理信托制度的成立，填补了法国民事和商事领域的众多空白。在此之前，法国一直是应用传统的"代理"来实现为他人管理财产的目的，但代理之下的委托合同中委托人并不取得有关财产。自信托引入法国后，管理信托便能够让直接"拥有"受托财产的受托人更便捷地管理财产，从而简化金融业务运作等。

二、法国管理信托制度的主要内容

前面在介绍法国信托法发展史时，已经介绍了一些法国管理信托的情况。这里再集中介绍一下法国的管理信托制度的内容。

（一）管理信托的概念

先来介绍一下法国信托法上信托的法定概念。根据《法国民法典》第2011条的规定，信托（la fiducie），是指一名或者数名委托人（fiduciant），将其现有的或者将来的某些财产、权利或担保，或者财产、权利或担保组成的整体，转移给一个或数个受托人，受托人将这些财产与他们本人的财产分开持有，并且为一个或数个受益人的利益按照确定的目的实行管理的活动。从这个定义来看，《法国民法典》第三卷"取得财产的各种方法"下第十四编"信托"（la fiducie）主要是关于管理信托的规定（但其中一般性的规定也适用于担保信托，容后再述），所以《法国民法典》第2011条关于信托的概念，其实是关于管理信托的概念。本书后面将专门介绍法国法上担保信托的规定，此处不赘。

针对这个概念，值得关注的是法国法上管理信托中信托财产的独立性问题。通过《法国民法典》第2011条（信托的定义条款）所述的法律行为而形成的资产和负债构成一个"专项财产"（patrimoined'affecttation 也译作"目的财产"或者"目的资产"），有关该财产运营所产生的会计科目应与受托人的其他会计科目相分离。这种理论体现了法律对委托人将其财产用于特定目的而非任由其他人处置的意愿的尊重。为了实现该特定目的，相关财产不属于委托人、受托人或受益人，从而构成一个"专项财产"。这一"专项财产"理论实际上秉持的是信托财产的独立性理论，奇妙地解决了信托财产权的归属问题及性质问题，为法国确立自己的信托制度铺平了道路。

事实上，"专项财产"理论早在20世纪90年代初就被修订后的《魁北克省民法典》所采纳。* 自魁北克省于1879年实施信托法典化以来，关于信托财产权归属问题备受争议，并相应形成多种学说。归纳而言，有"受托人所有权说""受益人所有权说""委托人及其继承人所有权说"等，但各种理论均存在重大缺陷。20世纪20年代末至30年代初法国学者皮埃尔·勒庞提出"专项财产"理论后，"信托所有权说"越来越受到法律界的关注和认同，直到20世纪90年代，魁北克省立法机关决定对民法典进行重新修订之后，"专项财产"理论才真正从理论领域进入立法实践领域。

如前所述，皮埃尔·勒庞从信托财产的归属出发研究信托的法律属性问题，认为英美法学者所主张的对信托性质的探讨，无论是"债权说"还是传统的"所有权二分说"均无法解释普通法信托的本质属性问题。例如，根据"债权说"，受益人对受托人享有"对人权"，但它无法解释受益人在特定情况下对于转让给第三人的信托财产具有追及权；又如，"所有权二分说"的立论前提是受托人与受益人分别对信托财产享有普通法上的或衡平法上的所有权，但在信托目的在于竖立纪念碑或为死者亡灵祷告等情况下，受益人是缺位的，相应的衡平法上所有权将无从谈起。在皮埃尔·勒庞看来，这些理论之所以难以成立，主要是论者所采取的处理问题的方式存在缺陷：任何以具体权利概念作为出发点来考察信托财产权问题的做法均难以取得实质性成果，其原因在于实践中只有存在不同信托的不同内容的权利或义务，而不存在适用于任何类型信托的权利或义务。据此，他认为只有"将该财产划拨出来用于特定目的"这个要素是存在于任何信托之中的，而受托人则是信托发挥作用所必不可少的。虽然受托人的权利或义务将根据其使命的不同而不同，但其使命的内容在于确保划拨出的财产被用于预设好的特定目的，任何受托人均应将该财产用于特定的目的。无论受托人的权利义务内容如何，它们均成为受托人实现该等特定目的的工具。因此，信托就表现为特定财产被从个体的广义财产中隔绝开来，被用于实施特定的目的。相比之下，当财产所有权笼统地为个体所拥有的情况下，其用途未必要被外人所知，所有权人可完全凭自己的意愿占有、使用、收益，处分甚至抛弃；但一旦将其中的部分财产设立信托后，受托人即应履行对财产的积极管理义务。由此可知，信托就是一项由受托人负责实施的、用于特定目的的财产划拨的制度，整个世界均应尊重它。这种财产划拨是当事人之间的一项具有自治性质的约定，基于该项约定的划拨所形成的财产构成了一项"自治财产"（autonomous patrimony），当这种约定在未损害第三人的利益且通过特定的公示方式能为第三人所获知的情况下，法律没有理由漠视当事人之间的这种意思自治。由于

---

* 之所以仍将魁北克省"专项财产"理论归为"法国式"，是因为它是由法国信托法学者皮埃尔·拉波勒提出来的。尽管这一理论是当时针对英美信托所有权分割理论的不足而在理论上提出的解决之道，但该理论对于有法国法传统的国家或地区而言仍较恰当。此外，当时及此前的魁北克财产法观念本质上还是法国式的，因此将魁北克省对于该理论的利用纳入"法国式"范畴并无不当。参见吕富强. 论法国式信托：一种对本土资源加以改造的途径[J]. 比较法研究, 2010（2）：70-71.

信托财产只能用于特定目的，因此引申出信托财产与受托人、委托人或受益人的财产相区分的信托财产"独立性"的原则和"人格性倾向"的观念。①

（二）管理信托的形式

需要强调的是，在法国，信托必须是明示信托，须依合同或者法律规定而设立。《法国民法典》第2012条第1款规定："信托依法律的规定设立，或者依合同设立。信托应当明示。"纵观《法国民法典》第三卷取得财产的各种方法下第十四编信托的规定，主要是关于信托合同的规定。因此，本书主要介绍法国关于信托合同的规定。

1. 信托合同的设立、撤销、变更和终止

1) 关于信托合同设立的规定

首先，关于某些信托合同的设立形式，法律有明确规定。前已述及，根据《法国民法典》第2012条第2款的规定，如果转移到信托的概括财产内的所有财产、权利或担保属于夫妻之间仍然存在的共同财产制的财产或者属于共有财产，信托合同应当用公证文书作成，否则无效。

其次，信托合同的设立不得违反公共秩序。这一点前面已有论述，此处不赘。

最后，关于信托合同的必备内容，法律也有明确规定。《法国民法典》第2018条规定："信托合同应当明确规定以下事项，否则无效：1.（交付信托并）转移的财产、权利或担保；如果转移的是将来的财产、权利或担保，这些财产、权利或担保应当是可以确定的；2. 财产转移的持续时间，自信托合同签字之日起，不得超过（2008年8月4日第2008-776号法律第18-1条）99年；3. 信托设立人或诸设立人的身份；4. 受托人或诸设立人的身份；5. 受益人或诸受益人的身份；或者在没有指明受益人时，应当写明据以指定受益人的规则；6. 受托人或者诸受托人的任务及其进行管理和处分的权限范围。"②

2) 信托合同的撤销或变更

根据《法国民法典》第2028条的规定，只要受益人尚未接受信托合同，委托人均可撤销该合同；在受益人接受所订立的信托合同之后，只有经其同意，或者经法院判决，才能变更或撤销合同。③ 这与我国关于撤销信托合同的规定既有相同之处，也有不同之处。我国《信托法》第十二条规定："委托人设立信托损害其债权人利益的，债权人有权申请人民法院撤销该信托。人民法院依照前款规定撤销信托的，不影响善意受益人已经取得的信托利益。本条第一款规定的申请权，自债权人知道或者应当知道撤销原因之日起一年内

---

① 吕富强. 论法国式信托：一种对本土资源加以改造的途径 [J]. 比较法研究，2010（2）：72-73.
② 法国民法典 [M]. 罗结珍，译. 北京：北京大学出版社，2023：914.
③ 同②：916.

不行使的，归于消灭。"

3) 信托合同的终止

先看信托合同的终止事由。根据《法国民法典》第 2029 条的规定，信托合同因设立信托的自然人死亡、合同到期而终止，或者在其尚未到期之前信托目的已经实现时，合同亦终止。如果全体受益人均放弃信托，合同当然终止，但如果合同原已对其继续存在的条件作出了规定，不在此限。依相同保留条件，如果（法人）受托人实行司法清算或者解散或者因转让或合并而消失，信托合同亦终止。如果受托人是律师，在其被暂时禁止执业、在律师公会被注销登记或排除登记时，信托合同亦终止。① 这与我国的相关规定形成较大反差。我国《信托法》第五十三条规定："有下列情形之一的，信托终止：（一）信托文件规定的终止事由发生；（二）信托的存续违反信托目的；（三）信托目的已经实现或者不能实现；（四）信托当事人协商同意；（五）信托被撤销；（六）信托被解除。"我国《信托法》第五十二条明确规定："信托不因委托人或者受托人的死亡、丧失民事行为能力、依法解散、被依法撤销或者被宣告破产而终止，也不因受托人的辞任而终止。但本法或者信托文件另有规定的除外。"

再来看一下信托合同终止的法律后果。根据《法国民法典》第 2030 条的规定，由于没有受益人，在信托合同终止的情况下，交付信托的财产中现存的权利、财产或担保当然返回委托人；(2008 年 8 月 4 日第 2008-776 号法律第 18-1 条)在信托合同是因委托人死亡而终止的情况下，交付信托的概括财产当然返还至委托人的遗产（之内）。② 这条规定也与我国的规定迥然不同。我国《信托法》第五十四条规定："信托终止的，信托财产归属于信托文件规定的人；信托文件未规定的，按下列顺序确定归属：（一）受益人或者其继承人；（二）委托人或者其继承人。"我国《信托法》第五十五条规定："依照前条规定，信托财产的归属确定后，在该信托财产转移给权利归属人的过程中，信托视为存续，权利归属人视为受益人。"可见，我国在信托终止包括信托合同终止时更加倾向于保护受益人的利益，这一点与英美法系的信托制度更加接近。

4) 信托合同的各方当事人及其权利义务

在法国信托法上，信托合同共有委托人、受托人、受益人及信托保护人（监管人）这几类当事人。

(1) 关于委托人的规定。先看关于委托人的规定。前已述及，最开始时，只有依法当然缴纳所得税或者选择缴纳公司所得税的法人才能作为信托的受托人。受托人以信托财产的名义享有的权利，既不得无偿转移，也不得有偿转让给缴纳公司所得税的法人以外的其他人（见《法国民法典》第 2014 条）。后来，该条规定被废止，所有民事主体都可以成

---

① 法国民法典 [M]. 罗结珍，译. 北京：北京大学出版社，2023：916.
② 同①：917.

为信托的受托人。此外,根据《法国民法典》第 2016 条的规定,委托人或者受托人,可以是信托合同的受益人或者受益人之一。①

关于委托人对信托财产的权利保留问题,《法国民法典》有专门的规定,并与《法国商法典》的规定进行了衔接。《法国民法典》第 2018-1 条（2008 年 8 月 4 日第 2008-776 号法律第 18-1 条）规定:"在信托合同规定委托人保留其对转移至信托的概括财产中的营业资产或从事职业的不动产的使用权或使用、收益时,为此目的订立的合同不受《商法典》第一卷第四编第四章和第五章规定的约束,另有约定的除外。"《法国商法典》第一卷第四编第四章是关于营业资产的租赁经营的规定,《法国商法典》第一卷第四编第五章是关于商业租约的规定。② 也就是说,除非另有约定,《法国民法典》第 2018-1 条优先于《法国商法典》第一卷第四编第四章和第五章适用。

（2）关于委托人的保护人的规定。前面已经提到,根据《法国民法典》第 2017 条的规定,除信托合同另有规定外,委托人可以于任何时候指定第三人负责确保其在履行合同的范围内的利益,第三人可以享有法律给予委托人的权力,该第三人被称为委托人的保护人;如果委托人是自然人时,不得放弃此项权力,即如果委托人是自然人时,必须指定保护人;委托人应当向受托人通知其对第三人的指定。关于委托人的保护人,法国信托法经历了一个变化的过程。前文已述,此处不赘。

（3）关于受托人的规定。再看关于受托人的规定。关于受托人的资格,前面已经提到,见《法国民法典》第 2015 条的规定,即只有《货币与金融法典》（2013 年 6 月 27 日第 2013-544 号授权法令）第 511-1 条第 1 点所指明的信贷机构、第 518-1 条所列举的机构与服务部门、第 531-4 条所指的投资企业、证券管理公司以及《保险法典》第 310-1 条所指的保险企业,才具有作为信托的受托人的资格;同时,律师职业的成员也可以具有信托的受托人资格。做这样比较严格规定的目的,是尽可能防止信托被滥用为违反公共秩序的工具,因为这些受托人都是受法律和政府规制的机构、个人,比较容易进行监管;再加上前述对信托的各种公示、登记制度,比较容易实现对信托的监督。此外,法律对受托人的替代及资格的停止问题也做了相应规定。根据《法国民法典》第 2027 条（2008 年 8 月 4 日第 2008-776 号法律第 18-1 条）的规定,在没有信托合同条款对替代条件做出规定的情况下,如果受托人不履行其职责或者使交付其的信托财产的利益受到损害,或者如其实行保护程序或司法重整程序,委托人、受益人或依照本法第 2017 条指定的第三人,均可请求法院任命一名临时受托人,或者请求更换受托人。法院作出支持此项请求的判决当然停止原受托人的受托权限,并将交付其的概括财产（即信托财产）转移给替换人。③

在法国信托法上,既赋予了受托人比较广泛的管理和处分的权利/权力,又对其权利/

---

① 法国民法典 [M]. 罗结珍, 译. 北京: 北京大学出版社, 2023: 912.
② 法国商法典（上）[M]. 罗结珍, 译. 北京: 北京大学出版社, 2015: 138-177.
③ 同①: 916.

权力的行使作出了一定的约束性规定。一方面,委托人有法律赋予的广泛的权利/权力:《法国民法典》第 2023 条规定:"在与第三人的关系中,受托人视为对受其托管的概括财产享有最广泛的权利,但证明第三人知道对受托人的权利有所限制的除外。"① 另一方面,受托人的权利/权力又受到很多限制。除了前面提到的《法国民法典》第 2018-1 条中允许委托人保留对信托财产的一些权利的规定,还有以下这些规定:② 根据《法国民法典》第 2021 条的规定,受托人为信托财产的利益开展活动,应当明确做出记载;同样,在信托财产中如果包括发生变动即应进行公示的财产或权利,在进行的公示中应当写明符合资格的受托人的名称。根据《法国民法典》第 2022 条的规定,信托合同应当具体规定受托人向委托人报告其履行受托义务的条件;但是,如果在信托合同执行过程中对委托人实行监护措施,应委托人的监护人的要求,受托人应当每年至少一次向该监护人报告其执行受托任务的情况,且不影响按照信托合同规定的期限向该监护人报告;如果在信托合同执行过程中对委托人实行财产管理措施,受托人应当按照上述相同条件向委托人及其财产管理人报告执行受托任务的情况;受托人还应按照信托合同规定的期限,应受益人或依照本法第 2017 条所指定的第三人的要求,向其报告执行受托任务的情况。根据《法国民法典》第 2026 条的规定,受托人用其自己的概括财产对其在履行受托任务中的过错承担责任。

(4) 关于受益人的规定。前面提到的《法国民法典》第 2016 条、第 2019 条、第 2028 条、第 2029 条,都有涉及受益人的资格及其在信托合同中的权利问题,兹不赘述。

(5) 对信托财产独立性的具体规定。《法国民法典》对信托财产的独立性问题做了具体规定。③ 首先,根据《法国民法典》第 2018-2 条的规定,在信托范围内实现的债权转让,自信托合同订立之日或者自确认债权转让的附加条款订立之日,对第三人产生对抗效力。只有经债权转让人或受托人向债务人通知该转让,此种转让才能对被转让的债权的债务人产生对抗效力。其次,根据《法国民法典》第 2024 条的规定,为受托人的利益开始实行保护程序或者司法重整或者司法清算程序时,不影响已经交付信托的概括财产。最后,根据《法国民法典》第 2025 条的规定,除有侵害委托人的债权人权利之情形外,只有因保管或管理信托财产而产生的债权的持有人,才能扣押已经设立信托的财产。但是,不影响委托人的债权人享有的与信托合同订立之前进行了公示的担保相关联的追及权。在交付信托的概括财产不足的情况下,委托人的概括财产构成对这些债权人的共同担保物,信托合同另有条款规定全部或者部分负债由受托人负担时除外。信托合同也可以将对负债的义务限制在信托财产限度之内;但此种条款仅对明文接受该条款的债权人具有对抗效力。

---

① 法国民法典 [M]. 罗结珍,译. 北京:北京大学出版社,2023:915.
② 同①:914-916.
③ 同①:913-916.

三、一种特殊的管理信托：遗嘱信托

遗嘱信托这一类型在信托整个分类中属于一种特殊的存在。从词义上看，遗嘱信托包括遗嘱执行信托和遗产管理信托。遗嘱执行信托实际上是指定遗嘱执行人，其主要职责为清理遗产、收取债权、清偿债务、税款及其他支付、遗赠物的分配、遗产分割等。遗产管理信托是指主要以遗产管理为目的而进行的信托业务。① 本书主要研究的是遗嘱信托中的遗产管理信托，但遵循一般做法，仍用遗嘱信托一词。

(一) 罗马法上遗嘱信托的起源与发展

遗嘱信托，顾名思义，是出于对他人的信任而实行的托付；从技术意义上讲，它是一种临终处置，它被委托给继承人（遗嘱继承人或法定继承人）或其他受益人执行。许多制度尤其是继承法中的制度开始时都只不过是信托制度而已。致使人采用这种极端手段的原因很多，主要地讲，并不是所有的市民尤其是身处异邦的市民都便于通过遗嘱来安排遗赠，而且有时候人们还希望向无权接受遗赠的人留些财产。如前所述，奥古斯都皇帝首先在一些特殊情况中从法律上认可了这一制度，要求执政官通过"非常方式"处理这类情况。这一制度非常符合当时的社会意识，以致克劳迪皇帝任命了两名裁判官专门处理这类诉讼。狄托皇帝把他们减为一人。在行省则由总督行使这种职责。后来，由于遗嘱附书和遗嘱信托的交叉发展和作用，使得遗赠和遗嘱信托越来越相互接近，所保留的唯一差别主要涉及死者在遗嘱信托中的意思。优士丁尼废除了一切差别，将两种制度合二为一，吸取了两者中最为有利的规范，这主要是指遗嘱信托中的规范。②

古罗马法之所以能产生遗嘱信托制度，是因为市民法关于遗嘱的规定十分严苛，不仅方式极为严格，手续也很麻烦，遗嘱人须有遗嘱能力，继承人和受遗赠人则须有接受能力。从奥古斯都到君士坦丁一世的很长一段时间里，对未婚和已婚而无子女的人的遗产接受能力又加以限制。为了规避市民法的严苛规定，民间便逐渐采用遗嘱信托的做法，由被继承人将其遗产的全部、部分或特定物，委托受托人在他死后转移给他所指定的受益人。采用这种办法，不仅无遗嘱能力的人可以处分其遗产，特别是无继承能力者亦可享受继承的利益。据盖尤斯称，遗嘱信托起源于在罗马的外国人的继承。由于外国人一般无财产权，故无遗嘱能力，因此便立一个市民为其继承人，而托其在他死后，将遗产转交给所指定的第三人。由于方法简便，逐渐在罗马人中普及。

首先，遗嘱信托制度完全建立在互相信任的基础上，委托人也只将其财产委托给他完

---

① 徐国栋.《民法典》规定的遗产信托的罗马法起源、比较法状况和我国适用 [J]. 盛京法律评论, 2021, 10 (1)：4.
② 彭彼德. 罗马法教科书 [M]. 黄风, 译. 北京：中国政法大学出版社, 2017：409-410.

全信赖的人，凭受托人的忠诚履行移转遗产的责任。因此，对遗嘱信托制度，市民法上并没有任何规定，也不发生法律上的效力，也不需要采用一定的方式。君士坦丁一世规定，信托应有证人作证，优士丁尼帝一世明确规定，信托须于五个证人前为之，始生效力。①

其次，在罗马信托中，受托人并不取得遗产，只负责移交他人委托的遗产给受益人，这样的一无所得的安排影响了受托人接受信托的积极性，公元75年颁布的《贝加苏斯元老院决议》允许受托人留置1/4的遗产，这样，受托人变成了一身二任：一方面，他是货真价实的继承人；另一方面，他是遗嘱人与遗产受益人之间的二传手。同时，《贝加苏斯元老院决议》还排除独身者和婚而不育者为遗嘱信托受益人。阿德里亚努斯皇帝还禁止外国人作为遗嘱信托的受益人。违反这些禁令实施遗嘱信托的，信托财产将被没收，为国库所得。这样，等于要求遗嘱信托的受益人具有完备的消极遗嘱能力，遗嘱信托制度规避遗产的实际取得人无消极遗嘱能力的目的受挫。该制度基本变得无用了。

但遗嘱信托制度的精神被转置到了家人遗嘱信托（Fideicommissum familiae）制度中。从2世纪开始，罗马发展起这一制度。家父在订立遗嘱时，禁止继承其遗产的诸子转让此等遗产，要求把此等遗产永久保留在家族中。由此，有关的遗产成了准不流通物。这样，遗嘱人同时为委托人，继承人同时为受托人，后者可以在一定的期间内享用得到的遗产，然后把它们返还给其他家族成员。在这样的架构中，受托人不再是单纯的"二传手"或"白手套"，可以取得遗产的实益。所以，他们同时也是信托受益人。一旦他们享有遗产的期限（通常以他们的生存时间为期限）届满，他们有义务把遗产转给其他家族成员。这时，"其他家族成员"是信托的受益人。家人遗嘱信托的效力可以及于第二代甚至更多代的继承人，换言之，"遗嘱人的家人"在其死时也负有把受领的遗产转移给第一遗嘱人的家人的义务，以此类推。在家人遗嘱信托中，被跨代转移的遗产主要是土地，无疑这是农业经济时代的最重要财产。在这一框架下，继承人取得的所有权中的处分功能不完整。委托人在遗嘱人死后很久还可以控制其遗产的流转。家人遗嘱信托这种连续信托制度表达了遗嘱人把自己的意志尽可能长地定位于遗产上的愿望，对受益人的自由限制过大，所以，优士丁尼以第159号新律规定家人遗嘱信托的受托人不得超过四代。②

最后，家人遗嘱信托制度又和替补继承人制度融合为信托替补制度。在遗嘱继承中，遗嘱人指定甲为其继承人，同时又规定，如果甲不能成为自己的继承人，例如死在自己之前的情形，乙为甲的继承人。此时，乙为甲的替补继承人。这样的替补继承制度加上家人遗嘱信托制度的精神，在家人遗嘱信托制度产生以后的时期组合成信托替补制度。信托替补与替补继承不同，后者在无前位继承人的情况下后位继承人才有继承机会。而在信托替补继承中，有前顺位的继承人，遗嘱人允许他终生享有遗产，但在他死后要把遗产移转给

---

① 周枏.罗马法原论（下册）[M].北京：商务印书馆，1994：618-619.
② 徐国栋.《民法典》规定的遗产信托的罗马法起源、比较法状况和我国适用[J].盛京法律评论，2021，10（1）：6-8.

另一个人，以此类推，如此达到限制遗产转让的目的。这样的替补继承的适用条件是继承人是家外人。对于家内人或处在家父权下的人，家父可为他们指定普通的替补继承人。这样，信托替补制度与家人遗嘱信托制度形成互补，一者适用于家人，一者适用于家外人，两者的共同目的是限制遗产的流动性。而且，信托替补比家人遗嘱信托更自由，因为后者有代数限制，前者没有。至此，罗马的遗嘱信托制度完成了其进化。从受托人的地位来看，他们从二传手演变为遗产的实际享有者。从制度目的来看，完成了从规避法律到保障家族利益、限制遗产流动的转变。这样的遗嘱信托制度在优士丁尼罗马法中占据重要地位。例如，《学说汇纂》凡50卷，其中遗嘱信托制度占据2卷的篇幅，达1/25之多。①

(二)《法国民法典》下的遗嘱信托

罗马遗嘱信托制度随着侵略者的入侵而随着国家一起灭亡了，但不久便因注释法学派的研究与关注而再次复兴，被欧洲大陆的各个国家所学习和引进，法国便是其中之一。如前所述，罗马法中的信托制度为"二元起源"，有起源于 Fiducia 的信托和起源于 Fedeicommissum 的信托，前者包括管理信托、担保信托，后者是转给信托（即遗嘱信托），Fiducia 和 Fedeicommissum 的区分是活人行为与死因行为之间的区分。法国最先引入的是 Fedeicommissum 为起源的遗嘱信托等相关制度和思想，2007年引入的信托才可理解为是 Fiducia 式的信托，这也是将法国的遗嘱信托相对独立阐述的重要原因之一。

在起源上，遗嘱信托广泛应用于继承法领域，甚至在信托立法之前，遗嘱信托就已经为法国北部习惯法适用的地区所应用。但是，法国大革命后，立法者并没有承袭封建主义意味浓厚的遗嘱信托，* 在1804年的《法国民法典》第896条作出了以下规定：①禁止附转交义务的替代继承。②一切约定由受赠人、指定的继承人、遗赠受领人负责保管其受赠与或继承的财产、将此财产转交给特定第三人的任何处分一律无效，即使是对于其他受赠人、指定继承人、遗赠受领人，亦无效。可见该条规定概括性地废除了遗嘱信托，理由包括：首先是出于彻底打击贵族制度体系的政治理念和目标，其次是出于经济与财产流通的

---

① 徐国栋.《民法典》规定的遗产信托的罗马法起源、比较法状况和我国适用 [J]. 盛京法律评论，2021，10 (1)：8-9.

* 这里主要指的是 substitutions fidéicommissaire，即委托遗赠或者译为信托遗赠、替代继承、受信替补传承等，这是处理遗产最终去向的一种方式，它也被称为"中继继承"，即前位受赠人并不是遗产的真正最终受领人，仅仅是保管人、转交义务人，遗产的真正受领人通常是（前位受遗赠人）已出生或将来出生的直系卑血亲。这种遗产处理方式在古代法国所有的社会阶层中得到采用。所谓信托即 fidéicommissaire，是因"信任他人之善意"而给予嘱托或者委托。采用这种信托遗赠方式，追求的目的各不相同，诸如：防止财产过于分散，延续家族财富，保持家道长久，防止姓氏衰败，对死者的永恒纪念，等等。贵族领地的家产、土地，则是在长子继承制度下，往往都运用信托遗赠，期待家族门第或其经济实力代代相传。通过这种信托遗赠制度，还可以达到一个更高的目标，即：围绕着王权，保持一个富有而强大的贵族阶层统治的社会制度。这也是法国大革命后，1804年的《法国民法典》第896条为什么禁止任何替代继承制度的主要原因。见法国民法典 [M]. 罗结珍，译. 北京大学出版社，2023：526-527.

考虑,① 最后是继承法国大革命时有关立法的精神,禁绝长子继承制。但是,根据原《法国民法典》第1048条和第1049条,则例外地允许家庭中的继承人之一为受托人,等无继承能力的子女成年后,再由该受托人转交。也就是说,原《法国民法典》也部分地承认信托替补和家人遗嘱信托的法律效力。②

2006年,根据"2006年6月23日第2006-728号法律",《法国民法典》在第三卷"取得财产的各种方法"的第二编"无偿处分"中新设立了一章(即该编第六章)"向后位受赠人无偿处分财产以及剩余财产的无偿处分",其内容即涉及向后位继承人无偿处分财产(即后位继承)和补位遗赠(即补位继承)两种情形。在此之前,本着不承认遗嘱信托的态度,后位继承也被称为"委托代替"(substitutions fidéicommissaire,也有学者译为"委托遗赠""信托遗赠""信托替代继承""委托替代继承"③)。

自2006年新设这两项内容后,《法国民法典》第896条的内容修改为:"规定由某人保管其继承的财产并负责将此财产转交给第三人的处分,只有在法律规定的情况下才能产生法律效力。"修改后的《法国民法典》第896条是对后位继承的概括性认可,关于后位继承的制度的具体规定,则要见前述《法国民法典》第三卷第二编中新设立的一章(即该编第六章)"向后位受赠人无偿处分财产以及剩余财产的无偿处分"下第一节"向后位受赠人无偿处分财产"的规定(即《法国民法典》第1048条至第1056条的规定)。④ 这意味着遗嘱信托在立法上得到正式承认。* 但需要强调的是,法国的遗嘱信托不要求受托人必须是从事信托职业活动的人;受托人可以是某个继承人,但负责处理遗产事务的公证人不能担任受托人。

下面具体介绍一下《法国民法典》中关于后位继承与补位继承的规定。《法国民法典》第1048条是关于后位继承的规定:"对无偿处分可以附加一种负担,此种负担包括受赠与人或受遗赠人负责保管作为受赠标的物的财产或权利,并且负责在其本人死亡时将此财产或权利转移交给文书中指定的后位受赠人。"这里说的后位受赠人即第二位的受赠人。根据此条的规定,前位继承人或遗产转交义务的负担人,始终是受赠与或受遗赠的财产的所有权人,而受指定的后位继承人在该义务负担人生前对这些财产仅仅持有一种不确定的可能权利。显然,义务负担人对其受赠的财产享有比用益权人更加广泛的权利。但是,他有义务保全并向后位继承人转交财产。⑤ 如前所述,在1804年的《法国民法典》中是明

---

① 法国民法典[M].罗结珍,译.北京:北京大学出版社,2023:526-527.
② 徐国栋.《民法典》规定的遗产信托的罗马法起源、比较法状况和我国适用[J].盛京法律评论,2021,10(5):17-18.
③ 同①:525-527.
④ 同①:526.
* 徐国栋明确指出,"《法国民法典》承认家人遗产信托,说《法国民法典》在近年纳入信托,应该理解为纳入Fiducia式的信托。"见徐国栋.《民法典》规定的遗产信托的罗马法起源、比较法状况和我国适用[J].盛京法律评论,2021,10(1):18.
⑤ 同①:584.

确禁止这种"无偿处分"的，过去的受赠人或者"后位受赠人"只能是赠与人的亲属，也就是仅仅在家族内部才有效。而在后来的法国，立法者却选择了相反的立场，这种态度的转变也是对所有权"绝对"地位以及自由处分财产观念的认可。规定后位继承目的，是考虑到父母欲把其遗产留给他们的无能力保有遗产而不挥霍的子女，所以先把遗产给有能力保有遗产的子女，待前种子女取得保有遗产的能力后，由后一种子女转交遗产。在完成转交前，有关遗产处在不得转让的地位。① 在后位继承中，向后位受赠人无偿处分财产的形式，可以是遗赠，也可以是生前赠与。因此，前位受赠人包括受赠与人和受遗赠人，而后位继承的适用场合，除前面提到的由有能力保有财产的子女（即前位继承人）代无能力保有财产的子女负责保管作为受赠标的物的财产或权利之情形外，还包括后位受赠人是前位受赠人的第一亲等的直系卑血亲的情况。②

但是值得一提的是，处分人无偿处分财产的自由也会受到例外的限制，例如，因为法定特留份存在而导致该等选择自由在特留份范围内失效。《法国民法典》第 1054 条第 1 款对此的规定为："如果附负担义务的前位受赠人是无偿处分人的特留份继承人，转交财产的义务负担只能涉及处分人可处分的部分。"③ 这里说的特留份继承人，包括子女或者配偶等。《法国民法典》第 1054 条第 1 款的规定便是对特留份不得附负担原则的应用④。

补位继承是指处分人将财产交给第一顺位受赠人，后者负有在其生前并未处分的受赠遗产在该受赠人死后转让给第二顺位受赠人的义务的继承方式。《法国民法典》第 1057 条对该种遗赠形式给予了承认："在一项遗产或者赠与中可以约定，在第一顺位受赠人去世时，处分人可以要求其将所剩余的财产部分转让给指定的第三人。"需要注意的是，还有一种继承/遗赠，也被译为"补位继承"，这就是《法国民法典》第 898 条所规定的情况："规定在受赠与人、指定的继承人或不接受赠与、继承或遗赠的情况下，将召唤第三人受领此种赠与、（2009 年 5 月 12 日第 2009-526 号法律第 10 条）遗产或遗赠的，此种处分不视为替代继承，并且有效。"这种情况不属于《法国民法典》原 896 条所禁止的替代继承，是有效的，实践中不会存在任何困难，并为法律所准许。⑤ 要把这种"补位继承"与本部分中所说的"补位继承"区别开来。

后位继承和补位继承的共同点是两者都将继承分为两个阶段进行，并且处分人将自己的财产相继赠与或者遗赠给两个当事人，顺位在后的受赠人在顺位靠前的受赠人去世后才

---

① 徐国栋.《民法典》规定的遗产信托的罗马法起源、比较法状况和我国适用 [J]. 盛京法律评论，2021，10(5)：18.
② 法国民法典 [M]. 罗结珍，译. 北京：北京大学出版社，2023：583.
③ 同②：585.
④ 格里马蒂. 后位继承与补位继承制度 [J]. 法国家事法研究文集：婚姻家庭、夫妻财产制与继承 [M]. 李贝，译. 北京：人民法院出版社，2019：87-88。
⑤ 同②：527.

开始享有财产，并且两者的权利都是从处分人处取得的。①

与后位继承不同的是，在补位继承中，第一顺位受赠人并不具有生前财产的保全义务。比较来看，后位继承下受赠人具有双重义务：保全并转让；而补位继承下受赠人义务单一，仅要求死后转让即可。在补位继承中，没有保全义务的第一受赠人拥有自由处分财产的权利，根据《法国民法典》第1058条第2款的规定，当作为剩余遗产处分之标的的财产已经被前位受赠人转让给他人时，对（可能的）剩余财产享有利益的后位受益人的权利，既不转移到因这些转让所取得的收益上，也不转移到（用转让的所得的价款）所取得的新财产之上。② 也就是说，补位继承人不得像后位继承人一样具有向取得财产的第三人行使追索或者物上代位的权利。

第三节 法国的担保信托

一、大陆法系现代信托制度中的担保信托概况

放眼全球，不论是英美法系还是大陆法系国家，信托制度均已然成为一项重要的财产管理制度。以法国为首的欧洲各国制定现代信托法的热情高涨，法国通过立法的形式在民法典中确立了现代信托制度（包括管理信托和担保信托制度），德国通过学说和本国法院的判例承认了信托制度，意大利也在民法典中规定了担保信托制度。反观我国，立法上尚未承认担保信托制度，理论界对担保信托有所研究与介绍，但是对欧洲大陆法系国家担保信托的研究则少之又少。因此，笔者对我国关注较少的担保信托尤其是欧洲大陆法系国家担保信托的情况（尤其是作为欧洲大陆法系国家代表的法国、德国、意大利这三个国家的担保信托经验）进行介绍，并为建立与完善我国现代信托制度中的担保信托规则提供借鉴。

担保信托在我国一直没有引起重视。但在商事活动中，担保信托十分重要，是商事交易现实需要的产物。担保信托一般是指委托人为了担保特定债务的履行，基于对受托人的信任而将特定财产转移至其手中。委托人若能够在约定的期限届满前履行债务，则担保信托合同终止，受托人则负有返还信托财产的义务；但若未能按照约定履行债务，受托人则可以对其信托财产进行折价或变价处理，或直接将其交付受益人。③ 由此可见，担保信托便是债权债务关系双方当事人利用信托结构实现担保目的的一种制度手段，属于信托活动的一种。与管理信托相比，其设立信托具有特定的目的，即担保债务的履行。分析担保信

---

① 格里马蒂. 后位继承与补位继承制度［J］. 法国家事法研究文集：婚姻家庭、夫妻财产制与继承［M］. 李贝，译. 北京：人民法院出版社，2019：84-85.
② 法国民法典［M］. 罗结珍，译. 北京：北京大学出版社，2023：587-588.
③ 唐义虎. 论信托型担保［J］. 云南大学学报（法学版），2005（5）：72-73.

托合同的法律结构,不难看出,其属于典型的信托合同。一方面,债务人或第三人将担保物转移给债权人或第三人,信托财产所有权发生转移。另一方面,作为受托人的债权人或第三人虽享有该担保物的所有权,但却受限于担保信托合同,并不能随意支配与处分该信托财产。

在多数大陆法系国家中,担保信托被称为"让与担保",是在市场交易的实践中自动创造出来的,让与担保在学说与判例中以一种债的担保方式存在,被排除于民法典之外,长期处于法律的灰色地带,① 但是其效力却为各大陆法系国家法院和学说所认可。尤其是近年来,法国与意大利有将担保信托成文法化的行动,以更好地规制实务发展。与之对应的,在英美法系国家中,担保信托则是信托制度的重要内容,包含动产信托、信托契书、设备信托及信托收据等多种担保类型。将其定位于信托法视角之下,依据信托财产权的双重所有权构造,具有自己独特的优势。② 但鉴于本部分主要是借鉴大陆法系国家的经验,英美法系国家的优秀经验则不在本部分的考虑范围内。

申而论之,让与担保是大陆法系国家沿袭罗马法上的信托行为(Fiducia)理论并吸纳日耳曼法上的信托行为(Treuhand)成分,经由判例、学说所形成的一种非典型的物的担保制度,其特征是以转移所有权的方式作为担保。如前所述,这种制度各国民法中一般都未加以明文规定,但在担保实务中被广泛利用,并获得判例法的承认。如同在英美法系中不动产的按揭已经衰落甚至消失一样,在大陆法系,不动产的让与担保也很少发生。这是因为,现代的不动产的登记制度的完善和普及,使得在不动产担保领域,以转移所有权的方式作为担保既无必要,又显麻烦,有画蛇添足之嫌。因此,现代让与担保兴盛的领域,主要是在不动产担保领域之外,即动产让与担保和权利让与担保。动产让与担保的要件有三:一是所有权的转移,二是所有权是为担保目的而转移,三是当事人间存在债权债务关系,即这种担保关系具有从属性,从属于基础的债权债务关系。在外观上,动产一般不转移占有。③

二、法国担保信托

在欧洲大陆法系国家中,法国是较早走上信托成文法道路的国家,更是最早将担保信托写入信托法基本框架、写入民法典的大陆法系国家,其具有丰富而成熟的立法与实践经验,为担保信托制度的建构另辟蹊径。

---

① 唐义虎. 论信托型担保[J]. 云南大学学报(法学版),2005(5):74-75.
② 孙全富. 担保信托法律构造的解析与释疑[J]. 法律与金融,2019(00):296.
③ 费安玲. 比较担保法:以德国、法国、瑞士、意大利、英国和中国担保法为研究对象[M]. 北京:中国政法大学出版社,2004:241-242.

(一) 法国担保信托的历史渊源及其法理依据

如前所述,《法国民法典》引入现代信托制度（la fiducie）是近十几年发生的事情。在此之前,法国在立法层面并没有关于现代信托制度的任何规定。而在与之对应的英美法系国家中,现代信托制度却凭借信托财产独立性、同一性、流动性和多样性等灵活、实用的特性,成为风靡全球的理财工具,有效应对着纷繁复杂的世界经济,推动着相关国家经济的蓬勃发展。

英美信托制度的日益繁荣使得传统大陆法系国家及地区纷纷将目光汇集于此,开始采纳信托制度。而法国在此阶段并没有跟上步伐,许多法国公司迫于无奈只能求助于他国信托制度,法国资金外流严重,这对法国法律制度产生了强烈的冲击,使得法国意识到现代信托制度在推动经济发展中有着重要作用,引入这项制度被越来越多的法国学者所考虑与支持。*

加之1985年海牙国际私法会议通过了《海牙信托公约》,国际社会也高度关注着英美信托制度,希望其能够在没有这项制度的大陆法系国家得到承认与适用。虽然该公约并没有试图将信托概念引入大陆法系国家的国内法,但这使法国进一步意识到法国引入信托制度是迫在眉睫的大事。

前已述及,在罗马法中,fiducia按照设立目的的不同分为"担保信托**"（fuducia cum creditore）、"管理信托"（fiducia cum amico）和"遗嘱信托"（fideicommis）。其中,"管理信托""遗嘱信托"分别是以管理财产为目的和以转让财产为目的而设立的。与之对应的,"担保信托"则是为担保债务的履行,债务人通过要式买卖（mancipatio）或拟诉弃权（in iure cession）的方式将担保物的所有权转让给债权人,并在其上附带当事人之间订立的信托简约,以彰显该所有权转让的目的,进而限制债权人对该担保物的随意处分。[①] 若被担保的债务在规定的期限内获得清偿,债权人则负有将该物返还的义务。也就是说,罗马法中的"担保信托"制度主要由必然发生的转让信托财产的行为和彰显当事人转让财产目的的信托简约以及仅当债务人在债务履行期限届满后仍不履行债务时才成就的信托财产的拍卖三部分组成。[②] 此外,"担保信托"中的债务人还可以通过租赁或容假占有的方式继续使用担保物或者对担保物进行收益。[③] 不过,值得注意的是,信托简约的存在仅仅是表明转让所有权的债权债务关系受到带有宗教和道德色彩的信义（fides）的约束,债权人

---

* 弗兰克斯·巴特尔:"法国的信托:一个'睡美人'的混沌觉醒",载[加]莱昂纳尔·史密斯.重塑信托:大陆法系中的信托法[M].李文华,译.北京:法律出版社,2021:165.
** 也有学者将其翻译为"信托担保""与债权人信托""债权人之托""信托质权""信托质"等。
[①] 史志磊.试论罗马法中关于信托质的三个问题[J].政法学刊,2010（3）:60.
[②] 史志磊.论罗马法中信托担保的结构和保护模式[J].暨南学报（哲学社会科学版）,2015（1）:111-112.
[③] 黄风.罗马法词典[M].法律出版社,2002:114. //史志磊.论信托与罗马法的关系[J].青海师范大学（哲学社会科学版）,2015（3）:39-45.

（即受让人）拥有的是担保物完整的所有权，债权人仍可以处分该担保物。不过，随着"担保信托"的盛行，信托简约渐渐在法学家、皇帝和元老院的共同推动下获得了法律地位，并形成了专门针对信托诉讼的新的诉讼类型，即"信托之诉"（action fiduciae）。①

由此可见，在罗马 fiducia 基础上发展出的 fiducie 一般表现为，设立人（即委托人，下同）基于对受托人的信任，将特定财产的所有权完全转移给了受托人，受托人按照设立人的要求管理财产，以达到经营管理财产、担保债务以及转移财产的目的。

这样看上去，罗马法的 fiducie 似乎与英美法中的信托（trust）十分相似。法国著名信托法专家皮埃尔·勒庞（Pierre Lepaulle）甚至将 fiducie 视为英美信托 trust 的孪生制度。②但实际上两者却存在着比较大的差异。

罗马法中的 fiducia 有着以法律行为方式设立、所有权完整转移和资产混同的特点，即通过法律行为方式，设立人基于信任将财产所有权完整转移给受托人后，该笔财产就与受托人的其他财产混合在了一起而无法区分，设立人只是该受托人的一般债权人。设立人或受益人虽然有权请求受托人返还信托财产，但该请求权仅为债法上的请求权，一旦该信托财产被受托人的其他债权人执行，其请求就无法获得支持。当然，设立人在事先是知道这种风险存在的，即受信任的受托人完全存在着背信弃义而不去履行信托合同约定义务的可能。因此，fiducia 中的设立人往往需要自担风险，承担受托人无法返还信托财产的风险。③

这就与英美信托制度的财产隔离功能和双重所有权构造不一样了。在双重所有权的构造下，信托财产与受托人的自有财产相区分，这项资产剥离技术使得信托财产具有独立性，受托人仅享有名义上的所有权，拥有管理信托事务、投资信托财产的权利，在管理信托财产时仅以信托财产为限对外承担责任，只有在其违反受托人信义义务时，受托人才需要以自有财产承担责任，受益人则具有实质上的所有权，享有信托受益权，且信托财产即使流转于非善意的他人之手，仍具有追踪信托财产的权利。④

由此可见，罗马法上 fiducia 制度中的资产混同特点使得仅借助罗马法传统并不能实现英美信托（trust）那样的制度功能，法国还需要借鉴英美法系国家的信托经验来解决 fiducie 制度无法实现的财产隔离功能。19 世纪法国著名学者奥里布和罗（Aubry and Rau）基于对《法国民法典》第 2092 条的理解，提出了"一人须有且仅有一项广义财产"（"一人一产"）的理论。这一法国法中特有的财产理论起初极大阻碍了法国引入信托，前已述及，皮埃尔·勒庞将该传统理论与英美信托制度联系起来，修改了原有的"一人一产"的

---

① 熊敬. 信托行为研究 [D]. 南京：南京大学，2018：19-22.
② LEPAULLE P. CIvil law substitutes for trusts, 36 Yale L. J, 1927, 1138. // 吕富强. 论法国式信托：一种对本土资源加以改造的途径 [J]. 比较法研究，2010（2）：72.
③ 李世刚. 论《法国民法典》对罗马信托概念的引入 [J]. 中国社会科学，2009（4）：113-114.
④ 叶朋. 法国信托法近年来的修改及对我国的启示 [J]. 安徽大学学报（哲学社会科学版），2014（1）：121-122.

观念，提出了"专项财产"理论，认为为了特定目的而从个人的广义财产中分离出来的信托财产构成一个独立的财产，受托人实际上至少是自身财产与信托财产两个财产的主人，使信托财产免于被受托人侵蚀及其债权人追及，以实现财产隔离的功能。①

总而言之，为了借助罗马法传统来引入现代信托制度，法国做出了一定的技术处理，即法国立法者在罗马法 fiducia 制度完全让渡所有权的基础上，通过借鉴英美信托制度中的资产剥离技术来修改法国法中特有的专项财产理论，给予信托财产以独立地位，以此来降低设立人或受益人的风险，平衡对债权人与债务人的利益保护，维护和更新法国传统的民法体系。不过，值得注意的是法国，fiducie 制度中这种完全让渡的所有权需受到临时性和目的性的限制。* 担保信托作为法国信托制度中的一员正是在这样的背景下产生的。

(二) 法国担保信托的法典化

1. 法国担保信托的立法路径

前已述及，法国于 1991 年签署了《海牙信托公约》，但却迟迟没有批准该公约的生效。究其原因，法国国内法中没有与之相匹配的制度，最终导致其无法在立法层面获得批准生效②，这促使法国对信托制度产生了新的兴趣。人们也越来越认识到，法国法律中缺乏与英美信托制度相匹配的法律制度确实对法国不利，使得其在经济竞争领域常常处于劣势地位。对此，有人认为，这种情况不能仅仅通过签署甚至是批准《海牙信托公约》来消除，这只是在形式上意味着承认与外国信托有关的法律冲突规则，法国急需通过在法国国内法中引入类似于英美信托的制度。③ 因此，为构建制度上的优势，留住本国资金、吸引外国资金，为批准《海牙信托公约》的生效提供条件，法国在立法层面建立了自己的现代信托**制度。

不过，也如前所述，自 1989 年法国进行信托立法尝试以来，信托法定化步伐总是徘徊不前。法国分别在 1989 年与 1995 年进行了两次关于信托制度的立法尝试，均以失败告终。这些徒劳的尝试先是受到税收担忧的制约，担心信托制度成为隐藏财产、偷逃税款和洗钱的工具，接着是当税务立法部门宣布不再反对引入信托制度时，司法部却对其法律性

---

① 李世刚. 论《法国民法典》对罗马信托概念的引入 [J]. 中国社会科学, 2009 (4): 113.
* 参见李世刚. 论《法国民法典》对罗马信托概念的引入 [J]. 中国社会科学, 2009 (4): 113. 此外, 也有法国学者明确指出, 随着信托的设立, 由一般法特别是《法国民法典》第544条所界定的所有权, 就变成了一种由目的所界定 (shaped) 的所有权。Cantin Cumyn 则认为, 通过信托所转让的更多的是一种法律权力, 而不是所有权。前引弗兰克斯·巴特尔: "法国的信托: 一个'睡美人'的混沌觉醒", 载 [加] 莱昂纳尔·史密斯. 重塑信托: 大陆法系中的信托法 [M]. 李文华, 译. 北京: 法律出版社, 2021: 174.
② 同①: 114.
③ MJ DE WAAL. In search of a model for the introduction of the trust into a civilian context [J]. Stellenbosch law review, 2001, 12: 63-85.
** 本部分的信托均指法国式信托 fiducie。

质表示反对。* 直到 2005 年 2 月，参议院提交了一份"旨在建立完全透明且详细监管的信托制度"的立法草案，获得了税务和立法部门的支持，这才使得关于信托的法案于 2007 年 2 月 19 日成为 2007-211 号法案，法国才终于通过了《关于建立信托制度的法律》**，在《法国民法典》中创设了《信托》编，成功引入了信托制度，从此信托制度走入了《法国民法典》和法国现实生活，在理论与实务中实现了历史性跨越。①

需要注意的是，罗马法 fiducia 制度中发展出来的担保信托虽然在法国《信托引入法》中得到了认可，但是该法案没有将管理信托与担保信托进行区分***，主要是以管理信托为原型而制定的，遗漏了担保信托的特殊具体规则。究其原因，主要是因为信托法草案几乎是与担保法改革草案同时进行，学者们对担保信托的性质以及放于何处的规定看法不一。最初，在 2006 年 3 月的担保法改革草案中将"担保信托"视为一种担保方式而设立了一套规则，但随后司法部要求将担保信托的立法任务交给信托立法委员会完成而删除了相关部分。② 结果却是担保信托的规范被忽略。此外，该法案对信托制度的规范也过于严苛，例如，对委托人与受托人的资格作出限定，将信托期限控制在 33 年内等，严重阻碍了信托业在法国的发展。

前已述及，此后，为了修正《信托引入法》存在的问题并弥补立法漏洞，法国在该法案颁布两年内又制定了几部关于信托的新法以修改与完善法国的现代信托制度。首先，法国于 2008 年 8 月 4 日通过了《有关经济现代化的法律》，扩大了信托的适用领域。其次，在 2008 年 12 月 18 日通过的《与困难企业的权利有关的改革的法令》更改了信托在集体诉讼程序（如司法重组或清算）中的运作方式。**** 再次，在 2009 年 1 月 30 日，《关于信托措施的法令》中则规定了适用于自然人设立的信托制度，将设立人与受托人的适用范围扩大到了自然人，同时增加了担保信托的内容，使得《法国民法典》的第四卷《担保》

---

* 参见前引弗兰克斯·巴特尔："法国的信托：一个'睡美人'的混沌觉醒"，载 [加拿大] 莱昂纳尔·史密斯. 重塑信托：大陆法系中的信托法 [M]. 李文化，译. 北京：法律出版社，2021：166。

** 法文全称为 Loi instituant la fiducie（n°2007-211du 19février 2007），英文全称为 the Law Introducing the Fiducie，中文全称也有学者称为《信托引入法》）。该《信托法案》一共有五章，第一章为通则，其内容包括《法国民法典》的全部信托条款，即《法国民法典》第 3 卷《取得所有权的各种方式》中新增的第 14 编《信托》；第二章则是关于反洗钱的相关规定；第三章是涉及信托税务问题的相关规定；第四章则是涉及信托会计与审计的相关规定；第五章则是关于信托法适用、各司法机关和监管部门对信托信息取得。转引自李世刚. 论《法国民法典》对罗马信托概念的引入 [J]. 中国社会科学，2009（4）：109.

① 叶朋. 法国信托法近年来的修改及对我国的启示 [J]. 安徽大学学报（哲学社会科学版），2014（1）：121-122.

*** 《法国民法典》第三卷《取得所有权的不同方式》第十四编《信托》下第 2013 条规定："信托合同如果是出于为受益人的利益进行赠与之意图，合同无效。此种无效具有公共秩序性质。"这一条款表明信托合同不应具有赠与受益人的意图，法律排除了 fiducia 中的转给信托的有效性，以避免信托制度成为规避法律基本原则的一种方式，确保立法者在财税政策方面对信托制度更加信任。

② 李世刚. 论《法国民法典》对罗马信托概念的引入 [J]. 中国社会科学，2009（4）：114.

**** 弗兰克斯·巴特尔："法国的信托：一个'睡美人'的混沌觉醒"，载 [加] 莱昂纳尔·史密斯. 重塑信托：大陆法系中的信托法 [M]. 李文华，译. 北京：法律出版社，2021：168.

编下增设了担保信托的章节内容,即将"动产担保信托"放置于第四卷《担保》编第二副编《动产担保》下的第四章《以担保名义留置或让与所有权》中,将"不动产担保信托"的内容编进第四卷《担保》编第三副编《不动产担保》下的第八章《以担保名义让与所有权》中,共同构成担保信托的特殊规则,并规定动产或不动产担保信托适用《信托》编的一般规定。最后,于2009年5月12日,《关于程序减负以及法律清晰与简化的法律》修改了担保信托的一些规定,对若干不合理的规定进行了完善。① 由此,在法国,担保信托的运行有了规范依据。不过,值得注意的是,法国在立法中将担保信托称为"让与担保",这也是多数大陆法系国家对担保信托的表述。

2. 法国担保信托的立法规定

法国信托走上法典化的道路,若要借鉴其丰富的经验,必须从立法规定入手。为此,笔者将先从增补的担保信托条款着手,分析当前法国式信托中的担保信托制度。由前文可知,目前《法国民法典》中关于担保信托的特殊规定主要集中在第四卷《担保》下第二编《物的担保》下第二分编《动产担保》之第四章《以担保的名义留置或让与所有权》与第四卷《担保》下第二编下第三分编《不动产担保》之第四章《担保信托》中。需要特别强调的是,第四卷《担保》下第二编下第三分编《不动产担保》之第四章《担保信托》,在2021年9月15日之前,是第四卷《担保》下第二编下第三分编《不动产担保》之第八章《以担保名义让与所有权》(De la propriéteé cédée à titre de garantie),② 但是,根据2021年9月15日第2021-1191号授权法令,该章的名字改为《担保信托》(De la fiducie à titre de garantie,有学者将该章的题目译为"以担保的名义托管财产")。③

鉴于不动产与动产担保信托虽然在不同的篇章,但有相似之处,故下文将《动产担保》之第四章《以担保名义留置或让与所有权》* 与《不动产担保》之第四章《担保信托》** 放在一起探讨,以期分析关于担保信托的完整特殊规定。

《法国民法典》第四卷《担保》第二编《物的担保》

(1) 担保信托的设立与终止

《法国民法典》第2372-1条(针对动产,笔者注)

(2021年9月15日第2021-1191号授权法令)可以按照适用第2011条至第2030条的规定订立信托合同,以担保某项债务的名义,让与一项动产或权利的所有权。

---

① 叶朋. 法国信托法近年来的修改及对我国的启示 [J]. 安徽大学学报(哲学社会科学版),2014(1):123-125.
② 法国民法典 [M]. 罗结珍,译. 北京:北京大学出版社,2010:550-551.
③ 法国民法典 [M]. 罗结珍,译. 北京:北京大学出版社,2023:1039.
* 该章的全部条文,请见法国民法典 [M]. 罗结珍,译. 北京:北京大学出版社,2023:995-1002.
** 该章的全部条文,请见法国民法典 [M]. 罗结珍,译. 北京:北京大学出版社,2023:1039-1041.

被担保的债务可以是现在的或者将来的债务,在后一种情况下,应当是可确定的债务。

尽管有第2029条的规定,但是在设立信托的自然人死亡的情况下,也并不终止按照本节规定订立的信托合同。

《法国民法典》第2488-1条(针对不动产,笔者注)

一宗不动产财产的所有权,可以按照适用第2011条至第2030条的规定订立信托合同,而以担保的名义让与之。

被担保的债务可以是现在的或者将来的债务,在后一种情况下,应当是可确定的债务。

尽管有第2029条的规定,但是在设立信托的自然人死亡的情况下,也并不终止按照本节规定订立的信托合同。*

【分析】

担保信托属于法国现代信托制度的重要组成部分,理应适用《法国民法典》中关于信托的一般规定,在两章均没有特别规定的情况下,适用第三卷《取得所有权的不同方式》下第十四编《信托》的规定。

同时,自然人委托人死亡并不终止担保信托合同,这是区别于一般规定的特殊规定。究其缘由,若是担保信托合同由于设立人死亡而终止,则无法实现担保信托担保债权人债权的目的。因此,2009年5月12日的《关于程序减负以及法律清晰与简化的法律》增补第2372-1条第2款与第2488-1条第2款的规定。①

此外,需要特别指出的是,根据2021年9月15日第2021-1191号授权法令,《法国民法典》在第2372-1条和第2488-1条都增加了一款,作为第2款,即要求被担保信托所担保的债务可以是现在的或者将来的债务,在被担保信托所担保的债务是将来债务的情况下,其应当是可确定的债务。笔者认为,这应该是为了所担保的主债务具有确定性从而保证担保关系的确定性、未来需要履行担保债务时便于执行等方面的考虑,因为被用于信托担保的财产、权利的价值是在不断变化中的,如果真的要履行信托担保的债务,再确定用于担保信托的财产之价值也不为迟晚,也更加科学和公平。可参见后面《法国民法典》第2372-3条第3款和第2488-3条第3款的规定。

(2)担保信托的形式要求

《法国民法典》第2372-2条(针对动产,笔者注)

(2021年9月15日第2021-1191号授权法令)在以担保的名义订立信托合同的情况

---

* 前一法条位于第四卷《担保》第二编《物的担保》下第二分编《动产担保》之第四章《以担保名义留置或让与所有权》中,后一与之对应的法条则位于第四卷《担保》第二编《物的担保》下第三分编《不动产担保》之第四章《担保信托》中,以下条款均是按照这一路径比照分析。

① 叶朋.法国信托法近年来的修改及对我国的启示[J].安徽大学学报(哲学社会科学版),2014(1):124.

下，除第2018条的规定外，合同应当写明受其担保的债务，否则无效。

《法国民法典》第2488-2条（针对不动产，笔者注）

在以担保的名义订立信托合同的情况下，除第2018条之规定外，合同应当写明被担保的债务以及转移至受托人概括财产内的（用于担保的）财产或权利的价值，否则无效。

【分析】

根据2006年第2006-346号授权法令的规定，《法国民法典》第2372-2条的内容是这样的："在以担保的名义订立信托合同的情况下，除第2018条的规定外，合同应当写明受其担保的债务以及转移至受托人的概括财产内的（用于担保的）财产或权利的价值，否则无效。"① 在担保合同中明示担保财产的价值是担保信托的特殊规则之一，以防止在此后担保信托的执行过程中，出现担保财产以低价或高价出卖的行为，损害相应的债权人或债务人的利益，确保债权人债权的合理实现。但是，2021年9月15日第2021-1191号授权法令却将合同应当写明转移至受托人的概括财产内的（用于担保的）财产或权利的价值、否则即无效的规定被删去了，笔者认为，这应该是尊重信托合同当事人合同自由的结果。

（3）担保信托的执行

《法国民法典》第2372-3条（针对动产，笔者注）

（2021年9月15日第2021-1191号授权法令）在被担保的债务未得到清偿的情况下，除信托合同另有规定外，如果受托人就是（被担保的债权的）债权人，即由其取得以担保的名义让与的财产和权利的自由处分权。

如果受托人不是（被担保的债权的）债权人，债权人可以要求受托人向其交付（用于担保的）财产，并由此可以自由处分之；或者，在信托合同有规定时，债权人可以要求出卖让与的财产或权利，并向其交付价金之全部或其中的一部分。

被让与的财产或权利的价值，由当事人协商确定或法院指定的鉴定人确定，但是如果财产或权利的价值是按照《货币与金融法典》意义上交易平台挂牌的市价确定，则不在此限。任何相反条款均视为不曾订立。

受托人如果找不到按照鉴定人确定的价格买受财产的人，可以按照由其承担责任评估的、与财产或权利的价值相适应的价格，而出卖财产或权利。

《法国民法典》第2488-3条（针对不动产，笔者注）

在被担保的债务未得到清偿的情况下，除信托合同另有规定外，受托人如果就是（被担保的债权的）债权人，即由其取得以担保的名义让与的财产的自由处分权。

如果受托人不是（被担保的债权的）债权人，债权人可以要求受托人向其交付（用于担保的）财产，并可以自由处分之；或者，在信托合同有规定时，债权人可以要求出卖让与的财产，并向其交付价金的全部或其中的一部分。

---

① 法国民法典[M]. 罗结珍,译. 北京：北京大学出版社,2010：518.

被让与的财产的价值,由当事人协商确定或由法院指定的鉴定人确定。任何相反条款均视为不曾订立。

受托人如果找不到按照鉴定人确定的价格买受财产的人,可以按照由其承担责任评估的、与财产或权利的价值相适应的价格,而出卖财产或权利。

【分析】

2009年1月30日的《关于信托措施的法令》对于债务人在履行期限届满时不履行债务的情况,按照受托人是否属于债权人规定了两种担保信托的执行方案。通常情况下受托人是债权人,债权人如同信托财产所有权人一样可以取得自由处分信托财产的权利。但如果受托人是第三人而非债权人,债权人则享有请求受托人交付信托财产以行使自由处分信托财产的权利,或是享有请求受托人交付信托财产或出售信托财产的价金的权利。同时,担保信托中信托财产的价值应由当事人协商指定的或法院指定的鉴定人确定,除非该信托财产(仅限动产)在市场中存在官方挂牌的市场价或该信托财产是金钱,以此来保证担保的实现不超过其债权的实际价值,也保障担保的信托财产不以低于其自身价值的价格出卖。

需要强调的是,《法国民法典》第2372-3条和第2488-3条都根据2021年9月15日第2021-1191号授权法令而增加了一款,作为本条的第4款。该款是针对如果受托人找不到人来按照鉴定人确定的价格买受用于信托担保的财产或权利之情况所做的规定。在这种情况下,受托人自己有义务自负责任来评估用于信托担保的财产或权利的价格,并负责按照此等价格来出卖用于信托担保的财产或权利。这等于说又增加了受托人的一个职责。

(4) 担保信托被执行后的剩余价值分配

《法国民法典》第2372-4条(针对动产,笔者注)

(2021年9月15日第2021-1191号授权法令)如果信托合同的受益人按照第2372-3条之规定取得被让与财产或权利的自由处分权,在该条倒数第2款所指的财产或权利的价值超过被担保的债务的数额时,等于该价值与债务数额之间差额的款项,应支付给担保信托的设立人,但以首先清偿此前因保管或管理交付信托的财产所产生的债务为保留条件。

按照相同保留条件,如果受托人按照信托合同的规定出卖被让与的财产或权利,应当将买卖所得的款项在相应情况下超过被担保的债务的价值的部分返还给担保信托的设立人。

《法国民法典》第2488-4条(针对不动产,笔者注)

如果信托合同的受益人按照第2488-3条之规定取得被让与财产的自由处分权,在该条倒数第2款所指的财产的价值超过被担保的债务的数额时,等于该价值与债务数额之间差额的款项,应支付给担保信托的设立人,但以首先清偿此前因保管或管理交付信托的财产所产生的债务为保留条件。

按照相同保留条件,如果受托人按照信托合同的规定出卖财产,应当将买卖所得的款项在相应情况下超过被担保的债务的价值的部分返还给担保信托的设立人。

【分析】

为防止担保信托条款出现流质条款的效力,在按照前一个法条的规定对担保物进行客观评估,信托财产在被担保债权的份额内承担担保责任,完成担保信托的执行后,被担保的债权得以清偿。此后,在支付完保管或管理信托财产的费用后,被担保的信托财产价值仍有剩余时应返还给设立人。这个对信托财产剩余价值返还的规定使得债务人不至于因担保物所有权的让渡而处于不利地位,有利于保障担保信托设立人的合法权益。

(5) 再担保信托机制

《法国民法典》第2372-5条(针对动产,笔者注)

(2021年9月15日第2021-1191号授权法令)只要设立信托的合同(即设立文书)有明文规定,按照第2372-1条之规定让与的所有权,其后还可以用于担保该合同所写明的债务以外的其他债务。

设立人不仅可以向原来的债权人提供此种担保,而且可以向新的债权人提供此种担保,即使前一债权人尚未得到清偿,亦同。设立信托的人是自然人时,其交付信托的概括财产,只能在担保增负(即重复担保)设立之日的新债务的价值限度内,用于担保新的债务。

按照第2372-2条的规定订立的可增负担保协议(即重复担保协议),应按照第2019条规定的形式进行登记,否则无效。登记日期确定各债权人之间受清偿的顺位。

本条之规定具有公共秩序性质,任何相反条款的规定均视为未曾订立。

《法国民法典》第2488-5条(针对不动产,笔者注)

(2021年9月15日第2021-1191号授权法令)只要设立信托的合同有明文规定,按照第2488-1条之规定让与的所有权,其后仍可用于担保该合同所指债务以外的其他债务。

设立人不仅可以向原来的债权人提供此种担保,而且可以向新的债权人提供此种担保,即使前一债权人尚未得到清偿,亦同。设立人是自然人时,其交付信托的概括财产只能在新的担保设立之日评定的价值限度内用于担保新债务。

按照第2488-2条的规定订立的可增负担保协议(即重复担保协议),应按照第2019条规定的形式进行登记,否则无效。登记日期确定各债权人之间受清偿的顺位。

本条之规定具有公共秩序性质,任何相反条款的规定均视为未曾订立。

【分析】

为提高担保信托中信托财产的利用效益,法国担保信托制度借鉴了《法国民法典》中担保物权中的再抵押制度,增设了再担保信托机制,允许设立人在满足一定条件下,在最初的担保信托之上再创建新的担保信托,以保障额外债务的清偿,这符合商事实践的需求,有利于商事活动的活跃。其中,只有满足以下条件,再担保机制才能有实现的余地,即:第一,担保信托合同中应有关于信托财产可以用于该债务以外的其他债务的担保的明确约定。第二，再担保信托合同既可以与原来的债权人订立，也可以与新的债权人订立。第三，在设立人为自然人这一情况下，只能在新的担保信托设立之日新债务的价值限度内用于担保新债务。第四，需要重新订立新的担保合同，并依法进行登记。第五，同一担保信托的各债权人之间应按照担保信托合同与再担保信托合同的登记日期确定受偿顺序。

第四节　法国信托法对我国的启示

一、从不承认信托到21世纪初正式创设信托制度，出于国家制度经济发展和制度竞争力的需要，法国经历了一个各方博弈的过程，并力求达到各方利益的平衡

起初，虽然正式的信托（fiducie）制度在罗马法体系下的法国很久都不被接受或使用，但是类似信托的制度却始终在法国存在，这说明如同其他很多国家一样，信托及类似信托的制度是适应社会生活、经济发展的实际需要的，是具有坚韧的生命力的。

到了20世纪末，为了应对世界范围内的制度竞争，法国开始进行信托立法工作。但是，两次信托立法都因为法国财政部门的反对而以失败告终。具体而言，如前所述，法国分别于1989年、1995年进行了两次信托立法尝试，但是这两次立法都因为法国财政税务部门反对信托或相类似制度，认为其是隐藏财产、逃税和洗钱的工具而流产。

之后，由于英美法系信托制度和大陆法系国家中与信托类似制度的迅速甚至是成倍的增长所带来的制度竞争和企业外逃，导致包括法律界、经济界在内的各界人士强烈呼吁建立法国自己的信托制度，这凸显了法国体制竞争力的差距。来自英美法系信托的竞争更是法律界尤为关注的。法国企业将业务转移到法国以外的地方，原因就是英美法系的信托能够更好地满足他们的需求。大陆法系国家或地区（相当比例的拉丁美洲和南美国家，以及卢森堡、俄罗斯、黎巴嫩，当然还有魁北克省）中与信托类似制度的倍增带来了额外的竞争。在此情况下，法国开始突破各种阻力，在21世纪初期半被迫地接受并发展了自己的信托制度。[①]

前已述及，法国20世纪末、21世纪初进行信托立法的阻力，主要是来自税务部门和司法部等政府部门，最后能够使信托立法得以成功，主要是解除了这些政府部门的后顾之忧：一方面，法国的信托立法采用了平衡利益的方法，旨在兴利除弊（防止利用信托逃税、洗钱、规避法律的强制性规定等），使人们相信信托制度不违反公共秩序从而使得人们更愿意接受信托制度；另一方面，虽然此部法律貌似颠覆了法国传统民法上的财产的概

---

① DOUGLAS J. Trusts and their equivalents in civil law systems: why did the french introduce the fiducie into the civil code in 2007-what might its effects be: the wa lee lecture 2012 [J]. QUT law review 13, 2013 (1): 24.

念,但实际上这种变化肯定没有看上去那么大,并且可以应对法律上的反对意见。* 总之,法国信托立法的成功,是以兴利除弊为目标,采用"公共秩序"等立法、执法、司法手段来解决信托可能带来的避税、洗钱等弊端,通过利益平衡的手段,使各利益攸关方达成妥协的结果。这样,就既可以实现通过信托立法提高法国制度竞争力的目标,也能够避免有关方面所担心的信托制度可能带来的一些弊端,可谓是两全其美了。

二、法国为本国引入信托制度找到了坚实的法理依据,并且在此基础上不断拓展信托制度的适用范围

法国学者极力从本土法律资源中挖掘信托理论基础。前已述及,法国学者们普遍认为,罗马法上的信托是与英美信托最相近的制度,是英美信托真正的替代制度,大陆法系国家的信托是最容易发展成英美信托的法律制度的,从而为本国引入信托制度找到了法理依据。法国主要是以罗马法的"债权人之托"和"朋友之托"为原型,发展出两种基本的现代信托:建立在"朋友之托"基础上的管理信托和建立在"债权人之托"基础上的担保信托。①

如前所述,一开始,2007年法国《信托引入法》严格限制了信托这种法律机制的适用范围,即:只有受法国公司税法管辖的法人才能成为委托人,受托人办公室只能设在金融机构,而且信托的目的不能包括所有权的无偿转让。而2008年8月4日颁布的《经济现代化法》放宽了这些限制(这种转变使得法国法律更具有吸引力),主要是针对委托人(委托人范围扩大至所有民事主体)和受托人(受托人范围也从金融机构扩大到律师)。委托人范围扩大到自然人,鼓励了信托从商事领域逐步走向民事领域;而受托人范围扩大到律师,则无疑使得律师们可以更主动、积极地运用信托制度,可以使信托制度在法国实际社会生活中得到更广泛的应用。因此,信托制度的普适性被扩大了。这又一次说明了信托制度的优越性。总之,法国在引进信托制度的过程中,与本国的固有法律尤其是民法典、民法中的物权制度和合同制度相协调,既为信托法找到民法源头上的合法性(法国找到了罗马法),又很好地解决了信托的双重所有权与大陆法系物权法一物一权理念相冲突的问题(欧洲主要大陆法系国家大都解决了这个问题),为法国引入信托制度扫平了制度障碍。

三、法国为本国引入信托制度提供了扎实的经济发展方面的基础和依据

除了前面提到的,信托制度在法国的正式引入是经济发展方面的客观需求导致的历史

---

* 参见弗兰克斯·巴特尔:"法国的信托:一个'睡美人'的混沌觉醒",载 [加] 莱昂纳尔·史密斯. 重塑信托:大陆法系中的信托法 [M]. 李文华,译. 北京:法律出版社,2021:172.

① 叶朋. 法国信托法近年来的修改及对我国的启示 [J]. 安徽大学学报(哲学社会科学版),2014(1):121.

背景以外，随着信托成为法国的一道风景，人们对于它的用途有了新的认识。因此，虽然法国经济在受到 2008 年 9 月和 10 月的金融危机冲击后变得岌岌可危，但人们仍然认为如果能将油价上涨带来的意外之财投资于法国，那么法国则能够提供一种摆脱困境的方式，否则这种复苏似乎不会很快到来。法国像其他国家一样（尤其是英国）对遵守伊斯兰教法的伊斯兰经济呈现出来的潜力感兴趣（尤其是其关于利益之禁止的规定）。经济、财政与工业部长们认为信托机制可以满足他们的要求。信托的实际应用，无论是现在还是将来，都展示出它极强的通用性。[*]

四、在引入信托时，要根据本国的国情对其进行利用和改造，达到"以我为主，为我所用"的目标

这在法国有十分明显的表现：如前所述，法国通过一系列关于信托的法律法规，在《法国民法典》中加入整编的信托的内容（包括管理信托、作为特殊管理信托的遗嘱信托、担保信托）。而且是不加则已，一加就是一个系统：既有传统的由罗马法中的朋友信托转化来的管理信托的引入，也有在大革命时期被禁止的遗嘱信托的复活，更有担保信托这种在大陆法系没有被普遍接受的信托形式的引入。这既是信托制度全面适应力的体现，也是法国立法界和政府积极回应法国社会的迫切需求的结果，是包括法学界在内的各界人士共同努力的结果。

五、法国具体信托制度对我国的借鉴意义

（一）法国信托登记制度对我国的借鉴意义

法国《信托引入法》首先在形式主义和合同法复兴之间寻找一个中间地带。为防止被认定为无效，信托必须以书面合同的形式订立。同时，如前所述，信托合同必须包括规定某些特定的条款。此外，更重要的是，法律规定要建立全国信托登记簿的法令，这主要是作为政府部门和机构进行核查的基础；即信托合同必须在政府登记簿上登记，以避免倒填日期的风险，更是为税收稽查、政府审计提供有用的信息。

具体来说，《法国民法典》第 2019 条的规定是：

"信托合同及其附加条款应在其订立起一个月内，在受托人的总机构住所地税务机关进行登记，或者如果受托人的住所不在法国，则应当在非居民税务部门进行登记，否则无效。

---

[*] 参见弗兰克斯·巴特尔："法国的信托：一个'睡美人'的混沌觉醒"，载［加］莱昂纳尔·史密斯. 重塑信托：大陆法系中的信托法［M］. 李文华，译. 北京：法律出版社，2021：167.

"信托合同及其附加条款涉及不动产或者不动产物权时，应当按照《税收总法典》第647条与第657条规定的条件进行公示，否则无效。由信托合同引起的权利的转移以及如果在信托合同中没有指明受益人，对于随后进行的指定，应当制作按照相同条件进行登记的书面文书。

"（2020年2月12日第2020-115号授权法令）依照第2017条指定的第三人以及有关《货币与金融法典》第561-2-2条所指的信托财产的实际受益人的身份，也应当由委托人制作一份书面文件，并按照相同条件进行登记，否则无效。"

《法国民法典》第2020条接着规定："按照最高行政法院提出资政意见后颁布的法令规定的条件设立全国信托登记簿（登记处）。"

法国的信托登记，是对信托合同的登记。前已述及，根据《法国民法典》第2018条规定了（交付信托并）转移的财产、权利或担保，财产转移的持续期间，信托委托人的身份，受托人的身份，受益人的身份，以及受托人的任务及其进行管理和处分的权限范围等内容。我们可以看到，法国的信托登记是对信托合同的登记，也是对信托行为的登记，其中包括了信托财产的登记。法国的信托登记，是在受托人的总机构住所地税务机关进行登记（或者如果受托人的住所不在法国，则应当在非居民税务部门进行登记），总之是从反避税及审计的角度进行的信托登记，这是对法国在引入信托制度时政府和社会普遍担心的利用信托进行避税的做法的回应，从而很好地起到了兴利除弊的作用。这对于信托制度最终能够引入法国并不断扩大其适用范围而发挥更广泛的作用，无疑是非常重要的一个方面。

我国《信托法》关于信托的登记问题是在该法第十条的规定，即："设立信托，对于信托财产，有关法律、行政法规规定应当办理登记手续的，应当依法办理信托登记。未依照前款规定办理信托登记的，应当补办登记手续；不补办的，该信托不产生效力。"从我国的规定来看，我国《信托法》规定的是信托财产的登记。对于这一条规定，学术界的质疑比较多。下面先从比较法的角度对此问题进行委托。关于英美法系信托登记的问题，以高凌云教授的介绍较为全面，因此特结合高凌云教授的介绍及学术界其他专家的评介，先对关于英美法系信托登记的问题介绍如下。

英美法系虽然没有像大陆法系那样遵循物权公示制度路径建立的信托登记制度，但其信托登记与公示制度的功能更加多样化，较好地适应了现代社会信托发展与管理的需要。[①]其实，从历史上来看，在英美法系国家里，信托制度早在现代财产登记制度之前就已经发展起来，而且随后"衡平法发展了其他制度或规则来解决现代财产登记制度需要解决的问题。例如，衡平法确立了善意购买人和衡平法知情原则，来解决购买信托财产的第三人与信托受益人之间可能产生的权益争议。"[②] 英美国家的信托公示主要是通过将信托财产的

---

① 韩良. 信托登记的功能主义与制度建构［J］. 甘肃社会科学，2024（3）：136.
② 何宝玉. 信托登记：现实困境与理想选择［J］. 中国资本市场法治评论，2009，2：152. //自孟强. 信托登记制度研究［M］. 北京：中国人民大学出版社，2012：90.

所有权从委托人名下转移至受托人名下来做到。这样，其他人只知道财产的所有人是受托人，而不知道委托人原来是财产的所有人，因此可以充分保护信托当事人的隐私权。传统的英美信托法不要求当事人就信托的存在或将信托的书面文件向有关当局登记，因此，在没有制定法要求的情况下，信托登记并非设立信托的必要条件。

然而，有些英美法系国家还是有信托登记制度的，主要原因是受托人有保护和保全信托财产的义务。为履行该义务，受托人应像一个合理谨慎的商人一样行事，有义务采取任何必要的步骤和措施来标记财产，包括将信托财产的转让契据或抵押文件进行登记，目的是阻止向善意买受人出售或抵押信托利益从而导致受益人丧失信托利益。还包括保证公司（一种形式的有限公司）的股份在公司登记簿上登记到受托人或其指定人的名下等。

具体到土地共有的情况来看，在英国，只要在英格兰和威尔士的土地是按照《1925年财产法》由几个人共有的，那么就会受到《1996年土地信托和受托人任命法》的影响，将该土地视为为了共有人的利益而设立的信托，持有该土地的共有人有权出售该土地。因此，如果 P 和 Q 以 P 的名义，或 P 和 Q 的共同名义购买了一套房子，那么，P 或 P 和 Q 就是以信托的方式为 P 和 Q 的利益持有该房屋，并有权出售该房屋。如果购买者知道或理应知道（如由于在事实上 P 和 Q 共同占有该房屋，购买者被推定为注意到了信托的存在）有信托的存在，那么购买者应当向两个受托人或一个信托公司支付房款，以获得完整的所有权，而免受享有衡平法权益的共有人的影响。

而代表两个共有人行事的事务律师或有执照的办理不动产转让事务的人将授予共同共有人以法律上的所有权，就像他们是共同承租者一样。如果土地是未经登记的土地，且共有人或者以共同承租人的身份，或者以对一份不可分的所有权，按照均等或不均等的份额享有权益的普通承租人的身份存在时，共有人以信托方式持有该土地的情况，都将在土地转让契约中列明。当一块已经登记过的土地上有两个登记在册的所有人的时候，土地登记官将在权利登记事项中，写明"限制"（restriction）以阻止对该土地的处置权产生效力，除非购买该土地的款项被支付给两个受托人或者一个信托公司；如果两个登记在册的所有人中的幸存者，有权根据共同租赁协议中的授权，而成为唯一的受益所有人，并可以开具有效的财产收据，那么土地登记官才会允许向那个所有权人付款。[①]

如果制定法要求信托登记而当事人没有登记，日后当事人将同一财产转让给善意买受人、而后者已登记所有权，则受益人的所有权就会丧失。因此有些英美法系国家（包括美国的几个州）通过制定法要求或允许受托人就信托文件进行登记，负责登记的部门多半是当地法院。但是，即使有这样的制定法，信托登记也不是信托成立的要件，而只是出于公示的目的，这对保护受益人和第三人的利益至关重要。如果信托当事人没有依法登记，则受益人的权益无法对抗在信托设立后取得信托财产并进行登记的善意买受人。

---

① 海顿.信托法.4 版［M］.周翼，王昊，译.北京：法律出版社，2004：47.

第三章　法国的信托制度及其对我国的启示

美国在联邦法层面上对信托登记没有强制性要求。每个州对信托管理有不同的要求，有几个州要求有关不动产的信托需要登记。美国《统一慈善信托受托人监督法》（Uniform Supervision of Trustees for Charitable Purposes Act）要求慈善信托进行登记，登记内容包括受托人的身份、其所持有的财产以及信托的目的等。信托登记的主要目的是在诉讼中确立信托财产的所有权，因此信托登记的内容至少包括信托的名称和信托的存在，但是一般不要求登记委托人或受益人的信息。①

下面结合大陆法系国家的立法及专家们的研究，对大陆法系国家信托登记的情况做一下介绍。大陆法国家一般要求信托登记。法国的情况，本书前面的研究做了介绍。在亚洲，日本是大陆法系国家中较早引入信托制度的国家，1922年日本就同时进行了信托法和信托业法的立法，具有以商事信托或营业信托为中心的特征，并且以强行法规范进行强制规制的性质很明显②。为促进民事信托的展开和进一步完善商事信托的规范，日本对这两部法典进行了多次修订，最终形成了具有日本色彩的信托制度。

关于信托财产登记制度，规定于原1922年《信托法》的"信托公告"第3条第1款规定："关于应登记或注册的财产权，在信托时如无登记或注册，则无法对抗第三者"③，在2006年新修订的《信托法》仍然沿用这一效力模式*，基于此，日本对于信托财产登记的效力采取的是登记对抗主义。在登记对抗主义下，登记不仅不影响信托当事人设立信托的效力，而且使信托取得对世效力，第三人可通过查询登记信息而使自己免受不测损害，实现了信托当事人意思自治与交易安全保护的平衡。对于应进行信托登记的财产范围，明确为财产权属变更设有登记制度或注册制度的财产，前者包括不动产、船舶和建设机械上的权利，后者包括著作权等知识产权、渔业权、矿业权等。此外，在原《信托法》中还特别规定了关于有价证券、股票和公司债券的信托登记制度：有价证券要按照敕令的规定在证券上标明属信托财产，其中股票和公司债券则还要在股东名单或公司债券底账上明确记载属信托财产。然而，在实践中，有价证券的财产流动性较强，转手次数频繁，且逐渐实行无纸化交易，如此的公示手段过于烦琐和不现实，因此，在2006年修法时，删除了相关规定，转而以受托人之分别管理义务替代之。即对于属应登记或注册的财产，予以信托登记或注册就是分别管理；对于不需登记或注册的财产（不包含下述法务省令规定的财产），又分为两类：一类是金钱除外的动产，另一类是金钱和其他财产，前者以外观上可区分的方法进行分别管理，后者以分别计算实现分别管理。另外补充以法务省令规定的财产进行信托的，应当采取法务省令规定的适当的分别管理办法。总结来说，日本信托

---

① 高凌云. 被误读的信托：信托法原论［M］. 上海：复旦大学出版社，2021：147-148.
② 能见善久. 现代信托法［M］. 赵廉慧，译. 北京：中国法制出版社，2011：8-9.
③ 董慧凝. 信托财产法律问题研究［M］. 北京：法律出版社，2011：231.
* 2006年日本《信托法》第14条："信托财产的对抗要件：财产权利的得失、变更未经登记或注册不能对抗第三人的，财产未经登记或注册的，不得以该财产属于信托财产的事实对抗第三人。"转引自何宝玉. 信托法原理研究［M］. 北京：中国法制出版社，2015：561.

财产登记制度和分别管理义务一起构成了信托财产的公示制度。就信托财产的登记机构，"'信托登记'的申请，和'因信托而产生的所有权转移登记'的申请是使用同一文件进行的，在程序上是一体的"①，这意味着日本法不仅明确区分财产权属转移登记和信托财产登记，而且将两个程序合并进行，故负责财产权属转移登记的机构同时也负有信托财产登记的职责。

关于信托财产登记的程序，日本《不动产登记法》对于不动产信托登记程序进行了详细规定，这对我国具有很重要的参考意义。根据日本《不动产登记法》，以不动产设立信托的，由受托人提出登记申请。信托登记与因信托产生的不动产所有权转移为两种登记，但应由同一申请文件一并提出，并且在申请文件中附具一份载有信托事项的书面文件，包括各信托当事人的姓名和住所、信托目的、信托财产的管理办法、信托终止事由等。该书面文件存入信托存根簿，视为信托登记簿的一部分。

我国台湾地区的信托立法比中国大陆早了五年，其信托制度主要是在参考日本信托法的基础上构建的，因此两地的信托法有相似规定。在原不动产物权登记簿之外，另设信托专簿的形式进行信托法律关系登记的做法，逐渐形成了信托登记的"二重性"理论。该理论认为，信托关系的设立除伴随着传统的物权变动公示外，还需对信托法律关系进行公示。② 我国台湾地区"信托法"在第一章总则的第4条规定："以应登记或注册之财产权为信托者，非经信托登记，不得对抗第三人。以有价证券为信托者，非依目的事业主管机关规定于证券上或其他表彰权利之文件上载明为信托财产，不得对抗第三人。以股票或公司债券为信托者，非经通知发行公司，不得对抗该公司。"从文义解释看，与日本相同，台湾地区的信托登记制度亦是采取登记对抗主义。至于应进行信托财产登记的范围，"所谓的应登记的财产权，应包括以登记为财产权取得、设定、变更的生效要件者，如不动产物权；以及以登记为对抗要件者，如海商法的船舶所有权与船舶抵押权。应注册的财产权，如商标专用权及专利权"③。如前文所述，由于实践中有价证券的流动性强，要求对其进行信托登记不切实际，故日本在2006年修法时删除了有价证券的信托登记，然而我国台湾地区目前依然保留着有价证券的信托登记制度。不同的是，股票和公司债券作为信托财产，只需通知发行公司即可，但是依据我国台湾地区"公司法"第165条的规定，股份的转让需要将受让人姓名或名称及住所记载在公司股东名册上，否则不得以该转让对抗公司*。因此，以股票设立信托，因信托而产生的股份转让需在股东名册登记，而其为信托财产的性质则只需通知，就能产生对抗力。

在信托财产登记程序方面，我国台湾地区和日本的做法基本一致，亦是在理论上区分

---

① 能见善久. 现代信托法 [M]. 赵廉慧，译. 北京：中国法制出版社，2011：27.
② 王庆翔. 二重性视角下信托公示制度之构建 [J]. 中国政法大学学报，2019 (1)：134-144.
③ 赖源河，王志诚. 现代信托法论（增订三版）[M]. 北京：中国政法大学出版社，2002：72.
* 我国台湾地区"公司法"第165条第1款："股份之转让，非将受让人之姓名或名称及住所或居所，记载于公司股东名簿，不得以其转让对抗公司。"

财产权利转移登记和信托财产登记,而在实践中将两个程序合二为一。在我国台湾地区"土地登记规则"中,"土地权利信托登记"被定义为"土地权利依信托法办理信托而为变更之登记",其第130条规定:"信托登记,除应于登记簿所有权部或他项权利部登载外,并于其他登记事项栏记明信托财产、委托人姓名或名称,信托内容详见信托专簿",故不动产信托登记分为两部分,一为在土地登记簿上的因信托而发生的不动产权利变更登记,一为在信托专簿上的信托详细内容登记,该信托登记采取的即是广义的信托登记概念,同时囊括了权利变更登记和信托法律关系登记,也有学者将二者分别称为"信托物权公示登记"和"信托债权公示登记"。① 此外,我国台湾地区"土地登记规则"还详细区分及定义了信托登记的几种类型,包括信托设立登记、信托财产取得登记、信托涂销登记或信托归属登记、受托人变更登记和信托内容变更登记。

回到我国大陆的情况。由于我国目前已有的信托大都是商事信托,涉及向公众或特定投资人发售信托受益权凭证,因此,信托登记就更为重要。另外,由于我国的物权登记制度尚不完善,有些信托财产如果不在信托项下登记,可能就不会在任何场合登记,从而可能对投资者(受益人)不利。因此,前述我国才在《信托法》第十条做了上述规定,即:"设立信托对于信托财产有关法律、行政法规规定应当办理登记手续的,应当依法办理信托登记。未依照前款规定办理信托登记的,应补办登记手续,不补办的,该信托不产生效力。"

《信托法》第十条的出发点是可以理解的,但是措辞非常含糊,也不确切。首先,没有明确"有关法律、行政法规"是指物权法等法律法规,还是指将来有可能出台的有关信托登记的条例;其次,如果"有关法律、行政法规"规定应当办理登记手续的,"依法办理信托登记"是指在该等法律、行政法规指定的地点进行常规登记,还是指应该在单独的信托登记机构进行信托登记也不明确;最后,如果未依照前款登记并未补办登记手续的,"信托不产生效力",明显把信托登记作为信托的生效要件,是否合理,是否可行,都是问号。尤其是如果出现了私人民事信托,一方面当事人对隐私权保护的要求较高;另一方面信托的设立与运作可能并不涉及公众投资人,此时信托登记是否仍然那么重要乃至于需要作为信托的生效要件就更值得探讨了。尽管《信托法》的第29条也规定了"保密义务",即"受托人对委托人、受益人以及处理信托事务的情况和资料负有依法保密的义务",显然这里需要保密的是信托当事人以及受托人处理信托事务的情况和资料,与英美信托制度中需要保护的委托人和受益人的隐私权有相当大的差别。无论如何,根据我国《信托法》的这一条款,我国原银监会于2006年在上海市设立了上海信托登记中心作为第一个信托登记的试点单位,目前已经有32家信托公司成为该中心的会员,已经在该中心登记的信托产品曾达到300多个。该登记中心的法律地位比较模糊,有关部门对于信托登记的必要

---

① 陈敦. 我国台湾地区不动产信托登记的经验与借鉴[J]. 北京政法职业学院学报,2015(3):81.

性和操控性进行了进一步的研究分析，于2016年12月26日成立了中国信托登记有限责任公司，履行监管部门赋予的信托登记及其他相关职能，目前主要是作为商事信托登记的平台。①

笔者同意高凌云教授上述的绝大部分观点。笔者认为，首先要将信托登记区分为信托行为登记（即信托法律关系登记）和信托财产登记。在信托行为登记方面，首先，短期内在中国信托登记有限责任公司（以下简称"中国信登"）之外再建立信托行为登记平台，是不太可能的。因此，要考虑在中国信登现有业务范围基础上，扩大其服务对象。中国信登目前的定位是，为我国信托业的信托产品及其信托受益权登记与信息统计平台、信托产品发行与交易平台、信托业监管信息服务平台等三大平台。* 在未来，建议中国信登将受托人不是信托公司的信托（如受托人是自然人非信托公司的法人的信托）也纳入登记，这样便于对信托进行统一的信托行为登记。其次，建议在信托税制建立后，实现中国信托登记有限责任公司与国家税务总局联网，便于对信托进行税收监管、对有关信托给予税收优惠等目标的实现。最后，《信托登记管理办法》第三条规定："信托机构开展信托业务，应当办理信托登记，但法律、行政法规或者国务院银行业监督管理机构另有规定的除外。"根据此规定，信托机构开展慈善信托业务时，也应该在中国信登进行登记。如果这样，那么，慈善信托在中国信登进行的登记和在民政部门进行的备案是什么关系，其效力如何，就需要进一步明确。

信托财产登记制度的效力模式直接影响信托行为的法律效力，采取合理科学的登记效力模式，是构建完善的信托财产登记制度的第一步。从前文对于我国信托财产登记采取登记生效主义的不合理性之分析，以及对比分析英美法系和大陆法系信托财产登记制度的效力模式，笔者认为，我国在构建信托财产登记制度时，首先应该改登记生效主义为登记对抗主义。登记生效主义是国家公权力对信托行为的过度干预，亦是对私人意思自治的限制，抹杀了信托制度作为财产管理制度所具有的灵活与弹性。从权益保护与平衡的角度看，在登记生效主义下，一旦未进行信托登记，不仅无法保护与受托人进行信托财产交易的第三人的利益，而且委托人的信托目的及受益人的信托利益也因不存在有效的信托法律关系而无法依信托法受到保护。换言之，在信托登记生效主义下，信托内部关系和外部关系（或者说信托的静态安全与动态安全）都因未登记而得不到维护。而在登记对抗主义下，未进行登记的信托关系仅是无法取得对抗善意第三人的效力，信托当事人之间仍可依信托合同和信托法主张权益保护，信托财产的独立性亦不会因未登记而受到影响，仍可以实现破产隔离功能。信托财产登记之价值在于将财产的信托属性和受托人的处分权限予以公示，达到信托受益人与交易第三人的利益平衡的目的，信托登记对抗主义则能够在保障

---

① 高凌云. 被误读的信托：信托法原论[M]. 上海：复旦大学出版社，2021：148-149.

* 中国信托登记有限责任公司："公司简介"，http://www.chinatrc.com.cn/aboutus/summary/index.html，最后访问日期2024年7月1日。

信托当事人内部关系的同时,平衡上述两者间的利益,显然是更加合理的登记效力模式。登记对抗主义也是大陆法系国家和地区如日本、韩国和我国台湾地区普遍采取的效力模式,我国做出效力模式的改变也是顺应信托制度的国际立法趋势的应有之举。

(二) 法国担保信托的开创性立法对我国的启示

法国在信托法的基本框架内创造性地确立了担保信托的法律地位,使罗马信托中的担保功能在现代社会得到重生;或者说,使罗马法中的债权人信托得以复兴。担保信托在多数大陆法系国家被称为"让与担保",由于其具有一定的"虚伪性"* 与"脱法性"**,德、日等多数大陆法系国家立法上并不确认,只在判例、习惯法与学说中加以承认(详见本书后面关于德国的担保信托的内容)。

我们看到,德国等国家至今都没有完全在立法上承认担保信托的地位。但是在法国,2007年的《信托引入法》首次确立了担保信托的法律地位,其后两年又将担保信托的法律规则具体化,从此担保信托(让与担保)在大陆法系国家立法中有了一席之地。尽管让与担保与其他典型担保制度相比具有许多优势,比如,与抵押相比,其直接以担保物的所有权向债权人提供担保,比之抵押以担保物的变价权向债权人提供担保,对债权人更具有保障力;与质押相比,其不需要转移担保物的占有,能够发挥担保物的利用价值,并且让与担保标的范围非常广泛,担保实现方式简便灵活,交易成本较低,但是我国法律并没有规定让与担保。在物权法出台前后较长的一段时间里,让与担保的理论探讨成为热点。反对我国规定让与担保的主要理由有二:①以动产设定让与担保,其公示问题难以解决,有可能损害第三人利益;②让与担保实际上是一种变相流质契约,与禁止流质契约的规则相冲突。简而言之,让与担保具有外观与目的相背离的特性,且缺乏有效的公示方法,因此易发生信用风险,且易发生道德风险。以上对让与担保制度的担忧,在法国担保信托立法过程中也曾经出现过。早期法国理论由于过分担心其产生的信用风险与道德风险,因而在理论与判例上拒绝承认其法律效力。但是金融实践中商人们对其非常偏好,存在大量以转移所有权为担保性质的合同,最后法国立法不得不向社会实践屈服。为消除或减少担保信托的信用风险与道德风险,立法作出了较大的努力,① 这些有益的立法经验值得借鉴和学习。

值得欣喜的是《中华人民共和国民法典》在这方面的努力。《中华人民共和国民法

---

* 一般认为,让与担保的"虚伪性"表现在,让与担保设定人仅从形式上把担保物的权利转移至担保权人,实质上并没有转移担保物权利的意思。见叶朋. 法国信托法近年来的修改及对我国的启示 [J]. 安徽大学学报(哲学社会科学版), 2014 (1): 126.

** 让与担保的"脱法性"表现在,法律禁止当事人订立流质契约,且质权的设定必须移转质物的占有,而让与担保当事人违反法律禁止性规定,属于脱法行为。见叶朋. 法国信托法近年来的修改及对我国的启示 [J]. 安徽大学学报(哲学社会科学版), 2014 (1): 126.

① 叶朋. 法国信托法近年来的修改及对我国的启示 [J]. 安徽大学学报(哲学社会科学版), 2014 (1): 127.

典》第三百八十八条规定:"设立担保物权,应当依照本法和其他法律的规定订立担保合同。担保合同包括抵押合同、质押合同和其他具有担保功能的合同。"本条中"其他具有担保功能的合同",是否包括让与担保合同?民法典编纂完成后,理论界与实务界较为普遍的意见是民法典已经承认让与担保制度。例如,有学者认为,民法典第三百八十八条第一款规定的"其他具有担保功能的合同"就包括让与担保合同,从而为让与担保的承认留下空间。① 也有学者认为,民法典虽然没有规定让与担保,但通过修改流质或者流押之禁止的规则,间接地全面承认了让与担保。②此外,代表立法机关的全国人大常委会副委员长王晨在做《关于〈中华人民共和国民法典(草案)〉的说明》时明确表示,民法典规定的有追索权保理实际上是债务人为担保债务的履行而将其对次债务人的应收账款债权转让给债权人,即表明民法典是承认让与担保的。③

在民法典是承认让与担保的情况下,我国应该推动让与担保制度的信托化。在《中华人民共和国民法典》承认让与担保制度后,在《最高人民法院关于适用中华人民共和国民法典有关担保制度的解释》第六十八条中规定了让与担保的认定及权利实现程序,并规定了让与担保经过公示后,让与担保权人即取得了优先受偿权的规则。不过,这一规则规定的以优先受偿权为内容的让与担保对既有的绝对所有权体系框架产生了很大的冲击。④ 而且,让与担保试图以所有权的转移来担保债权的实现,将所有权与担保物权交织在一起,其法律手段超越了当事人所追求的经济目的,具有名不副实的特征,所有权构造说与担保权构造说的两大现有学说也无法绕开物权法定主义的检视,于法理上解释不通。但若转换思路,将让与担保与信托结合起来,利用信托进行担保设计,让与担保面临的困境似乎可以迎刃而解。相较于债的担保方式而言,担保信托能够更加灵活地满足不同交易主体对不同交易类型的需求,既可以依托于信托架构单独发挥作用,又可以与不同的担保方式相衔接而联合适用,更不会因不能或不宜将其归类于某种担保方式而陷入司法裁判的困境。为此,笔者认为十分有必要通过构建与发展担保信托制度以满足日益凸显的融资需求。

在我国,融资融券交易的担保机制被视为是担保信托的一个初步尝试。在融资融券交易中,客户作为债务人从证券公司这一债权人手中获得融资以购买证券,客户接着以委托人的身份将融资买入的证券存入该证券公司名下的客户信用交易担保证券账户中,以担保证券公司债权的实现。这样就将债权债务关系的双方当事人纳入了信托框架之下,客户既是债务人,亦是委托人,证券公司则具备债权人与受托人的双重身份。与此同时,客户与证券公司还是该项信托的共同受益人,客户享有信托财产的收益权,证券公司享有信托财产的担保权益。若客户如期还本付息,证券公司则有义务返还担保物;反之,证券公司则

---

① 王利明. 担保制度的现代化:对《民法典》第388条第1款的评析[J]. 法学家, 2021 (1): 31.
② 陈永强.《民法典》禁止流质之规定的新发展及其解释[J]. 财经法学, 2020 (5): 36.
③ 王晨. 关于《中华人民共和国民法典(草案)》的说明:二〇二〇年五月二十二日在第十三届全国人民代表大会第三次会议上[N]. 人民日报, 2020-5-22.
④ 王洪亮. 让与担保效力论:以《民法典担保解释》第68条为中心[J]. 政法论坛, 2021 (5): 138-139.

有权采取强制平仓措施，对该信托财产予以处分，并优先受偿所得价款。① 当然，担保信托在我国商事领域中的运用包括但不限于该方式，其或多或少都存在一些问题或缺陷，但并不影响具体的信托或担保实践。

笔者认为，我国从立法界到学术界都普遍承认了让与担保的合法性，在此基础上再构建我国的担保信托制度，应该说是有了很好的基础。如上所述，也有很强的必要性。需要注意的是，为解决担保信托的公示难题，我们可以借鉴《法国民法典》规定得比较详细且严格的公示规则，以确保担保信托合同不被用于非法目的：包括担保信托合同必须采用书面形式，且应包括一些必要的条款（见前述《法国民法典》的相关规定）；担保信托合同必须进行信托登记，否则不生效力（一方面是信托法律关系即信托行为的登记，另一方面是依据担保信托合同进行的所有权转移必须以书面形式进行登记公示。如果担保信托合同涉及不动产的，还必须在一定期限内在不动产所在地完成不动产登记公示）。

除了前述几个方面，法国信托立法给我们的启示还有很多。例如，法国通过短短几年的时间，就将管理信托、遗嘱信托、担保信托纳入民法典的做法，虽然在我国现行立法体制下较难实现，但是不妨碍我国在修订《信托法》时将担保信托纳入《信托法》，并对管理信托和遗嘱信托的规定进行丰富和完善。尤其是遗嘱信托，虽然在我国的《信托法》和《中华人民共和国民法典》中都有规定，但是事关我国亿万家庭财富传承的这一重要制度，在《信托法》中却仅有两条简单的规定（即该法第八条和第十三条），而在《中华人民共和国民法典》中则仅有一款的规定（即《中华人民共和国民法典》第一千一百三十三条第四款），这不能说不是一个很大的遗憾。实践中已经出现数量较多的遗嘱信托纠纷，但是法院却都因为没有具体的规定而难免出现裁判标准不一致的情况。鉴于我国现在的立法现状，将信托法规范大量地在《中华人民共和国民法典》中规定是不现实的，因此我国应该抓紧时间对《信托法》进行修订，并对管理信托、遗嘱信托和担保信托的内容进行完善。

---

① 温衡. 论信托的担保功能与实现路径 [D]. 济南：山东大学，2018：186-187.

第四章

意大利的信托制度及其对我国的启示

第一节　意大利的信托法发展史

一、意大利信托法发展史的第一阶段：批准《海牙信托公约》，承认涉外信托

前已述及，意大利是积极参与《海牙信托公约》制定和签署的国家，也是第一批批准《海牙信托公约》的国家。意大利于1989年即批准《海牙信托公约》并于1992年使之生效，这在大陆法系国家中是最早的。① 当时的意大利政府作出这一举动，就是在向商界表明，本国走在成为一个投资友好型的法域的路上，这是在《海牙信托公约》准备过程中就已经清楚表明的态度。*

意大利最开始只根据其所批准的《海牙信托公约》而承认"涉外信托"（foreign trust）。但是，"涉外"是一个非常模糊的概念，因为《海牙信托公约》没有一个条款提到"涉外信托"。《海牙信托公约》是在国际私法公约的范围内制定的，其目的是要成员国承认所属法律系统以外的信托机制。例如，如果纽约信托的受托人打算在意大利购买公寓，《海牙信托公约》将确保他将被确认为受托人，而负责该购买交易的意大利公证人不会以信托在意大利法律体系不存在为理由而否定纽约信托的受托人这一个房屋买卖行为。这种情况在意大利批准《海牙信托公约》之前是会遇到很大的适用障碍的，尤其是意大利作为传统大陆法系国家，物权法定原则、一物一权原则和物权公示原则是民法体系的根基。关于信托这个机制是否能够与意大利民法体系相兼容的问题，意大利有学者认为，代表着受

---

① FRANCIOSI L M. Trust and the Italian legal system: why menu matters [J]. Journal of civil law studies, 2013, 6: 805.

* 参见米歇尔·格雷佳德："大陆法系根据《海牙信托公》对普通法系信托制度的承认——尤其是意大利的经验"，载［加］莱昂纳尔·史密斯. 重塑信托：大陆法系中的信托法［M］. 李文华，译. 北京：法律出版社，2021：51.

托人和受益人各自不同利益的法律结构在民法体系中确实存在，而且在其法律意义上的信托可以不需要衡平法院，也不需要衡平法。普通法信托的双重所有权并非民法体系中的"所有权"，并不存在与意大利民法物权体系的冲突。①

像大多数大陆法系国家一样，意大利也有高度形式化的土地登记制度。物权登记公示制度也是意大利在批准《海牙信托公约》之后与信托制度相融合的一个难题。在意大利批准《海牙信托公约》的初期，就发生了国家土地登记处拒绝为以受托人的名义为土地及不动产的所有权人进行登记的情况。意大利法院通过六个判决来厘清《海牙信托公约》与本国物权法关系的这个问题。因此，现在受托人将其受托所有权进行登记已经是很正常的程序。这已经成了意大利法律保护信托财产和受益人利益的一个必要因素。在 2011 年，意大利都灵法院做出了一项判决明确支持以信托的名义登记所有权。大陆法系传统上均倾向于民事法律主体的确定性，一个信托是否能够被法律认定为一个民事法律主体一直困扰了意大利理论和实务界。如果撇开普通法信托的结构，而是将研究的方向放在信托财产本身和信托的运作功能上，信托与传统大陆法系的民间基金会机制非常地接近。例如拥有大学、医院或博物馆的基金会，这种信托在某种意义上是可以趋向认定为是具有法人的性质，因为财产独立，受托人犹如公司董事会。而且，许多国家的税收规定将信托收入视为是"信托"这个主体的收入。信托法人化的观点在意大利一度盛行，自 2007 年以来，就存在着对信托财产收入征税的税收规定，信托几乎就被法律承认为是一个法律实体。因为信托是纳税人，这就解释了为什么土地登记可以以信托的名义作为所有权人。②

二、意大利信托法发展史的第二阶段：本土信托的创造

意大利热那亚的比较法学者 Maurizio Lupoi 结合《海牙信托公约》和意大利的法律，创造了意大利内国信托的概念。后几经辩论，这一创造性的概念得到了意大利律师、法院等广大法律从业者的普遍认可，从而维护了意大利居民通过创设内国信托（即本土信托）而获得信托法保护的权利。这是意大利立法经常落后于法律实践情况的反映，也是意大利世界主义的体现。更重要的是，意大利法院通过适用《海牙信托公约》而承认内国信托，则创设了意大利信托的案例法。

具体来说，意大利学界在本国批准《海牙信托公约》后，为了适用该公约的需要，对于如何区分信托的内国性和涉外性也做了一些研究。意大利在批准《海牙信托公约》之前，本国并没有自己的信托立法。Maurizio Lupoi 在 1994 年提出内国信托的定义，并指出

---

① 陈友春. 海牙《关于信托的法律承认及其适用的公约》研究 [D]. 重庆：西南政法大学，2018：262.
② GRETTON G I. Trusts without equity, international & comparative law quarterly [J]. 2000 (49)：599.//陈友春. 海牙《关于信托的法律承认及其适用的公约》研究 [D]. 重庆：西南政法大学，2018：262-263.

内国信托是指一个意大利的财产授予人（即委托人）/意大利的受益人和一个意大利受托人，在意大利境内创建和运作的信托。内国信托唯一的涉外因素就是它所依据适用的法律是一部外国法律。因此，《海牙信托公约》适用于意大利的内国信托，就像适用于涉外信托一样。

不过最开始，学术界对这个观点的反应是强烈负面评价的。因为人们必须承认起草《海牙信托公约》的专家并没有把内国信托视为该公约的一个可能适用的结果，也不打算让信托永久成为大陆法系的附着物。但是，前已述及，这些反驳的观点不符合《海牙信托公约》的条文。几年之内，Lupio 的观点获得了广泛的支持并且流行起来，并且开始在意大利引领法律实践。律师们和公证员们越来越经常地适用《海牙信托公约》来根据外国法而设立信托，特别是在根据该公约第 13 条本来在意大利会导致该等信托不会被承认的情况下。*

此外，最重要的是，意大利的法院也迅速地接受了内国信托。意大利法院在《海牙信托公约》批准后的实践中已经理解了这一需要。例如，在意大利，米兰和热那亚商事法院在行使其无争议的管辖权时，在没有说明理由的情况下认可了债券信托的合法性，该种信托的所有要素都是意大利的，而只有信托文件所选择的准据法是外国信托法（例如马耳他或泽西岛的信托法）这个要素。意大利银行家协会建议其成员设立此类信托，并就其条款提供指导。主要的律师、公证员、银行家和税务顾问组成了一个全国信托咨询组织（"consultanazionale sui trusts"，该组织由 Maurizio Lupoi 担任主席），该组织成立了一个名为"意大利信托"的协会，该协会制作了用意大利语起草的家族信托和商业信托的示范合同，其中所有要素都是意大利的，除选择泽西岛或英国法律作为管辖信托的法律这个要素外。意大利银行现在可以为受托人开设信托账户，而不会引起任何问题。看来，如此广泛的发展不仅仅是基于对意大利法院选择不利用《海牙信托公约》第 13 条的依赖，因为该条将使意大利法院能够在信托受到质疑时有拒绝承认信托的效力。相反，意大利法院遵循 Lupoi 的意见，即意大利法院不能适用该公约第 13 条，因为意大利确实有信托制度，因为《海牙信托公约》第 2 条对"信托"的定义过于宽泛，使这种"信托"成为一种无形的制度。① 亦即，由于《海牙信托公约》第 2 条对"信托"的定义过于宽泛，导致意大利法院可以根据该宽泛的定义而轻易地承认信托，而不轻易地拒绝承认信托。

甚至，有一些判决已经到了直接干预信托管理事务的程度，比如，在一个米兰的案件中适用英国法律判决为信托更换受托人。在一个热那亚案件中适用泽西岛法律，在信托文书没有适用于受托人死亡后的任命规则的情况下任命新的受托人接替最初的受托人。在佛罗伦萨的一个案件中适用英国法，并批准了有监护的受益人的信托文书条款的变更。现在

---

* 参见米歇尔·格雷佳德："大陆法系根据《海牙信托公约》对普通法系信托制度的承认——尤其是意大利的经验"，载 [加] 莱昂纳尔·史密斯. 重塑信托：大陆法系中的信托法 [M]. 李文华，译. 北京：法律出版社，2021：51-52.

① HAYTON D. The developing European dimension of trust law [J]. King's college law journal, 1999, 10 (1)：50.

意大利的法院已经很频繁地通过法院命令来批准夫妻双方同意的信托，或者对属于残疾儿童父母的财产进行信托管理，或者支持将财产分割为有利于公司的债权人的破产程序。司法裁决的数量显示了意大利内国信托的使用范围有多广泛。①

作为上述所有努力的结果，意大利现在是不再视信托法为其境内神秘事物的欧洲法域之一。截至 2000 年 3 月 10 日，由全意大利法庭做出的第一批关于信托的司法判决超过 50 个，它们中的绝大多数都认可：一个永久居住在意大利的意大利居民有权利只是通过选择一个设立了信托的国家的法律作为适用的法律的形式，而设立一个与意大利有最密切联系的信托。这些判决通常都在其管辖权范围内确认该等信托的有效性，并且赋予其以法律效力，因为涉案信托遵守了《海牙信托公约》第 15 条所提供的基本保护措施。至于那些法庭没有认可法律选择的有效性或者尚未因为某信托是本土的就承认该信托的判决，则是少而又少的。这就解释了为什么根据外国法律设立的信托在意大利日渐流行。*

而自 2000 年到 2013 年，意大利法院，包括税务法院在信托事务方面已经做出了近 200 份命令或判决。司法裁决的数量显示了意大利内国信托的使用范围是十分广泛的。② 因此，意大利法院通过适用《海牙信托公约》而承认涉外信托和内国信托，则创设了意大利的信托案例法（case law），这些案例法涉及家庭法、继承法（包括遗嘱等领域）、财产法和债法等诸多领域。③ 而且，在意大利，由于对信托的立法不够完整，因此，意大利的信托案例法就是有十分重要和具有基础地位的。④

因此，意大利批准《海牙信托公约》后，内国信托和涉外信托都得到了法律界广泛的认可，尽管在大陆法系民法背景下存在许多运作上的困难，尤其是在信托事务管理的问题上。然而，回过头来看，沿着由 Lupoi 所规划的方向前进在 20 世纪 90 年代却并非那么容易的事。所以，具体来说，信托在意大利的发展，首先要跨越的障碍是缺乏一个权威机构来使意大利的顾客们打消这个疑虑，即配置财产于为意大利的受益人们设立的信托之上这一行为，会被法庭接受为一个有效地处置他们在意大利的财富的有效途径。这个疑惑同样蔓延到那些对这些交易的财务待遇不熟悉的国家税务当局中。第二个挑战是要确保律师们可以胜任处理一项由外国法律管辖的制度这一要求极高的工作。《海牙信托公约》提供了一条狭窄的选择外国法律的途径，当然出色地选择好那个外国法律则是一个不同的事情了。这个困难被以下情况恶化了，即外国信托法只能以一种外国语言的形式获取，并且该

---

① 陈友春. 海牙《关于信托的法律承认及其适用的公约》研究 [D]. 重庆：西南政法大学，2018：264.
* 参见米歇尔·格雷佳德："大陆法系根据《海牙信托公约》对普通法系信托制度的承认——尤其是意大利的经验"，载 [加] 莱昂纳尔·史密斯. 重塑信托：大陆法系中的信托法 [M]. 李文华，译. 北京：法律出版社，2021：53-55.
② 同①：263-264.
③ FRANCIOSI L M. Trust and the Italian legal system: why menu matters [J]. Journal of civil law studies, 2013, 6：805.
④ 同③：809.

外国语言表述的概念需要由处理信托事务的律师（trust lawyers）来掌握。*

渐进主义和实践中的谨慎的递进，以及在关于《海牙信托公约》的意义和效力的辩论中有力的支持，在以下几个方面都很关键：建立信心、积累前进所需的知识和技术，以及劝说司法机构使之认识到这个制度本身并没有对意大利法律的根本原则构成任何特别的挑战。

朝着设立在位于意大利的财产上的、为了与意大利有密切联系的受益人的利益的、由外国法律管辖的信托的第一步，是将公证员与银行拉进来。在意大利，公证员是公共官员。文件上印有公证员的印章，是对于该文件效力的明确认可，尤其是在该文件是以正式的形式出现的时候。在《海牙信托公约》生效后，第一份由意大利公证员证明的信托文件是设立"意大利信托"（"Un trust per I'Italia"）的文件。这是一个根据明示的法律选择条款而由马耳他法律管辖的信托。该信托有马耳他受益人。该信托文件是用意大利文书写而成，并由罗马的一个意大利公证员于1994年正式证明的。尽管该信托与一个规定了信托的法域有客观的联系（持有信托财产的社团位于马耳他），但是其他大多数因素指向意大利的事实都表明该信托是"本土的"。朝着同一方向的其他步骤只是时间问题。如前所述，银行业也迅速支持了为作为与意大利有最密切联系的信托的受托人的个人和公司开设和运营信托账户的可能性。

在此过程中的下一个步骤是获得其他公共机构的认可，意大利的土地登记机构就是该等公共机构的例子：该机构由财政部设立，隶属于拥有终极职责的意大利土地局。法庭支持这一步骤，并且几乎总是推翻由登记官做出的否决设立信托的见证的申请意见。关于意大利公司的非争讼性的司法程序也通常认可与意大利有密切联系的信托的有效性。同时，信托正在成为全国律师和公证员日渐关注的目标。这方面的出版物猛增，而且为那些想对信托有更多了解的业内人士而举办的无数的会议和开设相关的课程有大量的人参加。**

然而，尽管迄今为止学术界和司法界的权威都支持执行在意大利设立的本土信托（即内国信托），但是人们仍然想知道现行的做法是否有其不利的一面。对此问题的切合实际的答案，就是这种权宜之计必须产生收获大于付出的效果，因为否则的话就没有它的生存空间了。然而，这样一种由意大利的国民和居民（Italian nationals and residents）赋予外国信托法律的系统性资源，即实施与意大利有最密切联系的交易的资源，有至少一种需要明确指出的弊端。

在某种程度上，利用外国法律在意大利设立信托的做法，在法律行业内创造了一个分支。有一些人可以投入一定精力来学习关于外国法的足够知识，从而能够为了前述目

---

* 参见米歇尔·格雷佳德："大陆法系根据《海牙信托公约》对普通法系信托制度的承认——尤其是意大利的经验"，载［加］莱昂纳尔·史密斯. 重塑信托：大陆法系中的信托法［M］. 李文华，译. 北京：法律出版社，2021：53.

** 参见米歇尔·格雷佳德："大陆法系根据《海牙信托公约》对普通法系信托制度的承认——尤其是意大利的经验"，载［加］莱昂纳尔·史密斯. 重塑信托：大陆法系中的信托法［M］. 李文华，译. 北京：法律出版社，2021：54.

第四章　意大利的信托制度及其对我国的启示

的而利用该外国法，同时也有一些人的情况则与这些人并不相同。现在，这个分支已经不像20世纪90年代意大利刚刚批准《海牙信托公约》时那么严肃了，因为迄今为止，关于外国信托法律的知识和在意大利设立信托的技术的知识的数量是巨大的；而且总体而言，在意大利这种知识是容易获得的。不管怎样，这种引人注目的发展并没有缩小那些拥有关于外国资料的一手知识的人和那些只是拥有基于翻译和评注的意大利语资料的人之间的差距。这种情况将人们带回到参加《海牙信托公约》起草的意大利代表所作的清醒的评论：他强调在选择可适用的法律过程中所具有的充分的当事人意思自治是如何在使当地的法律环境适应该等"纯粹内部信托"（purely internal trust）的法律方面，可以达到"代价太大"的程度。只有认可这一点是说到了问题的实质，才是一种公平的做法，尽管很多专业人士已经决定承受那些代价。这种整体性的看法可能解释了法律界中的某些专业人士（其中一些专业人士是公证员）已经开始在该领域进行新的立法的计划。他们的目的是，引进一些允许更切实地分离财产的权力的新的法律形式，这样可以使得市民们根据意大利法律就可以获得在某些情况下只有通过《海牙信托公约》及其许可的外国法律才能获得的东西。而2006年，将一个新的条款即第2645条的第3款加到《意大利民法典》的修订中，代表了这个方面的部分成功。*

三、意大利信托法发展史的第三阶段：2006年《意大利民法典》第2645条第3款的加入，使得在本国民法典中设立了类似信托的制度

　　继信托判例法在意大利得以逐步形成后，信托则于2006年在意大利立法上取得了一大进步，这就是《意大利民法典》新增加的第2645条第3款。根据第2645条第3款，财产的所有者可以在不动产或者其他登记了的动产（如汽车或者轮船）上设定不超过90年的负担，来保证该等财产将会被运用到为了任何自然人或者法人的利益的特定目的上。执行此等交易的必要形式是一份公证文件或者由一个公共官员签署的其他文件。这种权利负担的设定需要到土地登记部门或者其他相关登记部门去做登记，来使其对第三人和债权人产生效力。上述财产所有者的债权人不能对该等财产实施除上述目的外的追索。上述目的则可被在上述目的实现过程中由有利益的任何人来予以实现。此外，此条款还允许对一种"目的证券"（vincolo di destinaziones）予以备案（recording）。这种证券是自愿地在不动产和在公共登记簿上登记的其他财产上设立的。**

　　蕴含于这些条款中的规定是起草一种方案的适当的法律基础，这种方案的例子是这样的：为确保一个残障儿童有权终其一生都居住在他/她的家中。麻烦之处在于，规定于第

---

* 参见米歇尔·格雷佳德："大陆法系根据《海牙信托公约》对普通法系信托制度的承认——尤其是意大利的经验"，载［加］莱昂纳尔·史密斯. 重塑信托：大陆法系中的信托法［M］.李文华，译. 北京：法律出版社，2021：59-60.
** 参见米歇尔·格雷佳德："大陆法系根据《海牙信托公约》对普通法系信托制度的承认——尤其是意大利的经验"，载［加］莱昂纳尔·史密斯. 重塑信托：大陆法系中的信托法［M］.李文华，译. 北京：法律出版社，2021：61.

2645 条第 3 款中的制度可能缺乏随着时间流逝而发生的环境变化所需要的足够的灵活性，并且具有一种纯粹消极的作用。第 2645 条第 3 款没有明确在各种可能的情况下，谁应该承担避免将该种设定权利负担的行为变成设立于相关土地上的、加诸于本来应该被保护的人身上的、纯粹消极的负担的义务。还应该考虑的是，《意大利民法典》第 2645 条第 3 款导致了一种对意大利财产法的整体性原则的重大偏离，因为它并未与其创立的法律模式（vinculum iuris）的准确的法律结构保持一致。当然，可以在设立这种权利负担的法律文件的内容中做出很多规定来补足这种新规则的不足，但是这一条款是相当难以用单纯的良好文件起草技术来补足的。

令人并不感到惊讶的是，此项改革尚未终止关于应该做什么来为意大利提供更多的立法从而避免寻求外国信托法的帮助来满足在现有立法框架下很难满足的需要的争论。现在，新的立法已经在酝酿中。如果获得通过，正如将来可能发生的那样，新的一章将被增加到《意大利民法典》中去：该章将以意大利律师们十分熟悉的语言，引入一种新的财产持有制度，该制度允许其适用者有运用更为复杂的方法来满足其顾客之需要的充分的灵活性。这将允许意大利人利用一种根据《海牙信托公约》中的信托的关键特征而创设的制度，来在更广泛的范围内，向一个独立的财产管理人提供财产，而该独立管理人既非委托人的代理人，也非委托人的受任者（mandatary），更不是受益人。该立法可能仍然允许意大利委托人在符合其愿意的情况下利用外国法来设立信托，因为现在的实践符合《海牙信托公约》的规定，但是它至少为他们提供了一种利用外国法律来处理纯粹的国内事务的严肃的替代性选择。然而，即使上述立法变革项目失败了，人们仍然不难看到那些预期到《海牙信托公约》可以有教育功效的人们是多么的正确，该等功效甚至可能超出了他们的最佳期望。如果需要提供在法律领域也有通过模仿和拼凑（improvisation）而习得的证据，关于意大利的信托的发展历史就是很好的例证。[*]

四、意大利信托法发展史的第四阶段：2012 年 1 月，信托被应用到破产法中，即在资不抵债的破产案件中，由债务人（即破产人）与债权人签署债务重组协议后，与一位受托人签署协议，而将其财产转移给该受托人，由后者承担破产财产的保护、清算和在债权人之间的分配。这是意大利扩展信托应用的又一次努力

如前所述，信托无疑在意大利社会各领域广泛存在和被普遍适用，从而证明了信托在意大利的成功和吸引力。信托可以满足各方当事人在不同法律领域的需要：事实上，它们已被用于家庭关系（无论是在婚姻期间还是在分居和离婚的情况下），用于继承和遗嘱目

---

[*] 参见米歇尔·格雷佳德：“大陆法系根据《海牙信托公约》对普通法系信托制度的承认——尤其是意大利的经验"，载［加］莱昂纳尔·史密斯. 重塑信托：大陆法系中的信托法［M］. 李文华，译. 北京：法律出版社，2021：60-62.

的，并在商业范围内（在正在进行的活动阶段和破产的情况下得到广泛应用。特别值得一提的是，具体到信托与破产问题之间的关系，信托在破产程序或破产程序的替代方案层面，已经作出了重大贡献。细而言之，2012年1月27日通过的第3条法律，特别是该法的第6至第14条，规定了对不受现行破产程序约束的过度负债情况的处理，并允许债务人根据计划与债权人订立债务重组协议，以确保未参与该计划的债权人定期得到偿付。该计划可以规定抵押品、某些资产的清算，以及就本分析而言，将债务人的财产信托性地委托（fiduciary entrustment，意大利语为"affidamento fiduciario"）给受托人（trustee，意大利语为"fiduciario"），以保证被信托的财产用于清算、保全和在债权人之间分配收益。特别要指出的是，上述债务重组协议属于信任性托管合同（意大利语为"contratto di affidario fiduciario"），该等合同将是信托的民事替代办法（the civilian alternative to trusts）。因此，这标志着信托与意大利法律框架之间关系的显著发展，也是意大利对通常通过信托处理的问题作出回应的立法尝试，尽管以前这种尝试的结果似乎并不总是取得同样的成功。①

第二节 意大利的管理信托

根据不同的标准，信托可以有很多分类。例如，根据信托目的是私益、公益还是特定目的，可以将信托分为私益信托（private trust，也称为私人信托）、慈善公益信托（charitable trust）和目的信托（honorary trust）；根据受益人的不同，信托可以分为自益信托与他益信托；根据信托的设立是否需要委托人的意思表示而分为意定信托与非意定信托，而意定信托即明示信托（express trust），又分为合同信托与遗嘱信托等信托，非意定信托则包括法定信托（statutory trust）与默示信托（implied trust，也称为隐含信托），而默示信托则包括归复信托（resulting trust，也称复归信托或者结果信托）与拟制信托（constructive trust，也称为推定信托）；等等。* 除此以外，还有一种非常重要的分类，即管理型信托与担保信托，这个主要是根据信托目的是管理处分还是担保债务之履行为标准进行划分的。前已述及，在罗马法中，有三种形式的信托：以管理财产为目的的"管理信托"（fiducia cum amico）、以担保债务履行为目的的"担保信托"（fiducia cum creditore）和以转让财产（遗产）为目的的"遗嘱信托"（fideicommis）。② 本节介绍意大利的管理信托。

如前所述，自从批准《海牙信托公约》并使之在意大利生效以来，意大利在很多领域都发展了自己的信托法，特别是"国内信托"法已成为意大利法律框架的一部分，

---

① FRANCIOSI L M. Trust and the Italian legal system: why menu matters [J]. Journal of civil law studies, 2013, 6: 813-814.

* 参见周小明. 信托制度：法理与实务 [M]. 北京：中国法制出版社，2012：50-62；另参见何宝玉. 信托法原理研究 [M]. 北京：中国法制出版社，25-39；另参见赵廉慧. 信托法解释论 [M]. 北京：中国法制出版社，2015：48-57.

② 李世刚. 论《法国民法典》对罗马信托概念的引入 [J]. 中国社会科学，2009 (4)：106.

并得到广泛应用。在有明确的滥用信托计划的证据的情况下,意大利法官倾向于否认该等信托的合法性;否则,他们会充分承认信托及其效果。① 下面就介绍意大利的几种主要管理信托。

一、意大利家庭法中的信托制度及其类似制度

(一) 家产基金

前面已经提到,家庭法(family law)是直接或者间接受到信托(trust)引入意大利之影响的重要领域之一。在家庭关系中,不论是在婚姻期间、分居期间还是离婚关系中,信托都有广泛的应用;② 而前述《意大利民法典》第 2645 条第 3 款的规定,就是意大利立法者为了应对本国社会越来越多的对信托在家庭法、公司法、继承法等领域的多样化需求,而为这些领域解决其问题提供的新型制度工具。《意大利民法典》第 2645 条第 3 款的规定被视为作为信托的替代方案的新规定,而且适用该款规定就是在适用意大利法律,③ 这当然是在体现意大利的法律制度的竞争力。实际上,在《意大利民法典》加入第 2645 条第 3 款的规定之前,在家庭法等领域,《意大利民法典》第 167 条及之后的几条就有关于独立财产(separate assets)的规定,而第 2645 条第 3 款的加入,则完善了相关规定。

具体来说,根据《意大利民法典》第 167 条("fondo patrimoniale",家产基金)的规定,①配偶个人或配偶双方依公证证书,或者第三人依遗嘱,可以将特定的不动产财物或在公簿上登记的动产财物或有价证券,以满足家族的需要为使命而设定家产基金;②依生前行为及依第三人所为而设定的家产基金,因配偶的受诺而完成,受诺也可以以之后的公证证书为之;③家产基金的设定,即使在婚姻存续中也可为之;④如果家产基金的标的物是有价证券,则应以限制的附记将其作为记名式的,或者以其他适当方法将其作为限制性的(即可以明确其归属)。④

根据《意大利民法典》第 168 条(基金的使用及管理)及第 169 条(基金财产的转让)的规定,在没有其他规定的情况下,家产基金所涉及财产的所有权属于夫妻双方;特别是,这些财产的自然或民事孳息将用于家庭的需要。除非夫妻双方同意,否则家产基金所涉及的财产既不能出售,也不能受到质押、抵押或任何其他留置权的约束;如果涉及未成年子女的利益,则未经主管法庭事先授权,债权人不能扣押家产基金项下的财产和/或

---

① FRANCIOSI L M. Trust and the Italian legal system: why menu matters [J]. Journal of civil law studies, 2013, 6: 807.
② 同①: 813.
③ 同①: 814.
④ 意大利民法典 [M]. 陈国柱,译. 北京: 中国人民大学出版社, 2010: 37.

其孳息。

而根据《意大利民法典》第170条的规定，对于基金的财物及其孳息的执行，在债权人知其是为与家庭的需要无关的目的而约定债务场合，不得为之。《意大利民法法典》第170条规定的是债权人与家产基金之间的关系。分析该条规定可知，债权人与家产基金之间的关系涉及三类债务：①为满足家庭的需要所产生的债务；②不是为满足家庭需要而产生的债务，并且债权人不知道该等债务不是为满足家庭需要而产生的；③不是为满足家庭需要而产生的债务，但是债权人知道该等债务不是为满足家庭需要而产生的。只有针对前两类债务才能对家产基金项下的财产进行强制执行。

可见，《意大利民法典》第167条及之下的几条规定已经代表了意大利立法者明确允许的财产隔离形式。但是，家庭法中这些关于财产独立性的规定，其适用范围是有限的。此外，还有两个因素似乎进一步限制了上述《意大利民法典》关于家产基金的规定的发展：一方面，是其替代工具的竞争——特别是信托这种替代工具的竞争，因为信托具有更广泛的灵活性和适用范围，同时信托还具有更有效的财产隔离效果；另一方面，由于上述关于家产基金规定中"为家庭需要而产生的债务"概念被做了广泛解释，导致意大利司法实践中允许对家产基金项下的财产进行强制执行的案件增加了。此外，由于《意大利民法典》第167条及以下条款是仅适用于已婚夫妇的，导致关于家产基金的这些规定无法适用于未婚夫妇等主体。而根据《意大利民法典》第2645条第3款的规定，未婚夫妇也可以使用该款规定的独立财产制或称财产隔离制来提供他们自己或者他们的孩子的利益。① 可见，《意大利民法典》第2645条第3款的规定，完善了《意大利民法典》中关于家产基金的规定，有更强的灵活性，能够起到更好的财产隔离的效果，所保护的民事主体的范围也更广泛。

(二) 家庭合同*

意大利通过2006年2月颁布的一部法律，在《意大利民法典》第768条增加了一款规定，该款规定即关于"家庭合同"（patto di famiglia，英文为"family agreement"，以下简称"家庭合同"）的规定。这个规定将家庭合同作为规范家庭财产收购（family buy-out）的工具，是意大利对欧盟有关机构要求其成员国处理此类问题的指导方针的回应。所谓家庭合同，是企业家自行或通过公司进行商业活动的这样一类合同，即该企业家由其自己或者通过他的公司，将他的企业资产或他的股票授予他的后代中更有能力继续经营家族企业的人。由此，这种授予行为也可能有利于该企业家更多的后代。根据这种家庭合

---

① FRANCIOSI L M. Trust and the Italian legal system: why menu matters [J]. Journal of civil law studies, 2013, 6: 816-817.

* 除另有注释外，本部分内容参见 Franciosi L M. Trust and the Italian legal system: why menu matters [J]. Journal of civil law studies, 2013, 6 (2): 824-827.

同，被授予人有义务向授予人的配偶和其他后代支付相当于他们根据《意大利民法典》第536条作为法定继承人（forced heirs）有权获得的金额的款项，如果对授予人的继承发生在家庭合同签署之日，则被授予人收到的企业资产或公司份额（the company's quotas）的一部分将被计为其分别欠授予人的配偶和授予人每个有法定继承权的后代的法定继承总额的等价物金额。同样地，被授予人根据家庭合同收到的其他财产将同样被计入其所欠授予人的其他法定继承人的份额，如果所授予的资产的价值高于作为各法定继承人的继承权份额，那么超出的部分将被视为授予人遗产的可支配部分，受让人则是该超额部分的受益人。

因此，家庭合同的目的是通过被继承人即授予人的生前行为，以在合同签订之日所确定和具体化的未来继承的内容来确定有关当事人的预期，而这意味着可能牺牲作为继承人的其他后代的信用风险（credit-rights），如果企业资产的价值或分配给受让人的配额的价值在授予人死亡时被计算，而不是在家庭合同签署之日被计算的。反之亦然，如果授予人死亡时被授予的财产的价值低于被授予人根据家庭合同支付给作为继承人的其他后代的金额，则这种预期效果将意味着被授予人会受到相应的损失。

进而言之，家庭合同的目标是实现家庭财产的买断。这一目标在意大利社会中被认为非常重要，因为大多数意大利企业都是家族经营的中小型企业，即通常是由这些企业的创始人及其家庭成员共同管理的企业。因此，人合（intuitu personae）因素和通过确定最有能力继承家族企业的后代来妥善管理家庭财产的收购一直是意大利企业家所关心的主要因素之一。意大利企业家所关心的另一个主要因素，就是保护家族企业的价值免受家庭成员之间任何潜在冲突的影响。然而，这种期望却与每个后代获得继承遗产中非可分配部分的份额的权利相冲突。在这种情况下，相关遗产包括家族企业和/或家族经营公司的所有权。为了平衡这些对立的利益，意大利立法者试图通过家庭合同机制达成妥协。因此，被选中的后代（即被授予人）将被授予家族企业的经营权，从而确保家庭财产收购的积极结果；但与此同时，被授予人将不得不偿还其他法定继承人应享有的继承份额，从而确保遵守意大利法律关于继承的强制性规定。

家庭合同规定的出台引发了对其性质和法律效力的若干评论。特别是，有人指出，这种法律文书是一项多边合同，尽管它不构成合伙合同或社团合同（association agreement）。因此，任何有继承权的后代（即继承人）的不配合都会使该等家庭合同无效。一些作者认为，在这种情况下（即一个或者几个有继承权的后代不配合签署家庭合同），家庭合同仍然是有效的，但对不加入家庭合同的一方无效，因此，不加入的一方将有权要求确定自己本应该享有的权利；而其他一些作者则认为家庭合同是为了第三人利益的合同。

关于家庭合同这种法律机制，意大利国内的讨论主要集中在其性质、不配合的后代的角色和不配合的后果这些问题上，对上述问题可能的补救措施，以及家庭合同与法定继承条款之间的关系问题，意大利国内的普遍看法是，家庭合同这种法律机制具有令人感兴趣的潜力,尽管它仍需要改进,特别是在其制度构成方面。

二、意大利法中的遗嘱信托

《意大利民法典》也有关于遗嘱信托的规定。其中,《意大利民法典》第692条(信托替补,或译为"信托的替代继承""继承替补")与《法国民法典》第1048条的规定类似。根据《意大利民法典》第692条的规定,①禁治产人的父亲或者母亲、其他直系尊亲属或者配偶,都可以指定在监护人的监督下照料禁治产人的个人或者团体为其子女、卑亲属或者配偶的信托替补人,并且由上述个人或团体承担保管并且在他们死亡或解散时返还包括特留遗产份额在内的遗产的义务;②前款的规定准用于在本法第416条规定的期限内将对其进行禁治产宣告的患有精神病的未成年人;③在有数人或者数个团体先后照料过禁治产人的情况下,遗产根据他们各自照料禁治产人的时间,按比例进行分配;④在宣告禁治产的申请被驳回的情况下,或者在患有精神病的未成年人达到成年年龄之后2年以内仍未进行预定的禁治产宣告的情况下,信托替补丧失效力。同样,在禁治产宣告被撤销或者在负责照料禁治产人的个人或者团体违反遗嘱规定的协助义务的情况下,信托替补丧失效力;⑤除本条规定的情况外,任何其他情况下的信托替补无效。说此条承认信托替补"有限",乃因为它只承认为了禁止产人利益的信托替补。*

关于禁治产人,《意大利民法典》第414条(应当被宣告为禁治产的人)规定:"经常处于精神失常状态而不能处理自己事务的成年人和解除监护权的未成年人,应当被宣告为禁治产人。"关于准禁治产人,《意大利民法典》第415条(可以被宣告为准禁治产的人)规定:"精神失常状态尚未严重到必须进行禁治产宣告程度的成年人,也可以被宣告为准禁治产人。给自己的或者家庭的财产造成严重经济损失的浪费人、酗酒成性或吸毒成瘾的人,可以被宣告为准禁治产人。没有受过充分教育的先天性或自幼失聪失明的人,同样也可以被宣告为准禁治产人,但是完全不能处理自己事务的、应当适用第414条规定的聋哑人、盲人不在此列。"而《意大利民法典》第416条(未成年最后一年中的禁治产和准禁治产)则与前述《意大利民法典》第692条的规定直接相关:"未被解除监护权的未成年人在其未成年的最后一年可以被宣告为禁治产人或者准禁治产人。禁治产或准禁治产的宣告自未成年人成年之日起生效。"**

另外,《意大利民法典》第627条(信托的处分或译为"信托处分")规定:①在被遗嘱指定之人只是表面受益人而实际上是为另一人的利益订立遗嘱的情况下,即使在遗嘱

---

* 参见徐国栋.《民法典》规定的遗产信托的罗马法起源、比较法状况和我国适用[J].盛京法律评论,2021,10(1):18-19. 另参见意大利民法典[M].陈国柱,译.北京:中国人民大学出版社,2010:135-136;另参见意大利民法典[M].费安玲,译.北京:中国政法大学出版社,2004:173-174.

** 参见意大利民法典[M].费安玲,等译.北京:中国政法大学出版社,2004:106. 另参见意大利民法典[M].陈国柱,译.北京:中国人民大学出版社,2010:87.

中指出该遗嘱是信托处分或者从遗嘱的表述中可以推断出是信托处分,也仍旧不得对该遗嘱提起撤销之诉;②然而,如果表面受益人自愿执行信托处分,则在将遗产移交给遗嘱人实际希望的受益之人后,不得提起返还之诉,表面受益人为无行为能力人的情况除外;③本条的规定不适用于对无行为能力人接受继承或者遗赠而指定的中介人提起诉讼的情况。该条涉及的信托行为实际上是假装的法律行为,即以一个虚假的行为掩盖一个真实的行为,法律本可断其为无效,但该条禁止对之提起撤销之诉。自愿履行了信托行为的,发生所有权转移,利害关系人不得请求返还。* 有学者评论道:"这样的安排,颇有奥古斯都承认作为脱法行为的遗嘱信托的效力之风。"①

三、意大利破产法中的信托

前已述及,2012 年 1 月 27 日通过的第 3 条法律,特别是该法的第 6 至第 14 条,规定了对不受现行破产程序约束的过度负债情况的处理,并允许债务人根据计划与债权人订立债务重组协议,以确保未参与该计划的债权人定期得到偿付。这标志着信托与意大利法律框架之间关系的显著发展,也是意大利对通常通过信托处理的问题作出回应的立法尝试。实际上,在 2006 年《意大利民法典》中加入的第 2645 条第 3 款中,即已经可以推导出破产财产的独立性,它突破了《意大利民法典》第 2740 条关于债务人财产责任的一般性规定。《意大利民法典》第 2740 条(财产责任)规定:"债务人以其现有和未来的全部财产对债务的履行负责任。其责任的界限非依法律规定的场合,不予承认。"而《意大利民法典》第 2645 条第 3 款的规定,就是明确的立法规定,是对《意大利民法典》中第 2740 条关于债务人应该以其总括性财产对其债务承担责任的例外性规定。因此,破产财产应该被视为是信托财产,是独立的财产。②

但是,《意大利民法典》第 2645 条第 3 款所推导出的信托财产(包括但不限于破产财产)的独立性的规定,却因为种种原因被一些学者批评,在适用过程中也受到限制。这部分地是为了防止关于破产财产独立性的规定被欺诈性地适用而违背债务人的债权人之合法期望,因为意大利的法律文化遗产之一是要更有利于债权人权利的保护。③

---

* 参见意大利民法典 [M].费安玲,等译.北京:中国政法大学出版社,2004:160.另参见意大利民法典 [M].陈国柱,译.北京:中国人民大学出版社,2010:126.

① 徐国栋.《民法典》规定的遗产信托的罗马法起源、比较法状况和我国适用 [J].盛京法律评论,2021,10(1):19.

② FRANCIOSI L M. Trust and the Italian legal system:why menu matters [J]. Journal of civil law studies,2013,6:815.

③ 同②:817.

第三节　意大利的担保信托

意大利是德、法、意三个国家中实际批准《海牙信托公约》的国家，由此信托制度的引入开始在意大利展开广泛讨论。在理论上，管理信托为需要帮助或需要公共管理的人创建了一个单独的基金或理财模式，以应对实践中的信托问题。在立法上，担保信托则在《意大利民法典》中以比较系统的法条的形式为信托制度提供了法律规范。不过，《意大利民法典》中仅规定了信托的担保功能，其将信托视为一种担保，放在债编的合同中进行规定。其忽视了信托其他更为重要方面的功能，稍显片面。笔者将在下文主要分析《意大利民法典》中关于担保信托的规定。[①]

《意大利民法典》第四编　债务关系
第三章　各种契约
第二十四节　不动产典质

《意大利民法典》第 1960 条（概念）

不动产典质是指债务人或第三人将不动产给付债权人以担保债权，使债权人能够获得计入收益的不动产上的孳息，并且在必要时该孳息计入本金的契约。

【分析】

《意大利民法典》将担保信托放置于"各种契约"一章（即《意大利民法典》第四编债务关系下面的第三章"各种契约"），显然是将其视为意定担保信托，仅在当事人之间约定的合同之中进行处理，而未给予法定担保信托设立的通道。而且，其还将担保信托限定于不动产之中，对以动产为标的的担保信托没有进行规定。由此可见，相对于《法国民法典》，其规定的范围更小。不过，该条款为意大利式担保信托下了一个明确的定义，即作为债务人或第三人的委托人为担保债权人债权的实现，以契约的形式约定将不动产担保物交付于作为债权人的受托人之手，由受托人收取该财产在存续期间的利益，以在债务不能清偿的必要时刻，将该财产抵充债务及利息，且抵充存在先利息后债务的顺序。

关于孳息，《意大利民法典》中直接相关的是第 820 条和第 821 条。其中，《意大利民法典》（自然孳息和法定孳息）规定："无论是否需要人的劳动，由物直接产生的收益，如农产品、木柴、动物的幼崽、金属矿、石矿、石灰矿的矿产品是自然孳息。分割前的孳息是主物的一部分；但是孳息可以作为未来的动产进行处分。作为他人财产的对价而从原物中提取的收益是法定孳息，包括：本金的利息、永佃土地的租金、终身年金和其他所有

---

① 意大利民法典 [M]. 陈国柱, 译. 北京：中国人民大学出版社, 2010: 338-339.

定期收益以及租赁契约的租金。"而《意大利民法典》第821条（孳息的取得）则规定："自然孳息归产生该孳息之物的所有人，孳息所有权给予其他人的，不在此限。在后一种情形下，孳息所有权自孳息与原物分离之时起取得。取得孳息的人，应当在孳息价值内向生产或者收获孳息的人偿还其为生产或收获孳息所支出的费用。法定孳息的取得，根据享有权利的期间逐日计算。"

同时，根据《意大利民法典》第1350条（必须以书面形式实施的行为）的规定，下列行为应当以公证书或者私证书的形式进行，否则无效：……（7）不动产典质的契约；……（12）以前述各项的有关法律关系的争议为标的的和解；……也就是说，不动产典质契约，即意大利版的担保信托合同，必须是以书面形式签署；如果当事人之间因为不动产典质契约而发生纠纷并最终达成和解，该和解协议也要以书面形式为之。

《意大利民法典》第1961条（不动产典质债权人的义务）

没有其他约定的，债权人应当支付设定典质的不动产上的税和年赋。

债权人有义务以善良家父般的勤谨注意来保护、管理和耕作土地并收获果实。有关的费用应当从孳息中支取。

债权人希望解除自己义务的，只要未放弃自己的资格，即可随时将不动产返还给债务人。

【分析】

该条规定了作为不动产担保信托受托人的债权人在担保信托存续期间应履行的义务，即支付不动产担保物税款及相关的义务，妥善保存、管理及耕种土地的义务（在担保物为土地时）以及向债务人返还不动产的义务。

根据《意大利民法典》第1176条（履行中的勤谨注意）的规定，在债的履行中，债务人应当尽善良家父般的勤谨注意。而根据《意大利民法典》第1961条，作为不动产担保信托受托人的债权人在担保信托存续期间也要负担一定的义务，即该条规定的善良家父般的勤谨注意义务。

而根据《意大利民法典》第1218条（债务人的责任）的规定，债务人不能证明债的不履行或者迟延履行是因不可归责于自己的给付不能所导致的，未正确履行给付义务的债务人应当承担损害赔偿责任。也就是说，如果不动产担保信托受托人的债权人未能履行《意大利民法典》第1961条规定的义务，又不能证明债的不履行或者迟延履行是因不可归责于自己的给付不能所导致的，则其作为未正确履行给付义务的债务人应当承担损害赔偿责任。

《意大利民法典》第1962条（不动产典质的存续期间）

如果债权或给予典质的不动产是可分的，不动产典质的存续期应当截止于债权人的债权完全得到实现时。约定期限的，不在此限。

在任何情况下，不动产典质的存续期间不得超过10年。约定期间超过10年的，应当减至 10 年。

【分析】

将担保信托规定于债法之上，那么该担保信托合同注定要有一定的存续期间，而不能永久存续。由此，本条款规定了担保信托的存续期间为 10 年，远远短于《法国民法典》中 99 年的规定，较短的存续期间极有可能阻碍信托制度在意大利的发展。

根据《意大利民法典》第 2794 条（物的返还）的规定，未支付全部本金和利息以及未偿付债务和质押的有关费用的，质押人不得要求返还质物。即在此情况下，作为不动产担保信托受托人的债权人，有权继续占有作为信托财产的不动产。

《意大利民法典》第 1963 条（转让约款的禁止）

凡约定在未履行债务的情况下同意将不动产所有权转让给债权人的任何条款，包括契约缔结后补充的约款，均无效。

【分析】

这是禁止流质的条款。在不动产担保信托合同中，当事人可以约定：在债务没有得到清偿的情况下，债权人并不能以此来取得该不动产，其需要在不动产折价偿还债务及相应利息后，若仍有剩余，将之返还于债务人。而且，债务人若履行完清偿义务，有权随时取回该不动产。

如果允许流质契约直接将质物所有权预先约定或通过补充协议的形式转移至质权人，则对于质押财产上存在的其他权利人而言，可能存在利益受损风险。同时，禁止流质还能完成公平原则要求下对弱势当事人合法利益的保护。禁止流质条款可以防止质权人获取高额暴利以及保护债务人、质押人的利益，避免债权人（即质权人）利用债务人或质押人一时的急迫困窘，以胁迫或乘人之危等手段，迫使约定流质契约损害债务人或质押人利益，使债务人或质押人遭受重大损失。《意大利民法典》还在坚守着这些传统的禁止流质条款，并规定违反禁止流质条款的相应担保信托合同是无效的。

实际上，《意大利民法典》第 2744 条（当债权未实现时取得担保物所有权的约款的禁止）对此有更一般性的规定，即当合同条款约定，在确定期间内债权未实现则抵押财产的所有权或质押财产的所有权将转移给债权人时，该条款无效。即使该条款是在抵押或质押之后形成的，也同样无效。

还需要注意的是，上述《意大利民法典》第 1963 条和《意大利民法典》第 2744 条的规定，都是法律的强制性规定，违反者会导致合同的无效，对此《意大利民法典》第 1418 条和《意大利民法典》第 1419 条有明确的规定。其中，《意大利民法典》第 1418 条（契约无效的原因）的第 1 款规定："凡与强制性规范相抵触的契约均无效，法律另有规定的除外。"《意大利民法典》第 1418 条（契约无效的原因）的第 3 款规定："法律规定的无效情形中的契约也同样无效。"《意大利民法典》第 1419 条规定："在没有无效部分或者无效的个别条款缔约人无法缔结契约的情况下，契约的部分无效或者个别条款的无效将导致整个契约的无效。无效的个别条款依法被强制性规范所取代的，个别条款的无效不影响契约的有效。"上述《意大利民法典》第1963条和《意大利民法典》第2744条，应该都是《意大利民法典》第1419条规定中"无效的个别条款依法被强制性规范所取代的，个别条款的无效不影响契约的有效"的情况。

《意大利民法典》第1964条（利息与孳息的抵消）

除第1448条规定的情况外，当事人约定孳息全部或部分进行抵消的，约定有效。

在该情形下，债务人可以随时通过抵消而消灭债务，并重新占有不动产。

【分析】

本条所提及的《意大利民法典》第1448条（因损害而提起的废除之诉）的规定是这样的："双方之间的给付不均衡，并且一方利用了对方的需要乘机牟取利益的，遭受损害的一方可以请求废除契约。损害不超过被损害方给付或者于契约订立时承诺给付的价值的1/2的，前款规定的权利行使不被接受。损害的考虑应当截止于提出请求时。射幸契约不得以损害为由废除。有关废除分割的不同规定，不受影响。"当然，意大利的不动产典质契约即担保信托合同不是射幸契约，如果存在《意大利民法典》第1448条所规定的"双方之间的给付不均衡，并且一方利用了对方的需要乘机牟取利益"的情况，则遭受损害的一方可以请求废除契约。

除第1448条规定的情况外，当事人约定孳息全部或部分进行抵消的，法律尊重当事人的约定，即约定有效。担保信托合同需要以债务的存在为前提。本节的担保信托设立的目的本就是担保债务的履行，如果通过利息与孳息的抵消及债务人的其他清偿行为，导致被担保的债务完全清偿了，信托担保目的就不存在了，担保信托当然也没有存在的必要了，债务人即可重新占有不动产。

第四节 意大利信托法对我国的启示

意大利信托法的发展历史及其现状清晰地表明，经过四十年左右的运行，意大利走出了一条属于自己的信托之路。

首先，从涉外信托到本土信托，从信托的判例法到信托条款进入《意大利民法典》，意大利走出了一条自己特色的信托发展之路。

批准《海牙信托公约》并使之在本国生效，是信托在意大利引入和发展过程中具有里程碑意义的事件。从某种意义上说，意大利的法律实践扮演了执政官（peregrinus）在古罗马的现代角色。通过外国法律的规定而建立一个意大利国内法中未知的制度，为处理与信托引入有关的问题提供了一个巧妙的解决方案。这个例子也证明，仅批准《海牙信托公约》就足以使信托得到实际应用，因为这种批准行为巧妙地避免了引入英美法系双重所有权概念所导致的困难,并利用了信托提供的所有好处。①

在使《海牙信托公约》在本国生效而引入涉外信托后,意大利通过学者和律师、公证员及法官组成的法律共同体的共同努力,使得本土信托得到法院的认可,从而产生了内容广泛的信托判例法,直到最后使得信托条款加入《意大利民法典》,使得信托制度正式成为意大利民商事法律体系不可或缺的重要内容。

意大利积极参与《海牙信托公约》的起草、率先批准《海牙信托公约》并使之在本国生效,从而逐步从承认涉外信托到发展出本国的内国信托(即本土信托)的做法值得我们借鉴。我国迄今为止尚未签署《海牙信托公约》,这对我国系统化地承认和执行被《海牙信托公约》所认可的在英美法系和大陆法系国家成立的信托甚至是在我国设立的涉及外国人、外国财产的信托,都会产生巨大的法律上的挑战。因此,在中央领导多次呼吁推进经济全球化、重视涉外法治建设的大背景下,更应该积极谋求加入《海牙信托公约》,这样一方面可以解决我国在承认和执行涉外信托过程中(某种程度上即"引进来"过程中)所遇到的相关法律问题,也可以很好地解决由外国法院承认和执行我国公民和企业在"走出去"即对外投资、贸易过程中所遇到的信托问题。另一方面,可以利用加入《海牙信托公约》的机会,使我国的公民、企业、政府、法院等单位和个人进一步熟悉信托的一般性运作原理,这对我们更好地理解信托法律制度,甚至反过来促进我国《信托法》的修订和完善、促进我国《信托法》更好地被理解和实施,都有很好的作用。

其次,前已述及,上述从涉外信托到本土信托、从信托判例法到信托成文法(信托条款加入民法典)的极其生动的信托法历史,是学者和律师、公证员及法官、立法者、相关政府部门人员组成的法律共同体和经济界等共同努力的结果。由此可见,信托法在一国的引入和发展壮大,需要法律共同体内的人士和经济界等各界人士,各自发挥好自己的作用,共同努力。

所谓"独木不成林",法律的进步也是如此。只靠立法界或者学术界的努力,难有《信托法》的逐步完善。因此,我国《信托法》的完善和贯彻实施,也需要我国包括专家学者、立法部门、监管部门、司法部门、律师、公证员、信托等金融行业的从业人员在内的"泛信托法"共同体一起努力,以期使得信托这种良好的制度在我国得以真正的生根发芽、开枝散叶,逐步长成参天大树,使人民受益、使社会进步、使国家富强。

再次,意大利对《海牙信托公约》的批准和实施,对本国的基本法律制度,包括家庭法、继承法、债法、公司法、破产法、证券法等主要民商法领域,产生了重大影响,某种意义上可以说是重塑了意大利的民商事法律制度。

这对我国也是有很强的启示意义的。由于信托法特有的制度优势,由信托义务扩展到信义义务,把信托义务、信义义务的逻辑从信托法扩展到我国以证券投资、基金、理财等

---

① SANDOR, ISTVAN. Attempts at adoption of the Anglo-Saxon trust [J]. Annales universitatis scientiarum budapestinensis de rolando eotvos nominatae: sectio iuridica, 2014, 53: 459.

为调整对象的金融法领域，扩展到金融消费者保护法领域，扩展到破产法、公司法等传统商法领域，正是我国不断接纳信托法、信义法的精神，扩大信托法适用范围的自觉行为。

最后，意大利的信托法发展史和信托法现状都有力地证明，归根结底，是信托及其类似制度广泛而坚韧的适应力，使得意大利毫不动摇地、步履坚定地引入并逐步发展了本国的信托制度，这既是意大利世界主义的体现，又是其为增强本国在世界上的制度竞争力而主动采取的积极、有效的举措。

其实这里所谓的"世界主义"，就是在全球化的浪潮中，积极拥抱世界，而不是闭关锁国甚至闭门造车。法律制度的竞争力是一个国家"软实力"的重要方面。作为后发国家的我国，为了不断提高我国法律制度的竞争力，在与世界上其他国家打交道的过程中，不可避免地要学习、借鉴其他国家和地区比较先进的法律制度，尤其是我国还比较欠缺但是在对外交往中要实际应用的法律制度。信托法律制度，包括英美法系国家的信托法律制度和欧洲大陆法系国家等发达国家的法律制度，是我国在对外经济贸易和投资中需要大量适用的法律制度。因此，在立足我国国情的基础上，在我国已有的信托法立法基础上，结合我国司法实践、行政监管过程中取得的良好的经验，以及学术界的最新研究成果，逐步完善我国的信托法治建设，是未来可期、大有可为的。

第五章

德国的信托制度及其对我国的启示

第一节 德国的信托法发展史

一、保守的民法思维与柔韧的信托制度之碰撞与融合

德国式信托虽然没有成文法的规定,但是德国却在法律学说、司法判例与法律实践之中建立与发展起来了 fiduziarische Treuhand(即德国的信托)制度,并广泛运用于公法与私法领域,它是一个相当活跃的制度。英国的 trust(即普通法系的信托)与德国的信托所衍生的分离财产至受托人的制度有较大的相似之处。实际上,尽管引入英国信托对于德国来说面临重重障碍,但是德国的法学家们仍然尝试去定义和解释信托。受到英国信托的影响,德国法学界也形成了属于自己的信托概念。前已述及,与英国信托(trust)不同,德国信托名为 fiduziarische Treuhand(或简称为 Treuhand)。申而言之,德国信托即 Treuhand 一词,前缀"Treu"为诚信、忠诚之意,而"hand"则为手之意,主要是指根据合同的规定,受信任的受托人有偿地接接受委托人的委托为受益人的利益或客观目的而管理、处分委托财产或权利,受益人有权直接请求受托人执行合同。① 德国学者科英(Coing)认为,信托(Treuhand)可被理解为:受托人(Treuhänder)受委托人(Treugeber)的委托,为受益人(Beguenstigter)的利益或客观目的而处分委托财产(Treuhandvermoegen)或权利。②

具体来看,德国是一个既没有系统的信托制度,为了不动摇民法典的根基,又没有将信托纳入基本法体系的国家,但这并不代表德国不存在信托。德国因其民法体系与信托的基本特征相冲突而无法直接引入信托制度,但是由于在现实中信托的行为仍然存在,于是德国采取了转换适用的方式,将信托转换成国内已有的法律制度进行处理,这种转换对于

---

① 李颖. 衡平法上的信托观念与传统民法的冲突与融合 [D]. 成都:西南财经大学,2004:34.
② HELMUT COING. Die treuhand kraft privaten rechtsgeschäfts [J]. Beck,1973:1.//郑欣沂. 遗嘱信托的德国法命运 [D]. 上海:华东政法大学,2016:19.

生前信托（包括民事和商事信托等信托）非常成功。与此同时，虽然德国没有将信托纳入基本法体系，但是由于贫富差距和高额的遗产税，国民在现实中却仍然频繁使用信托，其中就不乏遗嘱信托。德国遗嘱信托的涉外司法适用大多通过双边条约形成稳定的适用模式，但是在国内适用上，遗嘱信托经历了从发展到受挫最后到复苏的过程。因此，信托制度在德国的境遇是非常特殊的：一方面，德国既没有加入《海牙信托公约》，又在实务中经常性地排除英国法的适用（为了规避信托的适用）；另一方面，在实务中，信托又是非常活跃的制度。为了规范信托制度，德国采取的方法是在不对《德国民法典》做出更改的情况下，加强信托活跃的继承和税收领域的立法，这样的方式在全世界是比较特殊的。在德国，前面所说的对信托的转换，有些是通过以别的方式来实现信托的功能的方法进行转换，如将信托转化为私人基金；有些则主要是通过一些民法中的转换制度以及一些单行法律来解释信托。在这些单行法律中，有些是直接提到信托的，比如《德国涉外税法》里直接定义了"家族信托"，而这是《德国民法典》中完全没有的。①

由于德国并没有英美法系下的信托制度，德国学者认为德国法可以依靠灵活运用民法典和其他单行法解决国内的信托问题，并没有移植英美法系中信托的必要。因此德国早期对于信托的研究相对比较少，然而早在20世纪30年代，德国就是否制定一部德国的信托法规（Treuhandrecht）进行讨论时，就常常对信托法进行比较法上的研究。② 尽管如此，研究归研究，就德国法而言，有关信托的继受问题，尚未得到完全处理。在实践中碰到信托问题，往往以法官的判决为以后行为之标准，实务中有一些法官通过判决而设立信托规则，这就导致在研究德国信托制度时，需要大量借鉴德国国内一些对信托有规定的单行法以及一些法院的判决。③

前已述及，在现代信托制度的起源地英国，其主张信托的实质在于分割财产权，即将信托财产的权利一分为二：法律上的所有权（legal title）属于受托人，衡平法上的所有权（equitable title）属于受益人。需要指出的是，已有英美学者认为，这种观点并非总是很确切，他们认为用这种提法能够更准确地表达信托的本质：即受托人是信托财产的名义所有人（the nominal owner of the property），而受益人是信托财产的实际所有人（real owner）或称信托财产的利益受益人（beneficial owner）。* 信托法上产生信托这种双重产权制度的原因之一，是因为英国没有形成如德国法一样的物权和债权绝对分离的理论。在英国法信托中，受托人因获得委托财产的所有权，而对委托财产具有分配和管理的权利，对第三人来说，这种对物关系（in rein）是一种物权；而受托人同时具有为受益人谋取利益的责任，这种对人（in personam）的关系则表现为一种债权。信托关系实际上将物权和债权关系融

---

① 郑欣沂. 遗嘱信托的德国法命运 [D]. 上海：华东政法大学，2016：8.
② 海因·克茨. 英美信托与德国信托的比较法研究 [M]. 白媛媛，译. 北京：法律出版社，2021：3.
③ 郑欣沂. 遗嘱信托的德国法命运 [D]. 上海：华东政法大学，2016：10.
* 参见周小明. 信托制度：法理与实务 [M]. 北京：中国法制出版社，2012：63. 但是，这依然没有改变英国信托的"双重所有权"/双重财产权的实质，只是以变化的形式来表述而已。

第五章　德国的信托制度及其对我国的启示

为一体，既不能被简单定义为物权，也不能被简单定义为债权。产生双重产权的另一个原因则是英国法没有形成如大陆法系那样的单一财产观念，英国的财产理论在发展之初就更倾向于用一些术语来表述财产权，故而在英国的法学家眼中，财产所有权不过是一系列可以根据社会和经济的需要而组合、分解的权益，这种理念不仅使得英国在接受信托的双重产权上毫无障碍，也使得信托关系下的财产权不同于一般法律关系中的财产权。相反地，英国信托法学家把大陆法系中缺乏信托概念的原因，归结为大陆法系财产权概念上的绝对主义。①

信托的特点使得它在英美法系国家中得到很快的适应和发展，但在诸如法国、日本、德国等大陆法系国家中，信托的推行和发展却阻碍重重。但在现代社会，信托的制度优势使得它被越来越多的大陆法系国家接受，不仅日本、韩国等东亚国家接纳了信托制度并制定了自己的《信托法》，如前所述，甚至大陆法系的母国法国也已经于2007年出台了《信托引入法》。但作为大陆法系的另一个重要支系，德国法在信托制度的发展方面却顾虑重重。德国在与英国信托"相识"的过程中，发生了激烈的碰撞，德国可谓是对于信托制度的接受方面态度最为保守的国家。通过对上述信托基本特征以及后述《德国民法典》历史和地位的分析及下面对德国民法结构的分析，或许可以对其原因窥见一二。

在1900年《德国民法典》颁布之前，作为罗马法经典内容集成的《学说汇纂》在世界上享有很高的评价，但是由于其高度的系统性和抽象性，使得各国的赞许仍然停留在理论层面，没有任何国家以其为基础制定法典。而《德国民法典》则是对其进行了尝试。依托于体系化和抽象化的概念术语及其精湛的立法技术，《德国民法典》在没有实际继受法条的情况下成功地将《学说汇纂》本土化，* 并且对世界上很多国家产生了极大的影响。比如《希腊民法典》的体系与《德国民法典》如出一辙，而远在东方的中国和日本也在很大程度上学习和借鉴了《德国民法典》。这样的地位和成就，使得德国人对自己的民法典非常自信，称其为"非常精密的法律的精雕细琢"以及"优良的法律计算机"等。②

实际上，随着时代的发展，《德国民法典》在20世纪已经经历过超过150次修改，整部民法典中三分之一的内容都已经发生了重大变化，但是其仍然保持着1900年制定时的外观，五编制也未发生改变，这种只改动内容不改动体系的做法，透露出的是对自身民法体系的自信和坚持，这种自信和坚持除了来源于《德国民法典》本身的优秀，也得益于德国对司法判例的灵活运用。德国没有像英国那样出现与普通法分庭抗礼的衡平法，使得没

---

① 周小明. 信托制度比较法研究 [M]. 北京：法律出版社，1996：29-30.

* 《学说汇纂》（Digesten）的希腊译名为"潘德克吞"（Pandekten），"潘德克吞"后来成为受《学说汇纂》影响的民法的别称。《学说汇纂》几经修改，影响了整个欧洲大陆。而19世纪德国民法学上的潘德克吞法学传统，对《德国民法典》的制定造成了重要影响，这种影响不仅涉及法学上的工作方法和系统学说，而且涉及哲学、经济学和社会科学上的价值概念，可谓是影响深远而广泛。参见 [德] 米夏埃尔·马丁内克. 德国民法典与中国对它的继受 [M]// 德国民法典（第5版）. 陈卫佐，译. 北京：法律出版社，2020：4.

② 茨威格特，克茨. 比较法总论 [M]. 潘汉典，等译. 北京：法律出版社，2003：219.

有"对手"的普通法得以在德国民法界"一统天下",不论是绝对的物债分离理论,还是一元所有制观念,抑或是截然不同于信托的财产理论,都是这种普通法一家独大下的产物,而对民法典的自信与坚持,也使得德国在理解英国信托时显得愈发艰涩。①

申而言之,《德国民法典》在技术上的完全成熟归功于《学说汇纂》,而物债分离又是《学说汇纂》的突出成就和特点,严格分离的债权和物权理论原则是《德国民法典》的基石之一,一旦继受信托制度,意味着对这一理论的突破,对德国民法界来说,这种突破是对整个民法基石的挑战,因此在债物分离理论上,德国几乎是毫不动摇,而这一理论下也产生了与英国截然不同的一元所有权观念。与英国法中普通法与衡平法并行,从而衍生出双重所有权制的情况不同,德国民法体系下的所有权是绝对的、完全的、一元的所有权,而不可分割的所有权制是继受信托制度最主要的障碍。

进一步而言,一元所有权有利于对权利和责任的分化。在一元所有权中,当事人享有所有权,承担随之而来的义务是无可厚非的,但是信托中的权利义务可能与德国传统的权责理论有所差异,信托关系中受托人在获得委托财产后并不一定享有从委托财产处获得的利益,但是却要承担为受益人管理财产的责任,而受益人并不需要承担任何义务就可以享受收益分配的权利,这对于权责平衡理论来说显然是极其不公平的,也是德国法律所不能理解的。②

正是在上述背景下,德国一直没有关于信托的系统的成文立法,虽然1931年的第36届德国法学家大会曾建议制定信托法典,③但是迄今为止立法者都没有行动,德国法仅在部分单行法中有零星的涉及信托的成文规定。

二、德国信托习惯法的形成及其体系化:从19世纪到20世纪上半叶*

(一)信托实务的蓬勃发展

虽然德国一直没有关于信托的系统的成文立法,但是德国却有自己的信托习惯法。德国信托习惯法萌芽于19世纪。德国的司法裁判积累了让与担保、托收背书等早期信托业务的判例规则,学术研究则创设了信托行为概念,这标志着德国信托习惯法的诞生。德国早期的信托业务类型,包括让与担保与托收背书。关于让与担保,本书在后面介绍德国的担保信托制度时将具体介绍,此处只介绍一下托收背书的情况。19世纪中后期,德国出现了挑战票据无因性原则的托收背书(Vollindossament zu Inkassozwecken)业务的实践。

---

① 郑欣沂. 遗嘱信托的德国法命运[D]. 上海:华东政法大学,2016:19.
② 同①:17-18.
③ 陈大创. 德国法上的信托资金保护[J]. 中国信托法评论,2018(1):183.
* 此部分的资料,除另有引注外,都源自戴国朴. 大陆法系内生性信托法何以可能:德国信托习惯法的形成与启示[J]. 月旦法学杂志,2023(1):159-168.

所谓托收背书,是指持票人将汇票背书给后手,同时与后手私下约定,后手持有汇票仅用于催收并实现票据权利,不得进行其他处分。尽管当时法律规定持票人可以通过代理背书(Prokuraindossament)的方式授予后手以代收汇票款项的权利,但是代理背书业务当时已经成为实践的弃儿,主要是因为代理背书中后手须承接前手的权利瑕疵,而托收背书的后手取得的是干净、完整的票据权利,票据债务人丧失其原本可以向前手主张的有效抗辩(如有)。正因为如此,托收背书在实践中可能被前手用以规避票据债务人向其提出的抗辩,存在被滥用的较大风险。

(二)关于信托纠纷的判例大量出现

实践中大量出现的让与担保、托收背书业务,由于突破或挑战了制定法规则,势必产生争讼至法院。关于托收背书,1870年,德国帝国最高商事法院(Reichsoberhandelsgericht)确认了托收背书情形下背书行为的法律效力。从票据文义性出发,判决写道:"当事人既然选择了不附加任何附注进行背书的方式,也就接受了这种方式背书的法定效果。前手与后手关于背书仅服务于代理收款的私下约定,并不改变无附注背书的法定效果。"1872年,帝国最高商事法院在另一份判决中讨论了虚伪行为的特征:"虚伪行为是指,表现于外的法律行为并非当事人之真实合意,当事人之间实际上并无合意或者另有合意。"但是,"法律并不阻止人们为了实现一个小目标而选择一个大工具。"在托收背书的情形下,为了授予后手以代理收款的权利,前手选择了无附注背书的方式。虽然这种背书的法律效果超出了代理收款之目的,但是背书行为实际发生,背书效果亦为当事人所欲实现,因而不构成虚伪行为。也就是说,法院确认了托收背书的合法性。

(三)法学界的贡献:信托行为理论的提出

在商业实践和法院判例的推动下,德国学术界也对信托制度从理论上进行了研究。1880年,在认同前述司法判例结论的基础上,瑞格尔斯伯格(Regelsberger,也译为雷格尔斯贝格①)首次提出了信托行为(fiduziarisches Rechtsgeschäft)的概念,这奠定了德国信托习惯法"最重要的(理论)基础"(die wichtigste Grundlage)。瑞格尔斯伯格首先界定了虚伪行为的概念:"虚伪行为是指,当事人表示出来的法律行为非其所欲。"在界定了虚伪行为之后,瑞格尔斯伯格将信托行为进行了界定:"时常存在这种情况,当事人之间达成了某种法律行为,也追求该法律行为的法律效果,但是对于法律效果进行一定的限制,即通过该法律行为获得特定权利的一方当事人,只能为了特定目的行使该特定权利,而不能任意处分该特定权利……对于此等法律现象,罗马法中即有其源头,我认为可以称为信托行为。信托行为的特征在于,行为手段与目的之间不完全一致,为了达成一定的法律效

---

① 陈大创. 德国法上的信托资金保护[J]. 中国信托法评论, 2018(1): 185.

果，当事人选择了一种超越此效果的法律手段。由此产生的权力滥用的风险，则由当事人自行承受。"

通过将债权让与担保、托收背书归入信托行为，瑞格尔斯伯格完全肯定了这些行为的有效性。在这些行为中，当事人为了实现特定的法律效果（担保、代理收款）而选择了超越相关法律效果（目的）的法律手段，即担保物的所有权转让、汇票的无附注背书。同时，通过另行约定的方式，限制受让方在特定范围内行使担保物所有权、汇票权利。当事人之间的私下约定，不改变其转让担保物所有权、汇票背书的真实合意，因而有别于虚伪行为，是完全有效的信托行为。

瑞格尔斯伯格之后，信托行为概念得到学术界越来越多的使用和认同。至 19 世纪 90 年代，以瑞格尔斯伯格创立的信托行为理论为基础已经出现部分以信托行为为主题的研究论文，并且在民法学科的一般性著作中也时有论述。用语上，"信托行为"逐渐被更为简短的"信托"（Treuhand）所取代，所指称的内容并无实质变更。

（四）信托财产独立性问题：直接性原则及替代禁止原则

19 世纪，德国的信托司法裁判与学术讨论集中在信托内部约定的合法性上，20 世纪初期则转向信托内部约定的外部效力上，集中体现为信托财产独立性问题。正是在探讨和确立信托财产独立性规则的过程中，德国信托习惯法得以体系化。

前已述及，19 世纪信托行为的主要表现形式是让与担保与托收背书。进入 20 世纪后，在实务方面，信托应用领域更加广泛，在经济生活中发挥了更大的作用，在功能定位、应用领域和受托人形式等方面都有新的发展。首先，信托被越来越多地运用于管理目的。随着经济的发展，即使是让与担保这种单纯用于担保目的的信托结构，也被加入管理要素，以适应更高效商业交往的需要。让与担保由两方关系被改造为三方关系，即在债权人、债务人之间设置一个受托人角色，专门用于接收并管理担保物。其次，信托财产形式多元化发展。随着经济发展，财富表现形式不再局限于土地、房屋等实物资产，有价证券、知识产权、货币、公司经营权等亦成为财富的重要组成部分。再次，信托财产的构成也更加多样化。以货币资金的管理为例，银行信托账户（Treuhandkonto）业务普遍开展。最后，受托人从自然人逐渐向公司法人转变。随着信托功能丰富、财产形式多样化以及应用领域扩展，自然人在信托事务执行方面的局限性愈发显现，从而推动了专业受托人的发展，主要体现为信托公司（Treuhandgesellschaft）的大量出现。

信托实务的发展必然导致法律关系的复杂，由此产生的纠纷也给法院带来更大挑战。实践中争议主要集中在信托财产独立性问题上，即在受托人破产时，委托人对于信托财产能否主张破产取回权？在受托人之个人债权人扣押信托财产申请予以强制执行时，委托人是否享有执行异议权？在英美信托法或者大陆法系信托制定法的语境下，信托财产独立性似乎不言自明，但是在德国制定法体系内，如果赋予信托财产以独立性效果，就需要论证：委托人与受托人之间的内部约定何以具有外部效应（对世效力），给予委托人特殊保护的正当性何在？

最初，司法裁判曾经普遍秉持信托财产具有独立性的观点。但是，这种早期通行的判例经过长时间的酝酿，于 1914 年被大幅修正，信托财产的独立性效果继而被限缩在特定的范围内。质言之，1879 年《德国破产法》规定，不属于（gehören）债务人的财产不得归入破产财团。但是，何谓"属于"并未明确，而是需要根据其他部门法进行判断。在《德国破产法》草案二读备忘录中就有以下内容："草案第 35 条并不否定以下情形下前手可以从后手取回汇票或者其他可背书转让的债权凭证：后手仅为托收之目的接收该等凭证，或者接收该等债权凭证时即与前手约定，仅为向后手提供担保之用，即使该等担保或者其他限制性的特别约定未在背书中写明。"此项说明成为当时法院判决支持托收背书关系中委托人破产取回权的有力论据。就其文义而言，《德国破产法》立法说明局限于托收背书情形下的委托人享有破产取回权，但是这一原则逐渐适用于其他信托关系。委托人享有破产取回权的理论遂被用于支持其同时享有执行异议权。从法律规范体系角度而言，破产取回权与执行异议权的权利基础应当是重合的，如果肯定了委托人享有破产取回权，则其享有执行异议权是当然的结论。1912 年，德国帝国法院在一起土地抵押信托案件中支持了委托人享有执行异议权。

到了 1914 年，德国帝国法院审理的一起案件确立了直接性原则，这改变了德国信托法上信托财产独立性原则的适用范围。在这个案件中，法院认为：根据普通交易观念，从法律角度而言，只有在受托人直接从委托人受让信托财产所有权，以自己名义，非为自身利益进行管理处分的情形，才可以说构成信托关系。不管经济上信托财产是否仍属于委托人，法律上信托财产不再属于委托人。如果忽略亲手直接交付（Anvertrauens zu treuen Händen）的要件，认为只要一方受托为委托人利益以自己名义行事就可以构成信托，那么信托概念将陷入完全不确定的状态。在强制执行异议的场合，如果异议人对于债务人名下财产仅享有返还请求权，而该财产并非直接从异议人转移至债务人，那么异议不成立。因此，本案确立了德国信托习惯法中的"直接性原则"，即信托财产是委托人直接交付给受托人的，才构成信托关系。

《德国民法典》第 164 条确立了代理显名主义原则，代理效果直接归属于委托人，以受托人明确以委托人名义从事法律行为为前提（直接代理）。* 如果受托人以自己名义从事法律行为，则构成间接代理。在间接代理的情况下，如果委托人对于代理活动产生的债权享有破产取回权/执行异议权，实质上相当于代理效果也同样直接归属于委托人，这使得间接代理与直接代理无异，那样的话，代理显名主义将形同具文。而信托行为恰是受托人以自己名义从事各项受托活动，在法律结构上与间接代理几无差别。为合理解决信托与

---

* 《德国民法典》第 164 条（代理人的表示的效力）第（1）款第 1 句规定："代理人在其权限内以被代理人的名义所作出的意思表示，直接发生对被代理人有利和不利的效力。"

间接代理在法律结构上相似但法律效果截然不同的矛盾,就必须为信托与间接代理划定一条清晰的界限。在上述1914年帝国法案中法官所确立的直接性原则就是这条合适的界限。

后来,从直接性原则又衍生出替代禁止原则(Surrogationsverbot),即委托人破产取回权/执行异议权的客体仅限于受托人接收的原属委托人的信托财产(以下简称"原始财产"),而不包括原始财产的替代形式。1918年,德国帝国法院的一份判决即确认了替代禁止原则。在该案中,委托人将一套机器设备交付受托人,受托人接收之后将其卖出,从买家收取价款之后受托人破产,委托人起诉主张机器设备的价款不属于破产财团,要求取回。德国帝国法院认为,如果机器设备未被卖出,因其系由委托人直接交付给受托人,符合直接性原则,可以取回;但是,机器设备既已出售而换得现金收入,该项收入并非直接从委托人取得,不符合直接性原则,委托人无权取回。

直接性原则附带替代禁止原则将信托关系圈定在一个非常小的范围内,并不符合经济交往中关于信托的普遍观念,也造成法律适用上的僵化。因此,直接性原则从作为信托与间接代理的界分标准,逐渐变更为狭义信托(Treuhand imeigentlichen Sinn)与广义信托(Treuhand imweiteren Sinn)的界定标准。狭义信托是指满足直接性原则的信托关系,除此之外的信托关系皆为广义信托。只有狭义信托的委托人享有破产取回权/执行异议权。在无关委托人该等权利的场合,狭义信托、广义信托、间接代理,依受托人系无偿或有偿,分别适用《德国民法典》关于委托(Auftrag)/有偿事务处理(Geschäftsbesorgung)的相关规范。这是一个在法院看来的平衡状态,因此,尽管后来出现了信托账户等例外情形,直接性原则及其附带的替代禁止原则仍然是司法裁判的通行准则。*

(五)直接性原则的例外:信托账户(Treuhandkonto)

随着信托应用范围的不断扩大,以金钱作为信托客体的现象日渐增多。若依直接原则,只有在委托人直接将现金交付给受托人时,才有可能成立信托。其他各种取得方式,如委托人指示其债务人将履行债务之金钱汇入受托人银行账户,或者受托人基于委托人让与之债权而为其取得履行债务之金钱等情形,都无法就银行账户中的资金成立信托。如果坚持这种僵化的教条,必将极大地限制信托的发展。有鉴于此,德国法院为直接性原则创设了一个例外,亦即第三人为履行对信托中委托人负有之债务,而向以受托人之名义开设的信托账户中支付资金时,不受直接性原则的约束。在此种情况下,信托委托人得主张信托关系成立,并就信托账户中的资金主张破产取回权或提起第三人异议之诉。而被认定为信托账户的银行账户类型,亦先后由他人账户(Anderkonto)扩展至普通银行账户。而且,德国法院对信托资金的保护有具体要求,包括:第一,信托资金必须被实际隔离保管于信托账户中,从而被特定化;第二,受托人的开户银行以外的个人债权人强制执行信托

---

* 这一点也得到了其他学者的论证,见陈大创.德国法上的信托资金保护[M].中国信托法评论,2018(1):190.

账户中的信托资金时，委托人是否得到主张信托保护，不以作为该账户基础的信托关系是否被公开为前提，而相对于开户银行而言，尽管在受托人申请开设账户时，银行出示的格式条款中约定了银行的质权、抵消权、留置权等权利，但如果受托人以明示或者默示之方式使银行得知账户的信托属性或者银行通过其他方式得知该账户的信托属性，银行的上述权利亦被排除；第三，如果受托人在和委托人没有约定的情况下，主观上为自己之利益而使用处分信托资金，则信托资金即丧失其信托属性，不再享有信托保护，但是如果受托人处分信托账户的行为是在和委托人有约定的情况下进行的，则不影响该账户的信托属性。[①]

（六）20世纪上半叶：德国信托理论的系统化

由瑞格尔斯伯格在19世纪提出信托行为概念后，20世纪初期，在德国，围绕委托人破产取回权/执行异议权的合理性/合法性论证，有非常多的学者撰文著述，以贡献自己的解决方案，诸如《德国商法典》第392条第2项的类推适用、衡平理念的普遍效力、所有权的（数量/质量）分割、委托人返还请求权的物权化、受托人管理权的物权化、授权信托与代理信托构造等观点纷至沓来。直至1933年希伯特（Siebert）集大成之作《意定信托关系：从教义学和比较法视角对于信托基本问题的阐释》出版，终结前期学术讨论的纷繁复杂，奠定了后续信托研究的基本范式。

希伯特首先界定了受托人的概念："基于当今法学界以及司法界的共识，意定信托的受托人是指，自他人获得财产权利或者为了他人利益从第三人获得财产权利，但并非为自己（至少不是单纯为了自己）管理处分该等财产权利的自然人或者法人。"希伯特并没有将直接性原则作为信托关系的构成要件。至于司法判例意图通过直接性原则区分信托与间接代理的做法，希伯特认为，信托法律关系是结果，而间接代理则是实现该结果的方式之一。也就是说，信托与间接代理并非排斥关系，而是重合关系。这与后期司法判例改良直接性原则的功能，将其作为狭义信托与广义信托的区分标准，进而在广义信托与间接代理之间不再做严格区分的观点不谋而合。

委托人为实现其不同信托目的，就信托财产可能为受托人设定不同的权利。希伯特据此将信托关系划分为三种基本类型：一是全权信托（das fiduziarische Treuhandverhältnis），即受托人对于信托财产享有完全物权，对于委托人负有按照特定方式管理处分的义务；二是德意志信托（das deutschrechtliche Treuhandverhältnis），即受托人取得信托财产附有解除条件，在信托关系存续期间如果解除条件成就（如受托人违信处分信托财产），则信托财产自动复归委托人；三是授权信托（das Treuhandverhältnis auf der Grundlage einer Ermächtigung），即委托人仍然保有信托财产所有权，但是被授权（Ermächtigung）的受托人占有、管理和处分信托财产。在这三类信托中，德意志信托通过附加解除条件，授权信

---

① 陈大创. 德国法上的信托资金保护 [J]. 中国信托法评论, 2018 (1)：190-200.

托通过保留委托人的所有权人地位,委托人破产取回权/执行异议权不再成为问题,仅在全权信托关系中需要考虑该问题。

对此,希伯特通过区分自益信托(eigennützige Treuhandschaft)和他益信托(uneigennützige Treuhandschaft)而做不同认定。不同于英美信托法以委托人利益为标准判断自益与他益,希伯特以受托人利益为标准判断。自益信托即为担保信托,在此种信托中,受托人持有信托财产是为了自身利益;他益信托即为管理信托,在此种信托中,受托人持有信托财产是为了他人(即委托人)的利益。希伯特认为,基于衡平理念,他益信托的委托人在符合直接性原则的情形下享有破产取回权/执行异议权,而自益信托的委托人则在任何情形下都不享有这些权利。尽管德国与英国的法律体系迥异,希伯特则认为,在德国僵化的法律体系存在明显漏洞时,衡平理念同样应该发挥作用,并且引导德国得出与英国信托法上解决方案相同的方案。实际上,希伯特并未给出充分论证,只是简单运用比较法得出结论。

相比于瑞格尔斯伯格创造性地提出信托行为的概念,希伯特对于信托关系的论述几乎没有开创性的观点。但是,希伯特所确立的信托类型分析框架却成为其后德国信托法研究的基本框架;并且,在制定法体系下通过系统的判例与学术梳理,为通行判例规则提供了有力论证,也为当时社会经济对于信托制度的强烈需求提供了体系性规范指引。以此观之,观点的保守与内容的传统或许正是其著作取得巨大成功的原因所在。

三、罗马法信托理论与德国法信托理论的争论及分离财产至受托人的理论和基金制度带来的发展

(一)罗马法信托理论与德国法信托理论的争论及其结果

在中世纪,欧洲的所有民族都与古代文化不期而遇;因此欧洲的所有民族(英格兰亦不例外),都在中世纪亲身经受到作为古代文化一部分的罗马法律的影响。当然,在不同的民族那里,与罗马法的遭遇是在不同的时机并从不同的出发点发生的。德国相对来说较晚,最早不过15世纪中叶,才与罗马法有了这种接触;然而就其后果,也就是人们所说的"罗马法继受"而言,德国却远远胜于法国和英国。它不仅导致罗马法律制度和概念在德国被广泛继受,而且还促使德国法律思想的科学化,而如此规模的继受是其他民族所未曾经历的。[1]

在此比较法视角的历史背景下,前面所提到的希伯特所提出的信托三种类型理论,在德国学术界还有另外的讨论,即关于信托的定义问题,并因此形成德国学术界的罗马法信托理论和德国法信托理论两大派别。罗马法信托理论试图从债权的角度出发去解释信托,

---

[1] 茨威格特,克茨. 比较法总论[M]. 潘汉典,等译. 北京:法律出版社,2003:205.

承认在信托关系中，委托人将委托财产的所有权全权转让给受托人，并与受托人建立了债权关系，而受托人被这种债权关系所限制（以此观之，希伯特所称的全权信托是罗马法式的信托。笔者注）；而德国法信托理论则在批判罗马法信托理论的基础上，试图从物权的角度去解释信托，提出受托人附解除条件所有权和授权信托两个概念，两者的不同之处在于，附解除条件所有权的信托理论认为在信托关系中，受托人取得了委托财产的所有权但附有解除条件，而授权信托则认为信托财产的所有权并未转移给受托人（以此观之，希伯特所称的德意志信托和授权信托是德国法信托。笔者注）。但两者都认为，受托人对委托财产的所有权在信托成立时被委托人限定在一定范围内，受到委托人对委托财产所有权关系支配的影响。对此，周玉华认为，"因罗马法在德国一贯的支配地位而使得罗马法的信托理论在德国更为主流，且在实务中也得到更多的应用和承认"。[1]

海因·克茨（Hein Kötz）对于德国信托的解释也印证了周玉华的观点。海因·克茨认为："德国的信托是由根据当事人之间的协议的生前的转让而设立，受托人按照委托人的指令，对委托人和受益人（第三方受益人）负有合同的义务，为受益人（委托人可能是其中之一）的利益而管理被转让的财产，受托人取得完全的和没有限制的所有权，而受益人至少在理论上只享有合同的债权"。从理论界对于德国信托的定义来看，无论是罗马法信托理论还是德国法信托理论，都无法全盘接受英美信托的双重所有权概念，而是试图以德国传统民法中的物权和债权角度进行德国式的解析，从而形成了不同于英美信托的德式信托概念。而德国最高法院（BGH）则曾指出：英美法系的信托概念与德国法的正统学说原则不兼容，并指出二者之间不具有可比性。德国最高法院对德国信托的认知倾向于认为，其本质仅仅是受托人相对于第三人，对委托物享有更多的权利而已。委托人与受托人之间是一种与第三人无关的合同关系，因此受托人对委托物的所有权受到委托人的制约。受托人对于委托物的所有权不是完全的所有权，其无权处分的效力是无法对抗善意第三人的。显然，在德国最高法院的实践中，秉持的是罗马法的信托理论，承认受托人获得了信托财产的所有权，委托人和受托人之间存在债权关系。[2]

（二）分离财产至受托人的制度，学者利用该制度对德国信托理论的新贡献及其对欧洲大陆法系其他国家的影响

如前所述，分离财产至受托人（alienation to a fiduciary）的制度/设计，最早形成于德国的信托（Treuhand）制度。这种分离财产至受托人的制度/设计很好地适应了商事信托的应用。而德国的克劳德·魏茨教授将分离财产至受托人的制度的根源追溯到罗马法，为信托在德国进一步找到了合法性，这也可以认为是罗马法式的信托在德国占据主导地位的

---

[1] 周玉华. 信托法学 [M]. 北京：中国政法大学出版社，2001：6-7.
[2] HAYTO, KORTMAN, VERHAGEN. National Report for Germany trust [M] // Hein Kötz. Principles of European Trust. Hague: Kluwer Law International, 1999: 93-94.

原因之一。如前所述，德国的这种分离财产至受托人的设计的模式，对德国的一些邻国产生了重大影响，使欧洲其他大陆法系国家如瑞士、卢森堡等国家接受了信托制度或类信托制度。

(三) 基金制度带来的新变化

2007年，德国联邦财政法院在对列支敦士登基金的判例中，创立了对于基金的运作规则。该规则规定，委托人在设立基金时未丧失对委托物的所有权，且委托人享有以下权利：①有权随时更改信托文件；②有权随时撤销信托；③有权向受托人提供关于信托财产管理和向受益人分配的指示。这一规则被实务界广泛接受并沿用。在新的定义中，在德国，作为信托之一种形式的基金被认定为一种不发生所有权转移的财产管理手段。[①] 从德国对作为信托之一种形式的基金的定义的反复，可以看出德国民法体系对于信托的态度的反复，而这种反复除了理论上的原因之外，也因为在现实中，德国民法存在着对信托的转换制度。

四、德国对英式信托制度进行了转换处理和应用

与法国等国家不同，在德国立法中没有系统的信托成文法的身影，究其原因，除了前面提到的传统的民法思维对英式信托的阻滞，还因为德国对英式信托进行了转换处理和应用。德国比较法学家海因·克茨曾经对英美法系的现代信托制度和德国的Treuhand制度进行过系统的比较研究。他认为，德国没有必要引进英美信托制度，德国民法一直倾向于从一般原则和基本概念中演绎个案，按照德国民法的现有规则与灵活的司法制度就足以有效、灵活地解决信托法中的实际难题。[②] 因此，德国式信托没有成文法的规定。不过，德国却在法律学说、司法判例与法律实践之中建立与发展起来了Treuhand制度并广泛运用于公法与私法领域，是一个相当活跃的制度。[③] 而Treuhand制度所衍生的分离财产至受托人的设计，则是德国信托法上的一个活跃的制度。因此，虽然立法上的不足使得德国信托的发展不如英美国家，但其作为传统大陆法系国家却能妥善建立与发展信托制度，这主要是因为德国适应经济社会对信托的客观需要而对英式信托做了转换处理和应用。

在德国，除遗嘱信托外，根据信托设立的目的不同，信托被分为管理信托（Verwaltungs treuhand）和担保信托（Sicherungs treuhand）。其中，管理信托是指受托人为他人利益或其他目的而设立的主要用于管理、经营或监督信托财产的信托。担保信托则是指为担保债权的实现而设立的信托，包括所有权担保转让、担保让与和担保土地债务等信托形

---

① 郑欣沂. 遗嘱信托的德国法命运 [D]. 上海：华东政法大学，2016：20-21.
② 于海涌. 论信托财产的所有权归属 [J]. 中山大学学报（社会科学版），2010 (2)：199.
③ 陈大创. 法律移植中的路径依赖与制度创新：以信托财产所有权制度为例 [D]. 北京：中国政法大学，2014：43-44.

式。这两类信托可以因设立目的的改变而相互转化。例如，在担保信托担保的债权清偿后，担保信托可以转化为管理信托，由受托人继续管理、处分信托财产。① 关于德国的管理信托和担保信托的具体情况，见本章第二节和第三节的内容，兹不赘述。

从实践情况来看，从2007年开始，德国实务界开始出现信托被广泛接受并沿用的局面。如前所述，在对列支敦士登基金的判例中，德国联邦财政法院创立了对于基金的运作规则，其作为重要的信托替代制度，在德国同样适用于信托。德国关于基金的规则规定，委托人拥有信托财产的所有权，有权随时更改信托文件、撤销信托、向受托人提供关于信托财产管理和向受益人分配的指示。② 不过，这一法律实践与担保信托关系不大，因为在担保信托中，只有受托人拥有信托财产所有权时，才能达到担保债权的目的。③

此外，为了对委托人的权利进行保护，司法判例和理论界还有过多种尝试。例如，有判例对委托人根据侵权行为法进行保护，但这一保护仍属于债法上的保护，作用十分有限。也有学者主张将代理权滥用的理论适用于信托之中，但其目前仍停留在理论上，联邦最高法院也并不支持此观点，认为代理与信托不同，代理权滥用理论不能适用于信托法律关系之中。更有学者提出信托物权说，基于判例对委托人在受托人破产时享有取回权以及能够提起第三人异议之诉的采纳，提出了信托权（Treuhandrecht），在相关判例中也有承认受托人享有法律上的所有权，委托人享有物权性质的信托权或经济上的所有权。④ 另外，还有学者认为德国法上的信托财产构成一项特别财产，是为特定目的将权利主体的部分财产从其自有财产中隔离出来，该部分财产的管理、收益和债务承担仅及于信托法律关系当事人，而与其自有财产相分离，以此来试图实现信托的资产隔离功能，保护委托人和受益人的权利。⑤ 这些观点进一步丰富了德国信托的理论与实践观点。总体来看，德国判例与理论还是主要通过区分管理信托与担保信托中当事人法律地位的不同，权衡各方利益来解决问题。下面就对德国的管理信托和担保信托分节进行介绍。

第二节 德国的管理信托

一、德国管理信托的类型以及类似管理信托的制度

这里说的管理信托的类型以及类似管理信托的制度，实际上是指德国管理信托及类似管理信托所适用的范围或称表现形式，这主要包括以下内容。

---

① 孙静. 德国信托法探析 [J]. 比较法研究，2004（1）：85-87.
② 郑欣沂. 遗嘱信托的德国法命运 [D]. 上海：华东政法大学，2016：20-21.
③ 同①：90-91.
④ 同①：92-95.
⑤ 陈大创. 法律移植中的路径依赖与制度创新：以信托财产所有权制度为例 [D]. 北京：中国政法大学，2014：43-44.

(一) 基金会

在英美法系，通过法律行为设立信托的一个重要功能，是使私人能够将财产捐献于慈善事业或者其他目的，这种信托就是慈善信托。而在德国法上，慈善信托的这一功能是由独立和不独立的基金会以及社团来完成的。其中，独立的基金会，是指由捐赠人在获得政府批准后创建的法人，此方式能将财产用于捐赠人确定的特定目的。根据《德国民法典》第80条第（1）款的规定，* 独立基金会的成立除有捐赠人的捐赠行为外，还应当获得基金会所在地的州主管部门的批准。也就是说，在德国，根据《德国民法典》第80条的规定，财团**成立的要件有二。一是捐助行为。捐助行为可以是生前法律行为（根据《德国民法典》第81条的规定，捐助行为属于单方法律行为），也可以是死因行为（见《德国民法典》第83条的规定。死因行为也称为"终意行为"）。捐助人可以是自然人，也可以是法人或者公法上的团体。二是获得财团所在地所在的州有管辖权的机关的许可（即认许）。该项许可不是私法上的意思表示，而是行政行为。① 独立基金会成立后，要接受国家的监管，其监管的范围和程度由各州立法规定。

在德国，为了避免设立和运营基金会所需要接受的国家批准和监管，可以通过成立一个"非经济社团"（idealverein）来实现与基金会同样的目的。② 出于同样的考虑，通过设立不独立基金会或信托式基金会（fiduziarischen stiftung）来实现目的捐赠是非常常见的。此类基金会的设立方式是：将某项财产授予某人，条件是须将它用于某一特定目的，不具有法人人格的目的财产通过这样的方式被设立，它的财产管理者应被视为负担者，即使他在法律上是所有权人。例如，如果某人打算向一所大学捐赠一笔资金，并用产生的利息设立一项奖学金，但是由于创设一个有权利能力的基金会（即独立基金会）往往花费过于昂贵或者手续过于繁杂，取而代之的是，可以将这笔钱支付给大学或者通过死因处分行为将它遗赠给该大学，并且同时规定，该大学应该将这笔钱作为一项特别基金而与该大学的其他财产分开进行管理，所获得的利息应该支付给奖学金获得者。对这种不独立基金会并不发生如独立基金会一样的公法上的监管，即前面所说的成立时的认许和成立后的后续监

---

* 《德国民法典》第80条（有权利能力的财团的成立）第（1）款规定："对于有权利能力的财团的成立，捐助行为和财团所在地所应在的州有管辖权的机关的认许是必要的。"参见德国民法典（第5版）[M].陈卫佐,译.北京：法律出版社，2020：27.

** 在德国，法人包括公法上的法人和私法上的法人，而私法上的法人又包括社团和财团。财团是指被赋予法律人格的、以实现捐助人特定目的为目标的财产的集合。见 [德] 汉斯·布洛克斯．沃尔夫·迪特里希·瓦尔克．德国民法总论（第41版）[M].张艳,译.北京：中国人民大学出版社，2019：321. 基金会属于财团的一种。但是《德国民法典》只规定了基金会法的一小部分内容，而有关基金会认许（即批准）条件等问题的规定，则需要在各州的法律中寻找。另参见 [德] 海因·克茨．英美信托与德国信托的比较法研究 [M]．白媛媛,译.北京：法律出版社，2021：118.

① Vgl. dazu Palandt-Ellenberger, BGB, 79. Aufl. 2020, § 80 Rn. 1-2.//德国民法典（第5版）[M].陈卫佐,译.北京：法律出版社，2020：27.

② 海因·克茨．英美信托与德国信托的比较法研究 [M]．白媛媛,译.北京：法律出版社，2021：119.

管。在不独立基金会中,目的财产的法律载体并不是专门为此目的而设立的法人(即财团),而是基于信托目的被授予目的财产的一方。尽管在德国法上,基于信托目的被授予目的财产的这个人仅负有根据该财产的特定目的而管理该财产的债法上的义务,但是被普遍承认的是,这个人的私人债权人既不能通过强制执行措施,也不能在破产程序中获得该目的财产。① 这就与信托财产的独立性达到了同样的法律效果。

(二) 有利于大多数人的财产管理形式

在英美法系,通过法律行为设立信托的第二个重要功能,是通过这种法律技术手段,能够合法地组织有利于许多人的财产管理。而在德国法上,主要有三种法律结构可以被用于为大多数人的利益而进行合法的财产管理:第一种是公司式解决方案,即将待管理的财产转让给所成立的法人(即企业,主要是社团法人或股份公司)。出资者作为社团法人的成员或股东,通过行使成员权而参与法人的事务。他们有权依照法人章程的规定对法人的机关的财产管理工作进行监督。第二种是信托式解决方案,即将需要管理的财产转让给受托人。受托人可以是法人,但不必须是法人。受托人有债法上的义务,并按照特定的指示以自己的名义为委托人/受益人的利益而管理财产。第三种是共同共有或者按份共有式的解决方案,即投资者的个人出资应该构成特殊财产,投资者要么作为按份共有人按照其份额享有所有权,要么作为共同共有人而共同享有所有权。②

1. 采用第三种法律结构:一些规模较小的无权利能力的社团

在德国,有一些组织,虽然像已经登记的社团,由于它的存在独立于其成员的变更,并拥有像公司的内部组织、使用一个整体名称,但是却由于某些原因并没有获得权利能力,这就是无权利能力的社团。这些无权利能力的社团,包括政党、工会等组织。按照《德国民法典》第 54 条的规定,无权利能力的社团适用合伙的规定。③ 因此,无权利能力的社团要适用第三种法律结构,即适用财产共同共有的解决方案:无权利能力社团的财产由全体成员共同共有。根据判例和学说,当提出与无权利能力社团的财产相关的诉讼请求时,该社团全体成员必须被视为原告,他们的姓名应该在起诉书中被列明。同样地,土地也必须以无权利能力社团所有成员的名义在土地登记簿上登记。④

2. 采用第二种法律结构的情况

本书当然主要关注的是第二种法律结构,即信托式解决方案(Fiduziarische Treuhand),它是指根据合同的规定,委托人将财产转让给受托人(Treuhänder),受托人有偿地负有义

---

① 海因·克茨. 英美信托与德国信托的比较法研究 [M]. 白媛媛,译. 北京:法律出版社,2021:120.
② 同①:124-125.
③ 德国民法典(第5版)[M]. 陈卫佐,译. 北京:法律出版社,2020:20.
④ 同①:125-126.

务，为受益人的利益，以特定的方式管理财产。一般当事人授予受益人通过直接请求受托人的方式强制执行合同，受益人的权利只是对人的普通的权利，对信托财产上的利益没有直接的权利。受托人的义务被称为受信人（fiduciary）的义务，即有义务避免义务和利益的冲突，将信托财产与自己的财产分离，保存管理财产的清晰和准确的记录，必须允许委托人/受益人检查账户，不可以在个人与受益人的利益相反时进行交易或继续这种状态，必须说明在管理中获得任何利润，不可以为自己的利益而改变职责，不可以利用在履行受信人义务过程中获得的商业机会；必须遵守一般的忠实义务，即诚实信用原则所包含的这种受信人义务的形式。在信托式解决方案中，受益人对受托人违反信托的主要救济，是对人的损害赔偿诉讼。在这样的诉讼中，受托人以个人的财产承担责任，该诉讼是违反合同的诉讼，但这似乎并不重要，如果受托人有偿还能力，二者之间的差别没有意义。当然，英美法系中受托人的责任标准比德国的更强。二者的另一个差别是：德国的法院没有一般的职权执行使信托具有有效的财产管理设计的监督和管理职能，意图长期运作的信托必须起草详细的条款规定所有的问题和情况，因为德国法院没有一般的管辖权来解决解除或指定受托人、指引受托人等信托管理中出现的问题。①

使用这种信托式解决方案通常有以下几种情况。

1）一些规模较大的无权利能力的社团

一些规模较大的无权利能力的社团，尤其是拥有百万以上成员的无权利能力的社团，要采用第三种法律结构即共同共有的解决方案是不可行的。如果这些团体在某些情况下不需要取得法人资格，并因此不能通过第一种法律结构即企业解决方案为其成员的利益进行财产管理，那么他们通常会采用第二种解决方案即信托解决方案。例如，在德国，工会的财产由信托公司（Treuhandgesellschaft）管理，信托公司通常采取的是有限责任公司的形式，信托公司同时也是工会财产的信托所有权人（fiduziarische Eigentimer）。在所有的规模较大的无权利能力社团中都能找到类似的法律设计。②

2）投资信托

投资信托*的基础理念是，根据风险分散原则，将投资者提供的金钱专业地投资于有价证券，并为了投资者的利益进行管理。根据德国股份法和税法，在德国，不能通过第一种法律结构即公司解决方案来实施这种想法。因为在这个方案中，证券账户的所有权属于投资者通过股份参与其中的公司。因此，根据德国资合公司法的相关规定，各方可以自由

---

① 张天民. 失去衡平法的信托：信托观念的扩张与中国《信托法》的机遇和挑战 [D]. 北京：中国政法大学，2002：102-103.

② 海因·克茨. 英美信托与德国信托的比较法研究 [M]. 白媛媛，译. 北京：法律出版社，2021：126.

* 投资信托（investment trust），也称为投资池信托（pooled investment trust），是欧洲大陆法系国家普遍感兴趣的商事信托的形式之一种。参见玛德琳·坎廷·库米恩："关于大陆法系国家目前已经接受或者采用信托制度的多样化途径的思考"，载 [加] 莱昂纳尔·史密斯. 重塑信托：大陆法中的信托法 [M]. 李文华，译. 北京：法律出版社，2021：12.

决定投资基金应当由投资者共同所有（即按份共有的解决方案）还是由投资公司所有（即信托解决方案）。在此前提下，被持有的证券在任何情况下都是特殊财产，如果是采用了信托解决方案，则投资公司应当将其与自己的财产分开持有，并交给托管银行（Depobank）进行保管。投资公司用客户的资金获得的财产构成一个单独的基金。根据1970年1月14日颁布的一项法律的规定，这些公司的私人债权人免于索赔。此外，如果S将财产转让给T，但有一项谅解，即该财产应由T作为信托受托人（Treuhander）代表受益人根据德式信托（fiduziarische Treuhand）规则进行管理，则该财产不受T自己的债权人索赔的影响。①

投资公司在管理该特殊财产时，应该本着一位正直商人的谨慎注意义务为投资者整体考虑，维护投资者的利益。投资公司有权以自己的名义行使特殊财产中的证券所产生的所有权利，尤其是表决权；投资公司也有权处分特殊财产，但是超过法律限制的处分行为无效。例如，特殊财产标的不能被质押、被让与担保或者转让。代位原则在一定程度上适用于此种情况。投资公司破产时，特殊财产不属于破产财产。如果特殊财产被强制执行，托管银行可以根据《德国民事诉讼法》第771条的规定，*以自己的名义，为投资者的利益而提起第三人之诉。无论特殊财产是投资者的共有财产还是投资公司的信托所有财产（Treuhanddeigentum），所有上述规则都同样适用。因此，现在是按份共有解决方案还是信托解决方案，在上述意义上，只是一个标签/名称的问题。投资者可能是证券投资组合的按份共有人，或者是对投资公司享有债权请求权的债权人，其法律地位实际上没有重大区别。②

房地产投资信托是德国投资信托的一种重要形式。德国的房地产投资信托，是投资信托公司通过其选定的保管银行发行投资信托证券，并将所收受的资金投资于房地产或其他特别财产。保管银行根据投资公司的指示负责现金及有价证券等特别财产的保管、信托收益分配、信托基金资产评价，以及房地产业务的监管工作。为保护投资人的利益，德国《投资公司法》做了设置监督委员会选定保管银行、固有财产与信托财产分别管理、投资范围限制等强制性规定。可以投资的房地产限于租赁居住及商业用房地产以及符合该条件的在建工程不超过信托财产价值的土地。德国房地产投资信托的特点之一，在于基金资产的运用业务与保管业务的分离。③

3）债券信托

债券信托（debenture trusts），也称为债务证券发行之信托，是欧洲大陆法系国家普遍

---

① HAYTON D. The developing European dimension of trust law [J]. King's college law journal, 1999, 10: 57.

* 《德国民事诉讼法典》第77条（第三人异议之诉）规定："（1）第三人主张对执行标的享有阻却让与的权利时，可以向执行实施地的法院主张针对强制执行的异议。……"参见德国民事诉讼法点 [M]. 赵秀举，译. 北京：法律出版社，2021：247.

② 海因·克茨. 英美信托与德国信托的比较法研究 [M]. 白媛媛，译. 北京：法律出版社，2021：127-128.

③ 杨冬梅. 国外房地产投资信托的发展及对我国的启示 [J]. 天津电大学报，2003：46-47.

感兴趣的另一种商事信托。* 如果一家公司想在资本市场上融资/借款,并为此发行无记名债券,那么债券持有人的债权通常是以借款人的不动产物权作为担保的。在英国和美国,实践中常用的做法,不是将担保物权(主要是不动产抵押权)按照份额分别授予各债券持有人,而是将其整体性(en bloc)转让给一位受托人,由他为债券持有人的整体利益管理这些债券。在这些情况下,担任受托人的几乎无一例外地都是法人,并且通常是银行和信托公司。① 而在德国,也有类似的规定,即关于为无记名债券而发生的债权设定保全性抵押权的特别规定。** 尽管德国以保全性抵押权由所有债券持有人按照其份额按份共有(即采取按份共有解决方案)的方式为出发点,但是,为使债务人不必与无数的并且往往是他不认识的债权人进行谈判,根据《德国民法典》第1189条的规定,*** 可以任命一名土地登记代理人,该代理人可以就所设定的保全性抵押权做出对各位债券持有人产生有利或不利影响的处分决定。这样,这里德国法上的土地登记代理人就和英美法系上的债券信托中的受托人非常相似了。然而,由于存在一些实际困难,与此相关的、法律建议的解决方案却没有被推广。迄今为止,在德国的司法实践中,信托解决方案经常得到应用:借款人授权银行申请土地债务登记,银行则负有作为受托人为各债券持有人管理土地债务的义务。②

4) 表决权信托

表决权信托(voting trusts),是欧洲大陆法系国家普遍感兴趣的又一种商事信托。**** 设立表决权信托的目的,是使分属不同的人的股份上所产生的权利能够得到统一行使,这尤其适用于表决权的行使。在德国法上,这一结果可以通过信托方案来实现。在此方案中,股东将其股份中确认的成员权(包括表决权)完全转让给受让人。然后,受托人通常负有义务,即以特定方式利用转让给他的权利。此外,德国股份法上还有所谓的"合法转

---

* 参见玛德琳·坎廷·库米恩:"关于大陆法系国家目前已经接受或者采用信托制度的多样化途径的思考". 载[加]史密斯. 重塑信托:大陆法系中的信托法[M]. 李文华,译. 北京:法律出版社,2021:12.

① 海因·克茨. 英美信托与德国信托的比较法研究[M]. 白媛媛,译. 北京:法律出版社,2021:72.

** 《德国民法典》第1187条(无记名债券和指示证券的保全性抵押权)规定:"就因无记名债券、汇票和本票或其他可背书转让的证券而发生的债权而言,只能设定保全性抵押权。即使该抵押权在土地登记簿上未被标明为保全性抵押权,它也被视为保全性抵押权。……"参见德国民法典(第5版)[M]. 陈卫佐,译. 北京:法律出版社,2020:473.

*** 《德国民法典》第1189条(土地登记代理人的选任):(1)在第1187条所称种类的抵押权的情形下,可以为现时债权人选任代理人,同时授予在发生对任何后来的债权人有利和不利的效力的情况下,就抵押权为特定的处分并在主张抵押权时代理债权人的权能。对于代理人的选任,登记入土地登记簿是必要的。(2)所有权人有权向债权人请求为代理人对之有权能的处分的,所有权人可以向代理人请求实施该项处分。"参见德国民法典(第5版)[M]. 陈卫佐,译. 北京:法律出版社,2020:473-474.

② 同①:128-129.

**** 参见玛德琳·坎廷·库米恩:"关于大陆法系国家目前已经接受或者采用信托制度的多样化途径的思考". 载[加]史密斯. 重塑信托:大陆法系中的信托法[M]. 李文华,译. 北京:法律出版社,2021:12;海因·克茨. 英美信托与德国信托的比较法研究[M]. 白媛媛,译. 北京:法律出版社,2021:72.

让"（legamationsübertrgung）制度。根据此制度，股东仍然是权利人，根据《德国民法典》第185条的规定，他授权另一人以自己的名义行使股份产生的表决权。在此，被授权人也可能负有以特定方式进行投票的义务。①

5）时间分配式共有（time-sharing）或"度假寓所所有权（Ferieneigentum）"中的信托②

在西方国家，一年中享有多次度假或者休假逗留，属于日渐流行的生活方式之一。用于度假目的的投资，也就愈见流行，于是就出现了"度假寓所所有权"。但以单独所有权形式投资购买一块土地或一幢房屋，以用于度假，其成本对单个人来讲，显然不是个小数目。而时间分配式共有的基本理念就是，通过众多人的共同投资，使每个使用者获得对度假寓所一段时间的使用之可能，比如每年三个星期，从而降低每个使用者所负担的成本。与单独的度假寓所所有权不同，通过这种时间分配式共有方式，也可能出现多种的使用参与，以保证对寓所使用用途的相互调剂。但在实践中，这一形式与使用租赁颇类似，因为使用人与使用承租人一样，不能如同所有权人而自由地处分与使用其寓所；其区别于使用承租人者，就是使用人在事先就须作长期的投资。

在德国法中，关于这种时间分配式共有或"度假寓所所有权的"法律性质与法律上的构造问题，还没有统一的时间分配式共有模式。在法律构造上，存在一些选择可能性，但这些选择的可能性，在对时间分配式共有人与共有客体关系之构造上，又极其不同，具体包括：物权性的权利性质下的住宅所有权按份共有、长期居住权、实物负担等法律上的构造，社团成员资格或合作社成员资格的法律上的构造，债权性的使用约定的法律构造，以及信托的法律构造。限于篇幅，本书仅介绍这种时间分配式共有或"度假寓所所有权的"信托构造的情况。

假如将物权性的法律地位（住宅所有权、长期居住权、完全所有权），赋予给信托性的承受公司，再由该公司按照债权性的约定，分配对度假寓所的使用，则可避免物权性的权利性质下的住宅所有权按份共有的法律构造上的复杂性。在这种信托式构造中，各时间分配式共有人，针对信托公司之债权人对度假寓所所采取的法律措施，虽然能享有物权性的担保（包括取回权、第三人异议之诉），但针对信托公司本身，各共有人最终仅享有债法上的请求权，他们不享有"真正的"度假寓所所有权。

例如《联邦最高法院民事判例集》等文件中的一个司法判例报告表明，出卖人出卖"对度假离所设施的居住权"后，度假管理公司（是一个有限责任公司，即出卖人）作为信托式的权利人，享有一项长期居住权，而买受人购买了该长期居住权的3/52。买受人虽已登记于"共同体登记簿"中，但自土地登记簿中，不能明确看出对长期居住权依按份共有所作的分割。联邦最高法院认为，这一法律构造形式是"不透明的"，宣布其部分无效，

---

① 海因·克茨.英美信托与德国信托的比较法研究［M］.白媛媛，译.北京：法律出版社，2021：129.
② 施蒂尔纳.德国物权法（上册）［M］.张双根，译.北京：法律出版社，2006：675-679.

并判决出卖人应将对居住权的按份共有人资格转让给买受人,也就是将不透明的信托方式,转化为物权性的按份共有方式。但是,假如是完全透明的,则对信托方式,也就不会有什么争议了。

(三) 遗嘱信托

1. 德国的遗嘱信托发展史简介[①]

在德国,"继承税法"几经修改,每次修改都让遗嘱信托面临不同的命运。从德国的继承税和财产转移税制度来看,对于中产阶级来说,生前信托和正常的继承程序都能起到很好的避税作用,不必再通过遗嘱信托的方式来避税。需要指出的是,目前全球范围内,遗嘱信托使用率比较高的都是非常富裕的阶层以及一些大家族,这些富人或家族除了现金遗产,还有大量的商事遗产(如公司、房地产等),德国也不例外,而且德国中小型家族企业非常发达,这些中小型家族企业在继承时,往往是商事遗产多于私人遗产,因此相较于欧美其他国家,德国的贫富差距状况和沉重的遗产税决定了更多人需要订立遗嘱信托来管理自己的财产,并且来规避高额的赋税。

德国国内的遗嘱信托和涉外的遗嘱信托经历了不同的发展过程。首先来看德国国内的遗嘱信托。与涉外的遗嘱信托适用比较起来,德国国内的遗嘱信托经历了从发展到受挫到逐渐复苏的过程,而德国的国内遗嘱信托从发展到受挫的过程一直围绕着德国"继承税法"的发展而展开。可以说,正是德国"继承税法"的发展趋势决定着国内遗嘱信托在德国的命运,直到欧盟继承规则的出现,才为国内遗嘱信托在德国的发展找到了一条较好的发展之路。

首先,在1999年之前,遗嘱信托在德国也和生前信托一样处于较为宽松的发展期。在德国,投资证券基金完全按照基金的规则运作。德国的国内投资信托不像美国和日本等国那样通过日常的家庭访问方式来推销,德国大多数基金是由银行发起设立的。进入20世纪90年代以后,德国在金融体制上施行混业经营的全能银行制度,银行经营所有的金融业务,包括基金。总体来说,如前所述,在德国,法律上没有对按一定的目的转让财产所有权的信托进行立法,德国也没有专门的、独立的以信托为主业的信托公司。在1999年之前,在德国联邦财政法院的判决中,认为遗嘱信托的设立并不会触发德国的继承税。财政法院认为,通过遗嘱信托转移财产没有充分的征税理由,因为受托人只是基于信赖关系管理委托财产,并没有从这些委托财产中获利,这种信托不能被认定为法律实体或者纳税实体。当时大部分的评论都认为,这样的规则同样适用于生前信托,因此,在1999年之前,不论是生前信托还是遗嘱信托在德国都较为活跃,在德国设立生前信托和遗嘱信托都按照基金的征税方式来进行征税,使得当时的遗嘱信托在德国的税率非常低。因此遗嘱

[①] 郑欣沂. 遗嘱信托的德国法命运 [D]. 上海: 华东政法大学, 2016: 26-41.

信托受到很多人尤其是富裕阶层人们的青睐。可以说信托制度包括遗嘱信托制度在这一时期经历了一段黄金时光，在德国迅速发展起来。

之后，从1999年到2015年，遗嘱信托在德国经历了受挫期。1999年，欧盟正式启动欧元，货币的一体化带来了成员国之间更强的经济联系，在这样的背景下，德国认为对于遗嘱信托的漏洞实在太大，于是着手修订了"继承税法"，修订之后的"继承税法"很多地方对遗嘱信托进行了限制。但是在这个阶段，对于遗嘱信托，德国仍然有一些积极的探索。比如，由于遗嘱信托可以与德国遗产税法的遗赠得到相同的效果，只要处理得当，遗嘱信托可以跟遗赠在一定程度上进行替换。在遗赠中，遗产是死亡时转移的物质利益，这意味着受益人不是继承人，而只是获得从继承人的遗嘱信托中获得的处分财产的权利，比如终身不动产权，受益人的终身不动产权年限不得超过30年，即受益人可以在委托人死亡30年内都享有绝对的所有权。这其实是一种变相的遗嘱信托，但是区别在于，有时间上的限制，而且如果受益人死亡，受益人财产会按照正常的继承程序开始进行继承。尽管实务界在1999年到2015年期间为遗嘱信托做了很多努力，但是整体来看，遗嘱信托在这一段时间内受到了很大的挫折。

在历经了一番磨难之后，遗嘱信托在2015年迎来了转机。2015年之前，根据德国《民法实施法》（EGBGB）第25条第1款的规定，所有法律问题和法律继承原则均受委托人的国籍国约束。除上述提到的有双边协定的国家外，这一原则几乎适用所有没有与德国建立双边协定的国家。但在2015年8月17日，欧盟发布新的继承规则，在新的继承规则中，2015年8月17日或之后的死亡之后的法律关系将受"继承规则"管辖，继承税法将可以适用死者在死亡时有惯常居所的国家的法律，立遗嘱人有权在其遗嘱中选择适用的公民法。这一规则的出台对于遗嘱信托来说影响是巨大的：在这一规则下，德国公民可以选择在欧盟任一国家中建立遗嘱信托从而规避德国法。

而反观德国的涉外遗嘱信托，总体上看，德国对涉外的遗嘱信托的态度其实一直较为宽松，并且与包括美国在内的一些适用英美信托法的国家签订了双边条约，在这些条约下，可以选择适用美国信托法或适用德国国内法来处理遗嘱信托的问题；并且，在涉外遗嘱信托纠纷中，若产生纠纷的另一个国家有信托法，德国也承认此纠纷中存在信托。

具体来说，在涉外遗嘱信托的适用方面，德国一直是持比较宽容的态度。从19世纪末开始，德国开始效仿英美信托的办法建立基金公司，至第一次世界大战前，随着德国经济的迅速发展，基金公司大力从事海外投资业务，并得到了很大的发展。第二次世界大战后，联邦德国在1957年颁布了《投资公司法》。自颁布该法至欧洲共同市场成立为止，短短四年间，基金数增加了1.5倍。发行证券份数增加了30倍，资本总额增加了30多倍。20世纪70年代初，联邦德国有13家基金投资公司，所运用基金总计43个。其中，大多数是海外投资基金，在基金条款中明确投资于国内证券的只有5个基金。这些基金在德国以基金的方式存在，在海外则以信托的形式存在，而德国的海外信托之所以如此发达，是因为与强势的涉外继承相比，德国对于涉外信托的态度显得十分宽容，对于遗嘱信托的适用空间也更为广泛。以美国为例，德国与美国签订了《德美避免双重征税协议》。该协议规定，如果根据德美双重征税协议的规定，在转让时，授予人或受托人在德国境内，则与德国有关联，但仅在受益人居住在德国时，将财产转让给信托才会引发德国赠与税。《德美避免双重征税协议》中还规定，该协议适用于遗产、继承和赠与的税收，如果受益人有多个被协议定义为"家"的居所地，那么采取与个人和经济关系最密切联系国家原则。而且，该协议还突破了德国对于纳税主体的要求。在该协议中，移民到德国的美国公民10年内仍被视为居住在美国，而不被视为德国公民。而在德国的"继承税法"中，在德国居住超过6个月就被视为在德国有经常居所地，是继承税的纳税主体，要承担德国的很高的继承税。而根据该协议下设立的遗嘱信托，至少能出现两种排除德国法的情况：第一，德国公民A，作为遗嘱信托的受益人，居住在美国未满5年，但是被法院认定为最密切联系国家为美国，则适用美国信托法，从而不在德国纳税。第二，美国公民B，作为遗嘱信托受益人，居住在德国未满10年，被法院认定为最密切联系国家为美国，则适用美国信托法。在这样的规则下，尽管不能完全排斥德国法对于遗嘱信托的适用，但是为遗嘱信托适用美国法提供了更为广泛的适用范围（即利用美国信托法进行避税），也创造了更多的可能性。这样，在2015年欧盟的新继承规则的修改下，德国的国内遗嘱信托和涉外遗嘱信托一样，都有了较好的发展。

2. 德国遗嘱信托与英美法系遗嘱信托的比较

我们已经看到，遗嘱信托与继承法关系密切。而英美法系信托的主要功能之一，就是使被继承人能够设定前后相继的多位受益人，并由此实现其长期约束遗产的目的。实现这一功能的主要方式如下：①遗产的普通法上的所有权被转让给作为公正的第三人的受托人，并将遗产的管理托付给他；②将地产权的概念纳入信托法，以便被继承人可以将财产使用权按照时间顺序先后授予若干人。这里，需要解释一下地产权的概念。所谓地产权（estate），起源于英国土地法的基础是英格兰的所有土地都归王室所有的传统。虽然随着时间的流逝，这个传统已经没有任何实际意义，但是却导致了英国法上一个迄今为止仍然确定的法律观念，即在英国，任何被授予所有权的土地权利，都是一种有限的使用权。地产权概念的特点包括：以罗马法为基础的大陆法系国家（如德国、法国、意大利等）根据权利人享有权利的内容区分土地权利，而英国法原则上只有一个总的土地使用权，并根据权利人有权享有的期限进行分类。因此，在英国法上，地产权是在特定期限内的土地使用权。因此，如果一宗土地上的权利归权利人所有，并在权利人去世后归其继承人、继承人的继承人等人所有，该权利则被称为"非限定继承地产权"。这项权利实质上和所有权没有区别，虽然理论上它只是一种受时间限制的使用权（其期限是无限的）。其结果是，在英国，非限定继承地产权的权利人可以使若干人在某个期限内先后获得几乎与所有权没有区别的土地使用权。此外，根据衡平法遵从普通法的原则，普通法上所有的地产权，在衡平法上也被法官予以承认。后来，在普通法上形成的地产权的概念也包括了权利标的是动产的情况。①

在英美法的信托中，设立一位公正的管理受托人（Verwaltungstreuhänder）* 以及在一定期限内约束遗产，这是通过信托的设立得到的两个最重要的结果，它们是相辅相成和互为前提的。如果遗产的普通法上的所有权被授予给受托人，那么受益人既不能通过生前行为，也不能通过死因行为处分遗产，但就实现遗产的约束而言，两者（即这两个禁止受益人处分遗产的规则）都是必要的。因为如果受益人能够通过生前行为自由处分被继承人的遗产，则他可能会挥霍该等遗产，损害该受益人的继承人的利益，从而使被继承人约束其财产的目的落空；而不允许受益人对被继承人的遗产进行死因行为的处分，则是对被继承人所做出的将衡平法上的所有权按照一定的时间先后顺序授予给多位受益人的决定的尊重。最后，将遗产的管理委托给公正的第三人也是合适的，因为只有这样的第三人才能妥善解决因受益人的时间顺序设置而引起的利益冲突。设立信托产生的这种相互作用，对英美法系的人来说是不言而喻的。然而，如果他们观察德国法律就会发现，别的法律体系如德国的法律体系，也可以为被继承人提供多个不同的法律制度以达到同样的法律效果。在德国法上，遗产管理中的公正的第三人是遗赠执行人。遗产约束力的产生，也就是多位遗产权利人按照时间先后顺序继承遗产，可以在一定程度上通过设立后位继承人来实现，但也可以通过一些其他法律制度来完成。②

德国法区分了遗嘱执行和管理"遗嘱执行"，前者指仅能执行被继承人的终意处分即清算执行的行为，后者指受托对遗产进行较长时间的管理的行为。关于管理"遗嘱执行"的法律规定，就是指《德国民法典》第 2209 条（继续执行）："被继承人可以将遗产的管理托付给遗嘱执行人，而不向后者分配除管理外的其他任务；被继承人也可以指示：遗嘱执行人必须在已向其另行分配的任务了结后，继续进行管理。"③

比较而言，英美法系中的受托人对应的是管理遗嘱执行事务的人，而前一种人是纯粹的清算执行人，其对应的是英美法系中的遗嘱执行人。德国法中的管理遗嘱执行制度与英

---

① 海因·克茨.英美信托与德国信托的比较法研究［M］.白媛媛，译.北京：法律出版社，2021：5-7.

* 一位公正的管理受托人是整个遗嘱信托甚至是所有信托中最重要的环节/要素之一。这方面的例子不胜枚举。例如，2007 年 8 月 13 日在美国纽约去世的被称为"民间第一夫人"的 Brooke Astor，她自己非常富有，并且因热衷慈善活动而闻名，生前大概捐出了两亿美元。然而，一生做尽善事的她，晚年却疾病缠身，陷入了阿尔茨海默病的灰暗世界里。她唯一的儿子 Anthony Marshall 是她的监护人/受托人，管理她的事务。但是她儿子对她事务的管理，却爆出了丑闻。Brooke Astor 的孙子指责自己的父亲、也就是 Brooke Astor 的儿子 Anthony Marshall 虐待奶奶 Brooke Astor。最终，法院停止了 Anthony Marshall 的受托人的职责，而任命 Brooke Astor 的老朋友 Annete de la Renta 为 Brooke Astor 新的监护人/受托人，负责 Brooke Astor 的生活和健康；同时，任命某家银行为 Brooke Astor 财产的监护人/受托人，负责她的财产管理。Brooke Astor 最终去世后，遗产争夺战爆发，甚至相关律师也卷进丑闻的旋涡。参见［美］劳伦斯·M.弗里德曼.遗嘱、信托与继承法的社会史［M］.沈朝晖，译.法律出版社，2017：1-2. 亲生儿子做自己的受托人/管理人尚且如此，怎么确保其他人的公正，就可想而知有多重要了。

② 同①：97-98.

③ 德国民法典（第 5 版）［M］.陈卫佐，译.北京：法律出版社，2020：708.

美法系中的遗嘱信托制度共同解决了同一个问题，即被继承人如何能够将一个标的让与某人，并使中立的第三人而非受益人拥有该物的管理和处分权限。德国法采取的方式是使受益人成为继承人和所有权人，同时将遗产的管理和处分权限从所有权中分离出来，由管理遗嘱执行人享有；而英美法系的做法则是将遗产的普通法上的所有权让与受托人，同时通过给予受益人以被称为衡平法上的所有权的一系列请求权而限制受托人的权限和法律地位，借助这一系列请求权，受益人能够向受托人和第三人主张遗产上的用益权。[1]

3. 德国法上遗嘱信托的具体内容

前已述及，在德国法上的遗嘱信托中，受益人成为继承人和所有权人，与此同时，管理遗嘱执行人享有从所有权中分离出来的遗产管理和处分权限，并且这种管理和处分权限相对都是期限比较长的。在此基本前提下，德国的遗嘱信托制度还有以下一些内容。

（1）设立遗嘱信托的财产的限制性问题。这是设立遗嘱信托时首先要面对的问题。因为信托实际上是委托人意志的延伸，在遗嘱信托中，委托人通过生前设立信托以达到死后受托人按照其生前所设定的规定而分配和处分委托财产的效果，而这种分配和处分是不受第三人（包括受益人和债权人）影响的，可以被视为一种财产处分的自由，但是这种自由却受到各国传统民法理念、婚姻家庭法的限制。在德国，这种限制主要来源是德国财产制度中的婚姻和家庭制度，婚姻和家庭制度会限制财产的自由处分。例如，德国婚姻财产法规定，配偶之间财产的货币需均等化，要有利于收益较低的配偶。这些规定下的财产均不得被纳入信托财产中，即使被纳入了信托财产，法律也可以强制从信托财产中将这部分划取出来。[2]

实际上，不仅是在德国这样的大陆法系国家，就是在美国这样的普通法系国家，也同样存在着对遗嘱信托所能设立的财产范围的限制。从实际情况来看，在当代美国，原初形态的亡夫遗产制度不再存在。取而代之的是，各州赋予在世配偶（寡妇或鳏夫）对遗产享有固定份额的权利——通常是1/3或1/2。一个强大的发展趋势是这个份额越来越慷慨。在俄勒冈州，如果一个男人死后遗留有妻子和子女，而妻子是子女的生母，那么，妻子将得到全部遗产；鳏夫也是如此。如果寡妇或鳏夫不是死者之子女的生母或生父，寡妇或鳏夫将得到一半遗产。如果死者没有任何子女，寡妇或鳏夫将得到所有的遗产。在佛罗里达州也是如此。如果死者没有"直系子孙"且没有留下遗嘱，在世配偶将得到一切。如果死者遗留有直系后代，寡妇或鳏夫首先从遗产中分得6万美元，然后分得剩余遗产的一半；但如果死者的"直系子女"不是与寡妇或鳏夫所生的，在世配偶将从不受遗嘱处分的遗产中分得一半。越来越多的州改变了它们的法律，而赋予在世配偶对死者遗产的更大份额，而且如果死者没有子女，在世配偶将得到一切。或者在许多州，在遗产中首先分配给在世

---

[1] 海因·克茨. 英美信托与德国信托的比较法研究[M]. 白媛媛, 译. 北京：法律出版社, 2021：99.
[2] 郑欣沂. 遗嘱信托的德国法命运[D]. 上海：华东政法大学, 2016：18.

配偶 5 万~10 万美元,以确保寡妇或鳏夫得到充分的保障。①

而且,在当代的美国,法律不仅在配偶无遗嘱死亡时保护寡妇和鳏夫,而且还保护寡妇和鳏夫免于被配偶有意地剥夺继承权。如果死者的遗嘱没有给遗孀分配任何遗产,或者遗嘱所分配给遗孀的遗产少于法定继承规则下在世配偶所应得的份额,那么,遗孀可以宣布放弃遗嘱所给予的份额,而"选择"(elect)法定份额。换言之,任何人不能赤裸裸地剥夺其配偶的继承权。或者更准确地说,任何人不能通过把她/他从其遗嘱中剔除,而剥夺她/他的继承权,除非她/他事前同意你这么做,例如,签署婚前协议。那么被继承人能以其他方式剥夺配偶的继承权吗?她/他能在生前设立一个信托,同时她/他的配偶没有任何受益权,然后把她/他的所有财产都转移给信托,这样她/他死的时候,她/他的"遗产"是空的,法律上她/他能这样做吗?这是一个复杂的问题;简单的回答是,如果涉及配偶之间的遗产继承权问题,在美国的大多数州,成文法和判例法都保护寡妇或鳏夫免受完全剥夺其继承权的遗嘱信托以及能达到同样目标的其他安排的影响,即完全剥夺配偶的继承权的遗嘱信托是无效的。实际上,即使根据遗嘱包括遗嘱信托,在世配偶分得的遗产份额很小或没有,但根据法定继承法,在世配偶仍可获得一定份额。这就是所谓的"特留份"(forced share)或者"不可剥夺的份额"(indefeasibleshare)制度。② 可见,"特留份"或者说"不可剥夺的份额"制度是德国、美国等大陆法系国家和英美法系国家普遍存在的制度,遗嘱信托所能涵盖的遗产范围,是要受到"特留份"或者说"不可剥夺的份额"制度的约束的。

(2)在管理遗嘱执行人不忠实地处分遗产时对受益人的救济问题。首先必须明确,管理遗嘱执行人有权为遗产而承担债务,但是以债务的承担对适当的管理来说是必要的为限。即使管理遗嘱执行人有权处分某一遗产标的,也可以为遗产而承担处分该遗产标的的债务;在无损于主张其对遗产债务所负责任的限制的权利的情况下,继承人有义务为此种债务的承担给予准许。*

但是,如果受托人不忠实地处分其所管理的遗产,则是另外一回事了。在受托人不忠实地处分其所管理的遗产而作为交易对方的第三人对此知情或者应当知情的情况下,英美法系的做法是将该第三人受让人作为其从受托人处取得的遗产的推定受托人。如果该第三人是无偿地从受托人处取得信托财产(即受托人所管理的遗产),这一规则也同样适用。德国法对此有类似的处理。在德国,虽然根据《德国民法典》第 2205 条的规定,管理遗嘱执行人有权处分遗产标的,该处分权原则上不受限制,**但是这一原则在判例法上被显

---

① 弗里德曼.遗嘱、信托与继承法的社会史[M].沈朝晖,译.北京:法律出版社,2017:32-33.
② 同①:47.
* 见《德国民法典》第 2206 条(债务的负担)的规定.德国民法典(第 5 版)[M].陈卫佐,译.北京:法律出版社,2020:708.
** 《德国民法典》第 2205 条(遗产管理、处分权能)规定:"遗嘱执行人必须管理遗产。遗嘱执行人尤其有权占有遗产和处分遗产标的。仅在无偿处分满足道德上的义务或对礼仪所须做的考虑的限度内,遗嘱执行人始有权为无偿处分。"参见德国民法典(第 5 版)[M].陈卫佐,译.北京:法律出版社,2020:707-708.

著地限制了。在帝国法院审理的一个案件中,管理遗嘱执行人为了偿还其为私人目的从第三人处获得的贷款,将本属于遗产的抵押物不忠实地转让给了第三人。虽然对管理遗嘱执行人有权处分抵押物这一点并没有争议,但是在本案中,德国帝国法院运用了在代理制度中发展起来的滥用代理权理论。德国帝国法院判决,管理遗嘱执行人的处分行为无效,因为他滥用了权利,第三人对其违反忠实义务的事实知情或者因为重大过失而不知情。后来,在一个类似案件中,帝国法院提高了对第三方买受人注意义务的要求。现在,仅由于轻微的疏忽大意而对管理遗嘱执行人违反忠实义务的事实知情就足够了。因此,帝国法院就这个问题形成了一个原则,即第三人不能从管理遗嘱执行人与第三人的法律行为中主张任何权利,如果他本来应该认识到这种行为属于滥用。这一原则产生了与普通法这一规则相同的结果,即某人取得了信托财产后,如果他在取得该信托财产时违反了信托义务,那么他被视为推定信托的受托人。在此规则下,如果受托人不忠实地处分了某块属于遗产的土地,那么根据普通法,恶意的受领人虽然获得了普通法上的所有权,但其却负有作为推定信托的受托人而为受益人的利益将该财产返还给原受托人的义务。进一步而言,根据德国法,由于该处分行为无效,继承人即受益人仍然是该财产的所有权人。因此,在第三方买受人破产的情况下,该财产可以被取回,就像在英美法系国家,该等财产是基于推定信托被持有的标的而可以被受益人取回一样。概而言之,在防止管理遗嘱执行人或受托人不忠实地处分遗产方面,德国法和普通法是基本一致的。①

(3)代位问题。代位问题即如果管理遗嘱执行人利用遗产取得了其他标的,则继承人的所有权是否能够在遗嘱执行人所取得的标的物上继续存在的问题。对此,普通法的解决方案比较简单,就是:如果受托人处分了信托财产,信托将延伸到受托人所获得的代位物上,该处分行为是否有违忠实义务并不重要;同样地,受托人是否有为自己取得代位物的意图也是无关紧要的。而在德国法上,其应对方案是类似的,即在这种情况下,管理遗嘱执行人直接为遗产取得了标的,只要在交易过程中能够看出他是在以管理遗嘱执行人的身份行事。另外,如果管理遗嘱执行人是以自己的名义行事,则不论他是有让继承人即受益人成为代位物的所有权人的意愿,还是其打算不忠实地保留他用遗产取得的代位物,其结果都是(用遗产所购买的标的物即代位物)属于遗产,该等遗产被帝国法院认为已经构成单独管理的特别财产。②

(4)防止强制执行问题。③被继承人设立受托人或者管理遗嘱执行人的目的,往往是防止遗产本身或者继承人或受益人对遗产享有的受益权受到债权人的强制执行。根据普通法,受益人的债权人不能为其债权对信托财产加以主张,这是因为基于信托持有的标的之普通法上的所有权属于受托人,因此作为遗嘱信托的信托财产的遗产并不是受益人的财

---

① 海因·克茨.英美信托与德国信托的比较法研究[M].白媛媛,译.北京:法律出版社,2021:99-102.
② 同①:102-103.
③ 同①:103-105.

产。德国法对此问题的处理结果和普通法的一样。根据《德国民法典》第 2214 条的规定，* 管理遗嘱执行期间的遗产标的不受继承人的私人债权人的强制执行。

关于继承人对遗产享有的受益权能否受到债权人的强制执行问题，《德国民事诉讼法》和《德国民法典》有相关的规定。根据《德国民事诉讼法》第 863 条的规定，** 如果被继承人已经根据《德国民法典》第 2338 条的规定，对一位挥霍浪费的或负债过重的直系后辈亲属的遗产继承进行了限制，即指定一位管理遗嘱执行人为他终身管理继承或遗赠的遗产份额或者执行他的特留份请求权（拒绝遗赠后），管理遗嘱执行人应当每年向其支付净收益，那么只有当支付的净收益超出标准赡养费时，被继承人的债权人才能主张他对遗产收益的请求权。这与英美法系的禁止挥霍信托基本一样。***

除立法中的明确规定外，法院做出的判决也支持了被继承人做出的对其遗产的安排。在德国帝国法院审理的一个案件中，继承人将部分遗产留给他的儿子，并为其安排了终身遗产执行，管理遗嘱执行人应该每年向其支付净收益。此外，被继承人还规定，对净收益的请求权既不能被转让也不能被扣押。如果该请求权被转让，由此所获得的相关款项应交给被继承人的管理遗嘱执行人，条件是将此笔款项作为被继承人儿子的基本生活费用。这就与英美法系的保护信托在很大程度上是一致的，并得到了德国帝国法院的认可。德国帝国法院在判决中指出，管理遗嘱执行人的管理权限和处分权限不仅涉及遗产本身，而且扩展至继承人对遗产收益的请求权。因此，根据《德国民法典》第 2211 条和第 135 条的规定，债权人无法对遗产采取强制措施。此外，如果管理遗嘱执行人通过终意处分使管理遗嘱执行人在特定事件发生的情况下（例如债权人企图强制执行），仅以基本生活需求的形式向继承人支付遗产收益，并不违反《德国民法典》第 137 条的规定，虽然这可能削弱了受益人的债权人的请求权。①

---

* 《德国民法典》第 2214 条（继承人的债权人）规定："不属于遗产债权人的继承人的债权人，不得对遗嘱执行人所管理的遗产标的加以主张。"参见德国民法典（第 5 版）[M].陈卫佐，译. 北京：法律出版社，2020：709.

** 《德国民事诉讼法》第 863 条（对遗产用益的扣押限制）规定：(1) 债权人作为继承人根据《民法典》第 2338 条因设立后顺位继承人而受到限制时，遗产用益为债务人履行针对其配偶、前配偶、同性生活伴侣、前同性生活伴侣或者亲属所负的法定扶养义务，以及满足本人正常生活所需，不得扣押。当债务人根据《民法典》第 2338 条因指定了遗嘱执行人而受到限制时，其对每年纯益的请求权，亦同。(2) 主张遗产债权人的请求权，或主张对后顺位继承人或对遗嘱执行人也有效的权利时，扣押可以不受限制。(3) 当晚辈直系血亲对于继续共同财产制中共同财产的份额，根据《民法典》第 1513 条第 2 款的规定受到第 1 款所列形式的限制时，准用本条的规定。参见德国民事诉讼法点 [M].赵秀举，译. 北京：法律出版社，2021：304.

*** 《德国民法典》第 2338 条（特留份的限制）："(1) 一个晚辈直系血亲已如此挥霍浪费或者负债过度，以至其日后的所得显著受到危害的，被继承人可以通过这样的指示来限制该晚辈直系血亲的特留份权利，使得在该晚辈直系血亲死亡后，其法定继承人应作为后位继承人或后位受遗赠人，按他们的法定应继份的比例获得留给该晚辈直系血亲的遗产或归属于该晚辈直系血亲的特留份。被继承人也可以就该晚辈直系血亲的一生而托付遗嘱执行人管理；在此情形下，该晚辈直系血亲享有对年纯收益的请求权。"参见德国民法典（第 5 版）[M].陈卫佐，译. 北京：法律出版社，2020：733.

① 海因·克茨. 英美信托与德国信托的比较法研究 [M].白媛媛，译. 北京：法律出版社，2021：103-105.

第三节 德国的担保信托

一、德国担保信托的起源及其发展

让与担保作为一种担保制度，在日耳曼法上的渊源是所有质担保。在日耳曼法的历史考察中，法学家们通常将不转移标的物占有的质权称为"古质"，转移占有的质权称作"新质"。古质又分为所有质（Eigentumspfand）和占有质（Besitzpfand）。作为让与担保制度之原型的是所有质。所有质被普遍认为是为了担保债权的实现，债务人将自己的不动产附条件地转让给债权人。与现代法类似，财产转让时所附加的条件也被分为解除条件和停止条件。在附停止条件时，债务人通常在债务证书上注明，债务清偿期届满时若债务人自己不能偿还债务，债权人可以从债务人处获得特定担保物的所有权；若债务人成功将债务偿还，则享有取回担保物的权利；在附解除条件时，债务人通常制作一份以担保物为标的物的出卖证书给债权人，债权人同时制作一份返还证书并交给债务人，该返还证书应标明：一旦债务人清偿债务，出卖证书将失去效力并由债权人将担保物的所有权返还给债务人，债权人在解除之条件成就之前将一直拥有担保物之所有权。不管附带解除条件还是附带停止条件，整个过程均不涉及标的物的占有主体的变化。

在所有质担保中，担保设定人对债权人处分行为有物权制约效力，实际上是继承于另一年代更加久远的制度，即我们前面提到的日耳曼法上的信托（Treuhand）。从弗朗克时期到城市法时代，一直不缺乏信托的广泛应用。特别是在城市法时代，只有城市的市民有资格获得土地。非市民只能秘密地找一个市民作为自己的中间人（Salmann）去城市里购买土地，并通过土地登记簿上中间人的名义而间接享有土地，这是日耳曼信托的应用。在对外关系中，中间人作为所有权人可以为一切处分行为，对内其处分权受信托目的的限制。Salmann 违反信托目的处分财产时，委托人有权提出异议，倘若存在购买的第三人，则委托人有权向该第三人主张标的物的返还请求权。因此，日耳曼法上的信托比罗马法上的信托更利于保护委托人的利益，后者仅享有债权对抗效力。综合上文分析，现代让与担保制度在日耳曼法上的渊源是作为担保制度的所有质担保，但其精髓——"有限制的所有权"理念却来源于日耳曼法上的信托。[①]

到了 19 世纪中期，德国各邦法律普遍规定动产质押须转移质物占有至质权人。当时，城市手工业者信贷需求强烈，却无法将其赖以生产的动产（机器设备、存货等）通过转移占有的方式设定质押，实务中出现规避质押需转移质物占有的新型担保方式，即让与担保。以动产让与担保（Sicherungsübereigung）为例，信贷关系双方在借贷合同之外达成一

---

① 冯世儒. 论让与拒保制度在我国的建立 [D]. 长春：吉林大学，2016：4-5.

项"买卖+租赁"的混合交易：借款人将名下动产出卖于贷款人，贷款人以借贷合同项下享有的本金债权冲抵买卖价款；贷款人再将目标动产出租给借款人，租金等额于借贷合同项下借款利息；借贷合同到期时，借款人须以原买卖价款回购目标动产，贷款人得以收回借贷合同项下借款本金；借款人如未能如期支付租金、回购价款，贷款人可以以目标动产所有权人的身份而变现目标动产，来弥补损失。在此形式上包含"借贷+买卖+租赁"三项交易的法律关系中，实则仅有借贷是双方真实发生的法律关系，买卖与租赁是为了实现以目标动产担保借贷债权且不转移其占有之目的，创设出来的"纸面"法律关系。动产让与担保结构中的动产亦可替换为债权，从而成为债权让与担保（Sicherungszession）。①

因此，在德国，信托理论的提出，部分地是为了解决19世纪下半叶出现的一系列特定的实践问题：因占有质制度的确立和动产抵押（Mobiliarhypothek）被禁止，急需资金的中小市场主体不得不借助隐藏在买卖合同加回购约定模式之下的动产让与担保和债权让与担保来获得信贷资金。在实务中，为催收债权而进行之让与背书（Vollindossament）取代了代理背书（Prokura-Indossament）；汇票承兑也被用于担保（Wechseldepot）。此类行为的特点，是其采取的法律手段超越了实际追求之经济目的的需要。受欧陆共同法（ius commune）理论影响，当时的德国法学界普遍认为此类行为构成虚伪表示（Simulation），因而是无效的。

科勒（Kohler）于1878年试图解决该问题，他引入了一个新的概念"隐藏行为（verdeckteGeschäfte）"，来作为虚伪表示的对立面。前已述及，1880年，在科勒的理论基础上，瑞格尔斯伯格（Regelsberger）提出了更为细致的"虚伪表示—信托行为（fiduziarisches Rechtsgeschäft）—规避行为（rechtsgeschafliche Schleichwege）"三分法：首先，作出虚伪表示者，内心没有使对外表示之意思发生法律效果的意思，只是希望给第三人造成假象。其次，实践中当事人常常作出意思表示，欲实现某种法律效果，但同时设置了前提条件，即因该法律行为而获得某种法律权利之一方，只能为特定目的，而不能为任意可能之目的而行使该权利。瑞格尔斯伯格列举了罗马法上的和当时实践中的一些类似例子，如盖尤斯法学阶梯中的信托行为，并借用罗马法上的术语（fiducia）将此种行为称为信托行为（fiduziarisches Rechtsgeschäft），认为其特点是目的与手段之不合比例性。最后，瑞格尔斯伯格指出，要区分信托行为与规避行为。规避行为者，是指利用法律行为间接实现某种法律根本不允许或者仅在满足特定条件之情况下方才允许的效果。至此，瑞格尔斯伯格将信托行为与虚伪表示、规避行为区别开来。依瑞格尔斯伯格的理论，虚伪表示者，行为人明知其内心意思与对外表示者不一致。与之相反，规避行为与信托行为的共同点，是行为人的内心意思和表示是一致的，两者都追求法律效果之实际发生。两者的区别，在于信托行为追求的是合法的目的，而规避行为则是出于非法之目的而规避法律。

---

① 戴国朴. 大陆法系内生性信托法何以可能：德国信托习惯法的形成与启示 [J]. 月旦法学杂志, 2023（1）：159.

通过这种独特的方式，瑞格尔斯伯格借用罗马法上的法律概念，创造了一种新的教义学理论模型，使动产让与担保、权利让与担保、为催收债权之目的而进行之票据让与背书等"手段超越目的"的行为，都可以被归入"信托行为"这一上位概念之下，从而获得其法律效力上之正当性。瑞格尔斯伯格提出的"目的与手段之不合比例性""意思与表示的一致性"等特征，依然是当今德国信托概念的核心要素。[①] 如果说克劳德·魏茨主要是为德国的管理信托找到了合法性依据，那么科勒、瑞格尔斯伯格则是为德国的担保信托（让与担保）找到了合法性依据，即使瑞格尔斯伯格是在用罗马信托的"旧瓶"装德国担保信托的"新酒"。

瑞格尔斯伯格的信托行为理论很快被法院所采用，作为其判决的论证基础。因此，从判例层面来看，让与担保也经历了从被确认无效到被确认有效的过程。在让与担保框架下，由于是借款人将其名下动产/债权转移给贷款人，对于借款人的其他债权人而言，这部分动产/债权不再是借款人偿债的责任财产。因而，否定让与担保的效力，促使这部分财产重回借款人的责任财产范围，对于其他债权人而言有利可图。其他债权人因而主张：动产/债权的买卖并非借款人与贷款人之间的真实意图，买方（贷款人）并无购买动产/债权的真实意愿，卖方（借款人）亦无出售动产/债权的真实意思，因而属虚伪行为。因此，早期，在物权行为有因性观念的影响下，让与担保中买卖行为的效力被否定。而随着萨维尼关于物权行为无因性的理论被广泛接受，让与担保的法律效力终在司法裁判中获得确认。

从德国帝国法院层面看，在1880年的RGZ2，173案中，德国帝国法院依然认为买卖式让与担保构成对占有质制度的规避。而在1885年的RGZ 13，200案中，德国帝国法院已改变观点，认为以占有改定之方式移转所有权，并非规避法律之行为，当时法律所禁止者，是以占有改定之方式设定质权，不应将两者等而视之，从而承认了让与担保的合法性。至1889年，帝国法院在RGZ 26，180案中，明确援引科勒、瑞格尔斯伯格等人的著作，认为学界已经澄清了虚伪表示与规避行为之概念，相关法律并非要禁止让与担保这种已经被普遍承认的担保方式，承认让与担保的效力，符合通说以及帝国法院的一贯判例。

从德国地方法院层面来看，德国汉堡高等法院于1885年审理了一起案件，案情如下：被告扣押了第三人B的一项动产，原告主张该动产实际为其所有，并举证证明已与B就该动产转让达成合意并经公证，且完成交付。法院支持了原告的诉讼请求，认为只要原告与B就所有权转让与受让达成合意并交付，则所有权让与的物权行为已经生效，与原因行为的效力没有关系。本案判决还特别响应了质押法律规定是否被规避的问题。法院否定了原告与B之间真实合意旨在设定质押："经济实践中，旨在保障债权安全的法律行为类型众多，质押只是其中一种而已。买卖合同项下，买方以其对于卖方享有的债权冲抵买卖价

---

① 陈大创. 德国法上的信托资金保护：以德国司法判例为中心 [M]. 北京：法律出版社，2018：183-186.

款，卖方有权利/义务回购买卖目标物，也同样可以起到保障债权的目的。"[①] 也就是说，德国法院已经通过判例承认了让与担保的效力，即其有效性。

因此，历史地看，近代以来的让与担保是德国民法通过学说与判例发展起来的一种非典型担保方式，其目的是最大限度地发挥动产的担保功能。根据《德国民法典》的规定，动产只能作为质权的标的，不能作为抵押权的标的。在物权法原则的支配下，由于动产质权的设定须以债权人占有标的物为要件，必然会严重影响标的物的利用，因为质权人只能占有但不能使用标的物，而出质人即使想使用标的物也因其被债权人占有而无法实现。在此背景下，德国学说和判例发展出让与担保制度作为动产担保的形式，认为动产的所有权人可以采取占有改定作为交付的方式将动产所有权移转给债权人作为担保，就既可以发挥动产的担保功能，又不至于影响标的物的利用。也就是说，在让与担保中，虽然债务人或第三人将动产的所有权转移至债权人，但并不需要将标的物实际交付给债权人，而是采用作为观念交付的占有改定来实现转移标的物所有权。[②]

二、德国现行担保信托制度的内容

从法律规定层面来看，《德国民法典》虽然对于担保信托只字未提，但曾尝试协调让与担保与质押制度。让与担保与质押制度分别植根于不同的民法原则。根据物权行为独立性原则，可以通过占有改定方式完成担保物的交付；而根据物权公示原则，质押之设定必须实际转移质物占有至质权人（不得以占有改定方式向质权人交付质物）。对于这种原则层面的冲突，尽管在《德国民法典》起草过程中曾有动议试图给出明确的解决方案，但是均未被采纳。因此，《德国民法典》表面上回避了这一问题，形式上似乎持中立立场，但由于并未限制占有改定适用于让与担保场合，实际上相当于默认了让与担保的效力。尽管有学者对此种"掩耳盗铃"式的做法有异议，但是也确有学者指出，这实际上是一种非常务实的态度。当《德国民法典》起草者发现，如明文规定让与担保势必与质押制度发生冲突，那么对让与担保保持沉默，不妨碍经济实践对于让与担保的巨大需求，形式上维持物权行为独立性原则与物权公示原则的并行无阻，或许就是最佳的选择。总之，尽管在起草过程中有所讨论，但《德国民法典》对于当时各类信托行为（让与担保等）都保持了沉默，但在实际效果上，这种沉默反而变成了一种默认。关于信托的实务、司法判例与学术研究的发展均未受阻碍，实际上得以延续。[③]

总结来看，现在在德国，虽然担保性所有权让与制度与动产质权制度有一定的不一致

[①] 戴国朴. 大陆法系内生性信托法何以可能：德国信托习惯法的形成与启示 [J]. 月旦法学杂志, 2023 (1)：162.
[②] 吴光荣. 后民法典时代的让与担保及其适用：兼评《民法典合同编司法解释》第28条 [J]. 社会科学研究, 2024 (1)：31.
[③] 同①：163-164.

之处，但是却在习惯法上获得了承认。代替设定质权，债务人为了担保债权人对他或者另一个人所享有的债权，而将属于他的动产之所有权转让给债权人。所有权转让总是通过物权合意以及对占有改定的合意（见《德国民法典》第 930 条）* 而进行的。这样一来，债务人可以在保留直接占有与用益的情况下，将完全所有权移转给债权人。

在德国，担保性所有权让与（即让与担保）的效果分为在时间上的效果和在内容上的效果。其中，在时间上的效果是：在当事人看来，所有权转让只是暂时性的：如果债务人履行了他的债务，那么该所有权就应回归给他，或者是债权人之后基于担保合同负有义务返还所有权，或者是该所有权转让从一开始就以债务清偿为解除条件。只有在债务人没有履行他的债务的时候，债权人才能对该物进行变价。如果债权人之前处分了该物，那么虽然该处分在物权上是完全有效的，但他在债权上却违反了与债务人签订的担保约定。这被人们称为信托式的（treuhänderische）对担保性所有权人（Sicherungseigentümer）的约束，将他的法律地位明显地与在货物销售中的最终所有权人的法律地位区别开来了。而担保性所有权让与在内容上的效果是：担保性所有权人既没有直接占有，也没有用益权能。对于他来讲，这并不重要。他所追求的是，隐含在所有权之中的、针对所有其他的没有物权担保的债权人的优先地位，以及在债务人迟延的时候的清偿可能性。他想针对于其他债权人以及债务人为自己保留该物之价值。相反，他并不重视其作为所有权人的形式性的地位。由此可以看出，他在物权上得到的，要比按照当事人之意图在经济上所意欲的要多，即该完全所有权代替了——出于法律技术上的原因——不可能的质权。该非所意欲的法律权利"过剩"，必定既会在债权人与债务人的关系中，也会在对其他债权人的法律关系上，产生影响。①

除了具有传统的让与担保特点，德国的担保信托从 20 世纪以来又有了新的发展特色。如前所述，实际上德国 19 世纪信托行为的主要表现形式是让与担保与托收背书。而自 20 世纪以来，在德国，信托被越来越多地运用于管理目的。随着经济的发展，即使是让与担保这种单纯用于担保目的的信托结构，也被加入管理要素，以适应更高效商业交往的需要。让与担保由两方关系被改造为三方关系，在债权人、债务人之间设置一个受托人角色，专门用于接收并管理担保物。②

---

* 《德国民法典》第 930 条（占有改定）规定："所有人正在占有物的，通过所有人和取得人之间达成关于取得人据以取得间接占有的某一法律关系的协议，交付可以被替代。"参见德国民法典（第 5 版）[M]. 陈卫佐，译. 北京：法律出版社，2020：411.
① 施蒂尔纳. 德国物权法（下册）[M]. 申卫星，王洪亮，译. 北京：法律出版社，2006：500-601.
② 戴国朴. 大陆法系内生性信托法何以可能：德国信托习惯法的形成与启示 [J]. 月旦法学杂志，2023（1）：164.

第四节　德国信托法对我国的启示

一、德国之所以建立并发展信托制度，也是为了适应社会和经济生活的客观需要。这从一个侧面证明信托在全世界范围内具有较强的适应性和制度优势

如同在法国、意大利等国家一样，经济动因、社会需求是德国信托习惯法产生的根本推力。不论是让与担保还是托收背书，无不是在制定法制度供给不充分的情况下，自发形成的有助于工商业扩大规模、提升效率的经济实践，自有其深厚的社会基础。前面提到的德国社会广泛存在的各种形式的管理信托，也是很好地适应了经济和社会发展的需求。前已述及，正是在此背景下，1880年第15届德国法学家大会（Deutscher Juristentag）就曾经讨论：如果设定质押须转让占有，工人、小商人、小手工业者将无法利用生产生活数据提供担保，经济上面临崩溃危险，是否应当为这些群体提供特殊保护？经济动因的影响还可以从学术界与帝国法院关于动产让与担保法律效力的观点碰撞与妥协中可见一斑。学术界早期认为动产让与担保无效，中间经帝国法院坚持判决动产让与担保有效，而后学界通说变更为认可其法律效力。有学者猜测，帝国法院当时主要是为了维护经济的平稳运行，所以选择了和主流学术观点相悖的立场。[①]

二、商事信托是德国信托的主要应用领域，但是信托在家庭等民事领域、慈善公益等领域的应用也得到不断的拓展

从前面的介绍可以看出，像在欧洲大陆法系其他国家一样，关于信托的应用领域，从历史和现实来看，比较吸引德国人的兴趣的，既有与商业有关的场合，即"商事信托"领域，包括共同基金的设立和运营之信托等，也有遗嘱信托、基金会等民事和公益领域。所以，虽然德国没有信托成文法，但是其信托习惯法和判例法已经比较成熟，并与本国的民法等法律形成相互支持的良好的法律运行态势：民法等法律为信托法提供了基本法律理论、规则，而信托法则弥补了民法的过于刚性所带来的僵硬性等不足，为本国的人民生活、经济发展、社会进步提供了信托或准信托的制度供给，包括商事信托（前已述及，包括投资信托、债券信托、表决权信托有利于大多数人的信托式财产管理等）、民事信托（遗嘱信托等）和慈善公益信托（基金会等），从而使得德国出现了虽无信托成文法但是信托却广泛存在的有趣的现象。

---

① 戴国朴. 大陆法系内生性信托法何以可能：德国信托习惯法的形成与启示 [J]. 月旦法学杂志，2023（1）：169-170.

尤其值得注意的是，德国在涉外遗嘱信托领域的做法值得我们思考。我们在前面看到，意大利通过批准《海牙信托公约》而使涉外信托在意大利得到承认，使本国和外国公民和企业通过设立涉外信托而使符合条件的财产得到保护。而增加对本国和外国公民和个人的财富、财产的保护力度，就是增加了本国的制度竞争力，这对本国的长远发展是有利的。而德国是通过与其他国家签署避免双重征税协议的形式，承认了涉外遗嘱信托的效力，既避免了与本国有较多人口与财产流动的国家之间的双重征税问题，也提高了本国的制度竞争力，对本国的长远发展也是有好处的。如果只是看到信托所具有的税收筹划而可能带来的避税等方面的因素，而忽略其留住财产尤其是经营性财产而对一个社会的就业、经济等全方位的影响，就对信托包括涉外遗嘱信托等涉外信托以及其他信托制度采取不承认、不接纳的态度，则最终既可能使外国的企业家不愿意到本国来投资、置业或生活，也可能无法阻止本国企业家的财产、财富外流，这对国家的影响将是深远的。

三、德国通过针对信托实践的信托判例和学说，来逐步丰富、完善本国的信托制度

虽然如前所述，德国既未有关于信托的系统性的成文法，也尚未批准加入《海牙信托公约》，但是社会生活和实践对信托制度的广泛而强烈的需求，却使得德国的法院和学术界不得不处理和研究与信托有关的大量问题。如前所述，德国法院陆续承认了《德国民法典》没有明确规定的让与担保、托收背书等信托行为的合法性与有效性，德国学术界更是历经二百余年形成并发展了系统化的信托理论，从而为德国信托习惯法贡献了两股最重要的力量。

早在 1910 年，学者 Ernst Heymann 就曾经指出，信托法律关系在德国的应用日益广泛，并预祝这种值得期待的发展也许有一天将通过制定一部信托法来实现。而实际上，人们也曾多次向立法者呼吁信托立法，尤其是在第一次世界大战后，德国开始从海外输入资本，不仅是德意志帝国自身，而且德国还有许多城市联合会和工业企业寻求外国尤其是美国的贷款。在此过程中，美国债权人力求以其惯常的方式来为其清偿请求权提供担保。也就是说，通过将担保财产或者担保性权利转让给受托人以获取物权性的担保。因此，不是内部驱动力而是外部的需求使德国法学家感到不得不尽可能地推动德国法对信托制度的继受，并进行关于信托应用的比较法研究。在此背景下，才出现了前面提到的 1930 年德国法学年会提出关于是否应该立法来规范信托法律关系的问题。但是，由于前面提到的与德国民法一些基本理论无法完全协调的问题，以及另外一个原因，即由于现行德国法中有罗马式信托和德国法信托两种法律制度，它们能够提供令人满意的解决办法，因而无需进行关于信托的全面立法。这使得系统全面的信托成文法在德国至今仍然没有出现。但是，这不妨碍通过判例和学说形成德国自己的信托法。因此，如果判例上形成了令人信服的观

点，即某一外国法律中载有特别丰富的、有助于发展本国法的解决方案，并因此通过比较法解释，在英美信托法的法律理念下对德国法进行扩张和续造，只要能达到与普通法一定程度上的近似（尽管不能精确地确定），就不妨碍将此过程称为法律继受。对英美信托的这种司法继受可以以不同的强度进行，其规模和范围可以从认真填补在继受功能接近的法律制度中存在明显的个别空白，到相对较远的不经意地履行了信托职能的法律构造进行大幅度调整。①

因此，只要德国继续发展罗马法式信托，就有必要继受信托规则。而且，这样的发展不仅不会因为德国物权法的基本原则而失败，而且各方在这种继续发展过程中不断变化的法律地位，能够在经过相应调整的物权法体系中得到令人满意的分类。只不过在德国，通过司法判例接受信托法的各项原则，从而对罗马法式进行谨慎的续造，比立法者行动更好而已。②

德国的这种选择，即通过判例和学说来发展信托法的做法也有其值得借鉴之处。像在我国，在暂时无法对已有的信托法进行修改的情况下，一方面由学术界加强对信托法的深入研究，包括但不限于对英美法系信托法的成熟经验和大陆法系国家包括欧洲大陆法系国家接受和改造英美法系信托法的研究，为我国《信托法》的修订和完善做好理论准备；另一方面，对实践中出现的那些尚无法通过《信托法》现有规定予以明晰的内容，也可以通过九民纪要这样的司法文件以及最高法院颁布的指导案例、典型案例等形式来对信托法规范进行完善。当然，因为我国已经有了《信托法》，有了信托监管机关，因此还要促进信托法学术界、信托法立法界、信托监管机关和信托法司法界等相关各界的有效交流机制，形成信托法共同体的良性互动，为我国信托法的逐步完善一起努力。

---

① 海因·克茨. 英美信托与德国信托的比较法研究 [M]. 白媛媛, 译. 北京：法律出版社, 2021：172.
② 同①：181-182.